Georg Erwin Thaller

Drachentöter

Software-Risiken bekämpfen

Andere Bücher vom gleichen Autor

Technik & Gesellschaft	Kriminalromane

Technik & Gesellschaft

- Raumhäfen: Unser Weg ins All
- MANHATTAN-PROJEKT: Der Bau der US-Atombombe
- Viren, Würmer und Trojanische Pferde
- Cyber War: Die unsichtbare Front
- Silicon Valley
- Kommunikations- und TV-Satelliten
- Satelliten im Erdorbit
- Katastrophen: Von Tschernobyl zum Tsunami
- Spione und Patrioten: Die US-Geheimdienste
- Chiffren: Die geheimen Nachrichten
- MIx: Die britischen Geheimdienste
- Hoch gepokert: Der Kennedy-Clan
- Piraten, Schrecken der Meere: Räuber, Seeleute, Verbündete
- Spionageflugzeuge: Von der U-2 zu Drohnen
- Spionagesatelliten: Unsere Augen im All
- Raketen: Von der V-2 zur Saturn
- Von Sputnik zu Buran: Die russische Raumfahrt

Kriminalromane

Die Hofdamen

1. London sehen und bleiben
2. Der Tod eines Prinzen
3. Die Nützlichkeit eines toten Prinzen
4. Der Ritterschlag
5. Der Tod einer Wäscherin
6. Eine Katze fällt immer auf die Beine
7. Die Katze von Abydos
8. Stille Tage im schottischen Hochland
9. Diskrete Geschäfte
10. Fünf kleine Negerlein
11. Ich hatte ein Hotel in Afrika
12. Ich hatte ein Stück Land in Kenia
13. Ein hartnäckiger Gegner
14. Ein Mann für Olivia
15. Die Blaue Mauritius
16. Formel 0.5
17. Totgesagte leben länger
18. Die Himmelsscheibe von Stonehenge
19. Müll und andere Geschäfte
20. Eine Hochzeit und drei Beerdigungen
21. Schatzsucher
22. Ein mächtiger Gegner

Giving a small boy the unsupervised run of a rare bookshop can put the future of both at risk.

                           Leo Marks

Inhaltsverzeichnis

Vorwort

In den allermeisten Softwareprojekten gibt es Risiken. Das dürfte unstreitig sein. Die Projekte unterscheiden sich allerdings beträchtlich in der Weise, wie sie mit Risiken umgehen. In einigen Unternehmen ist man sich der Risiken zwar bewusst, redet aber nicht darüber. In anderen Projekten ist es vollkommen dem Projektmanager überlassen, wie er mit Risiken umgeht. Einige Manager behandeln sie als geheime Kommandosache und halten alles, was wie ein Risiko aussieht, von den Mitarbeitern fern. Das eigene Management wird nicht im Detail über die Schäden unterrichtet, die bei Eintritt eines Risikos drohen. Andere Projektmanager reden über Risiken, tun aber über eine rein verbale Attacke hinaus nichts, um die Risiken in den Griff zu bekommen. Selten findet man ein Unternehmen, in dem systematisch Risikomanagement betrieben wird.

Verglichen mit der Automobilindustrie befindet sich unsere Branche in den wilden zwanziger Jahren. Damals tummelten sich ein paar Dutzend Automobilhersteller im amerikanischen Markt. Davon sind in den meisten Fällen allenfalls Markennamen übriggeblieben. Eine ähnliche Marktbereinigung im Bereich der Software-Industrie ist unausweichlich. Überleben werden die Unternehmen, die sich die richtigen Risiken herauspicken und gelernt haben, mit ihnen umzugehen. Die Kehrseite der Medaille heißt nämlich Chance. Chancen wahrzunehmen ist in unserer Zeit des Wandels einfach notwendig.

Dieses Buch wurde geschrieben, weil im deutschen Markt kein Werk vorhanden war, das die Grundlagen legt und gleichzeitig ein Risikomanagementsystem für die Software-Entwicklung vorstellt. Der Autor wendet sich an die Geschäftsführer und Vorstände in der jungen Branche, aber auch an Risikomanagementbeauftragte und solche, die es werden wollen. Angesprochen sind auch Qualitätsmanager, Entwickler und Tester von Software. Nicht zuletzt kann der Text den Studenten an den deutschen Hochschulen und Fachhochschulen als Einführung in das Fachgebiet dienen. Der Wettbewerb um Kunden und Arbeitsplätze ist hart, und oft entscheidet über die Einstellung gerade eine zusätzliche Fähigkeit, die ein Wettbewerber nicht besitzt. Kenntnisse über Risiko- oder Qualitätsmanagement könnten gelegentlich den Ausschlag für eine Einstellung geben.

Im ersten Kapitel wird die Softwarebranche in den historischen

Zusammenhang gestellt. Wir durchleben jetzt eine Zeitenwende, und in solchen stürmischen Zeiten ist das Eingehen von Risiken unvermeidlich. Nur wer die Risiken annimmt, kann die daraus resultierenden Chancen realisieren. Ein Thema ist auch das Geschäftsmodell der Internetfirmen. Es unterscheidet sich erheblich von dem, was wir gewohnt sind. Nicht zuletzt wird die gesetzliche Regelung zum Umgang mit Risiken erwähnt.

Im zweiten Kapitel wird der Begriff Risiko systematisch erschlossen. Stichworte sind Arten von Risiken, Beurteilung und Bewertung, Risiken im Projekt und Unternehmen sowie der Zusammenhang zwischen Risiko und Wertschöpfung. Im Kapitel 3 stürzen wir uns in die Welt der Software. Wir fragen, welche Prozessmodelle es gibt und wie sie unter dem Gesichtspunkt des Risikos zu bewerten sind. Einige Fehler werden in Software-Entwicklungsvorhaben immer wieder gemacht. Wir nennen diese häufig vorkommenden Probleme „klassische Risiken" und stellen sie im Detail vor.

Im vierten Kapitel geht es um die Ausarbeitung eines Risikomodells im Bereich der Software-Entwicklung. In Kapitel 5 werden alternative Risikomodelle vorgestellt, darunter der Standard AS/NZS 4360, während in Kapitel 6 die Risiken unter Einsatz von Metriken bekämpft werden. Wir gliedern die Risiken nach den Punkten Mensch, Software-Produkt, Prozess und Werkzeuge. Zuletzt fragen wir, welche Risiken in welchen Phasen der Software-Entwicklung häufig auftauchen werden.

Im vorletzten Kapitel haben wir genug gelernt, um ein eigenes Risiko-managementsystem für Unternehmen im Bereich der Software-Erstellung aufbauen zu können. Dieses System ist so angelegt, dass es mit kleinen Änderungen und Anpassungen in vielen Betrieben über-nommen werden kann. Weitere Themen sind Tools und die mögliche Überschneidung des Risikomanagements mit anderen Bereichen. Im letzten Kapitel wird dargelegt, warum das Wachstum der Branche unausweichlich ist. Damit einher gehen natürlich Risiken.

Der Anhang enthält Material, das der Fachmann beim Aufbau des eigenen Risikomanagementsystems brauchen kann: Produktmuster, Formblätter, Checklisten und einen Test zur Beurteilung des Projekt-risikos. Damit steht der Schaffung des eigenen Risikomanagement-systems nichts mehr im Wege. Dabei wünsche ich viel Erfolg!

1 Warum Risiken?

If you do not actively attack risks, they will actively attack you.

Tom Gilb

Wir befinden uns mitten in einer Zeitenwende. Bisher stand die Produktion von Gütern im Mittelpunkt des wirtschaftlichen Interesses. Wer die Produktionsmittel besaß, musste fast zwangsläufig reich werden. Fabriken waren die Stätten, die in der Wirtschaft dominierten. Große Serien, gar Massenproduktion, sorgten für Umsatz und Gewinn.

Doch die Zeiten wandeln sich. Produktionen wandern nach China und Indien, wo sich konventionelle Güter wesentlich preisgünstiger herstellen lassen. Die Produktion steht nicht länger im Schweinwerferlicht. Sie muss Platz machen für das Informationszeitalter.

Information ist der Rohstoff der neuen Zeit. Damit wandeln sich die Regeln, an denen wir uns orientiert haben. Was Jahrzehnte richtig war, muss in Frage gestellt werden. Wer sich an die alten Regeln hält, gerät leicht ins Abseits. Ein derartiger Zeitenwandel ist zwangsläufig mit Risiken verbunden. Müssen wir uns auf diese Risiken einlassen? Können wir sie vermeiden? Oder lassen sie sich zwar umgehen, aber nur unter Bedingungen, die uns nicht gefallen werden?

Wenn wir diese Fragen beantworten wollen, hilft uns vielleicht ein Blick auf eine Epoche, in der ebenfalls eine Zeitenwende zu verzeichnen war.

1.1 Das Unbekannte

In alten Karten finden wir oftmals Drachen. Das bedeutet nicht, dass in diesen Ländern Drachen lebten, auf die Eindringlinge stoßen würden. Vielmehr wollten die Kartenmacher mit dem Symbol des Drachen darauf hinweisen, dass es sich um unerforschtes Gebiet handelte. In solche Länder vorzudringen hieß, das eigene Leben zu riskieren. Die Gefahr mochte in einer winzigen Fliege liegen, die ein unbekanntes tödliches Virus trug. Auf hoher See drohten die Seeleute zu verdursten, oder sie starben, weil sie an einem Mangel an Vitaminen litten. Gingen sie an Land, wurden sie möglicherweise von den Eingeborenen erschlagen.

Drachen fanden sie nicht, aber Gefahr in vielerlei Form. Sie mussten diese Gefahren meistern, die Drachen erschlagen. Nur wenn sie das taten, winkte ihnen der Erfolg. Die Reichtümer, die zu Beginn der Neuzeit winkten, waren nicht unbeträchtlich. Nachdem die Seidenstraße, der uralte Handelsweg nach Indien und China, blockiert war, blieb gegen Ende des 15. Jahrhunderts nur der Seeweg, um diese fernen Reiche zu erreichen. Es waren zwei Königreiche, die daran gingen, diese Routen zu erkunden: Spanien und Portugal.

„Eine Krippe als Wiege, als Grab die Welt", lautet ein Sprichwort in Portugal. Im äußersten Südwesten Europas gelegen, ist Portugal ein recht kleines Land. Wer Karriere machen will, geht noch heute in die Fremde. Unter der Führung Heinrich des Seefahrers tasteten sich portugiesische Seefahrer ins Unbekannte vor. Entlang der Küste Afrika fuhr man nach Süden, kam zu den Kapverdischen Inseln und entdeckte Afrikas Goldküste. Die Südspitze Afrikas wurde schließlich umrundet, und damit war der Weg frei in den Indischen Ozean. Man fand Städte, die von arabischen Händlern dominiert waren, etwa Mombasa im heutigen Kenia. In Indien wurde Goa zum Stützpunkt der Portugiesen, und von den Chinesen erwarb man Macao, nicht weit von Hongkong gelegen. Im Persischen Golf wurde Hormuz ein portugiesischer Handelsplatz. Und nicht zuletzt wurde in der Neuen Welt Brasilien Portugal zugeschlagen.

Die portugiesischen Entdeckungen fanden ihren Höhepunkt in der ersten Umrundung des Globus durch Ferdinand Magellan. Der Seefahrer wurde auf den Philippinnen von Eingeborenen erschlagen, aber eines seiner Schiffe kehrte am 8. September 1522 in ihren Heimathafen zurück. Die *Victoria* hatte 17 spanische Seeleute und vier Indianer an Bord. Ihre Laderäume waren voller Gewürze. Diese Ladung war damals ein kleines Vermögen wert.

Wechseln wir die Bühne: Etwas weiter östlich, in Spanien, waren König Ferdinand und seine Gemahlin Isabella gerade dabei, die letzten Mohren aus ihrem Land zu vertreiben. Granada leistete am längsten Widerstand, doch am 2. Januar 1492 fiel die letzte Bastion der Mohren im Süden. Spanien wurde ein Bollwerk der Christenheit.

Christopher Columbus war ein Genueser, der sich zunächst bei den Portugiesen verdingte. Er nahm an Reisen nach Grönland, Irland und entlang der afrikanischen Küste teil. Heute wird der Genuese meistens als Angestellter der spanischen Krone portraitiert. Aber damit tut man ihm wohl unrecht. In erster Linie war Columbus ein Unternehmer. Er wusste, dass er sehr reich werden konnte, wenn er einen Seeweg nach Indien entdeckte. Im Gegensatz zu den portugiesischen Kollegen wollte er allerdings nicht um Afrika herum segeln, sondern direkt über den Atlantik nach Indien gelangen.

Ob Columbus nicht richtig rechnen konnte oder mit Absicht falsche Zahlen vorlegte, um die Risiken gegenüber seinen Geldgebern kleiner darzustellen, ist bis heute unklar. Jedenfalls verschätzte er sich beim Seeweg nach Indien um rund ein Drittel. Die Wissenschaftler am portugiesischen Hof konnten rechnen, und deswegen weigerte man sich dort, Columbus zu unterstützen. Er suchte daraufhin anderswo nach Sponsoren.

In Isabella, der katholischen Herrscherin von Aragon, Kastilien und Leon fand er eine Gönnerin. Am 3. August 1492 stach die kleine Flotte in See. Der Rest ist Geschichte...

Was können wir aus diesem Bespielen kühnen Unternehmertums lernen? – Das Risiko war enorm. Columbus segelte gen Westen, obwohl er wusste, dass Wasser und Proviant für eine derart lange Reise kaum reichen konnten. Aber konnte er nicht einen enormen Gewinn einstreichen, wenn er Indien erreichen würde?

Portugal hatte den Indischen Ozean fast ein Jahrhundert für sich, bevor das britische Empire an Macht gewann und ihm die Herrschaft streitig machte. Spanien plünderte Mexiko aus. Enorme Mengen an Gold flossen nach Europa, und nicht zuletzt hatte Columbus einen Kontinent entdeckt, der besiedelt werden konnte: Amerika.

Die Risiken für Portugal und Spanien waren beträchtlich, aber hatten diese Königreiche eine Wahl? Bei Portugal kann man diese Frage sofort verneinen. Ein derart kleines Land ohne eigene Rohstoffe muss Handel treiben, seine Bürger können nur jenseits der eigenen Grenzen auf Reichtum hoffen.

Bei Spanien sah es vielleicht etwas anders aus, aber wir dürfen nicht vergessen, dass die beide Reiche im Wettbewerb standen. Sie waren Rivalen, und das kleine Portugal schickte sich an, dem viel größeren Spanien den Rang abzulaufen. Unter diesen Umständen war es verständlich, dass das spanische Königspaar dem Abenteurer aus Genua eine Expedition in das Land der Drachen finanzierte.

Halten wir fest: Ins Unbekannte vorzustoßen ist mit hohen Risiken verbunden. Diese Risiken sind durchaus real. Wer versagt, kann ein Vermögen verlieren, und in früheren Zeiten bedeutete ein Misserfolg meist auch den Verlust des eigenen Lebens.

Diese Medaille hat allerdings auch eine Kehrseite, und diese heißt Chance. Hätten Portugal und Spanien ihre Chancen nicht genutzt, wären andere Völker in dieses Vakuum vorgestoßen. Vielleicht hätte Holland seine Chance bekommen, vielleicht wäre das britische Weltreich früher zur Blüte gelangt. Die Gelegenheit nicht am Schopfe zu packen, hätte weder Spanien noch Portugal zum Vorteil gereicht. Solche Chancen bieten sich nur einmal im Lauf der Geschichte.

1.2 Alte vs. neue Wirtschaft

The average man suffers very severely from the pain of a new idea.
Admiral William S. Sims

Wie vor fünfhundert Jahren stehen wir heute wieder an einer Zeitenwende. Sie ist wie damals verbunden mit Risiken und Chancen, aber die Bedingungen sind gänzlich verschieden. Das liegt nicht zuletzt darin, dass inzwischen die industrielle Revolution ihren Lauf genommen hat. Sie war in ihren Anfangsjahren gekennzeichnet durch die Dampfmaschine, die nicht zuletzt in der Form der Lokomotive eine Applikation fand.

Ein wichtiges Produkt dieser Epoche ist das Automobil. Wenn wir seine Geschichte betrachten, können wir einige allgemein gültige Erkenntnisse gewinnen. Zunächst ist jedes industrielle Produkt in seiner Einführung und Vermarktung durch eine Glockenkurve gekennzeichnet. Das heißt, es existiert zunächst eine Phase, in der das neue Produkt – die Innovation – im Wettbewerb mit bestehenden Produkten seinen Markt erobern muss. Gelingt dies erfolgreich, so kann das Produkt über Jahre und Jahrzehnte hinweg den Markt beherrschen. Eines Tages wird jedoch ein besseres Produkt erfunden werden, und damit ist der Niedergang eingeleitet.

Befassen wir uns zunächst nur mit einer Hälfte dieser Glockenkurve. In Abbildung 1-1 ist dargestellt, wie sich das Automobil im Konkurrenzkampf mit den Pferdekutschen in der ersten Hälfte des 20. Jahrhunderts seinen Markt erobert hat.

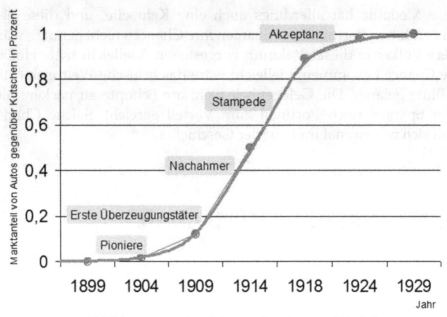

Abbildung 1-1: Vordringen des Automobils [1]

Am Anfang hat es jede neue Erfindung schwer. Zum einen ist sie einem breiten Publikum einfach nicht bekannt. Zum anderen zögern die potentiellen Käufer, ihre hart erarbeiteten Dollar für ein Produkt auszugeben, dessen Nutzen nicht bewiesen ist. Im Fall des Autos war allerdings der Nutzen, die individuelle Mobilität, so verlockend, dass das neue Gerät rasch Käufer fand.

Auf die ersten Anwender, die Pioniere, folgen jene Leute, die von der Erfindung durch Mundpropaganda gehört oder das Gerät auf der Straße gesehen haben. Noch immer gibt es relativ wenige Käufer, aber ihre Zahl wächst stetig. Schließlich wollen alle ein Auto haben. Diese Entwicklung führte beim Automobil dazu, dass zu Anfang der 1930er Jahre die Pferdekutsche in den USA praktisch nicht mehr auf den Straßen zu finden war.

Für die Produktion von industriellen Gütern gibt es gewisse wirtschaftliche Gesetze. Entdeckt hat man diesen Zusammenhang in der 1930er Jahren in der [1] Flugzeugindustrie. Wenn sich das Volumen der Produktion verdoppelt, sinken die Produktionskosten um 30 Prozent. Mit anderen Worten: Je höher die gefertigte Stückzahl, desto niedriger die Kosten.

Von Henry Ford ist der Ausspruch überliefert: „You can have it in any colour, as long as it is black." Er spielte damit auf die Tatsache an, dass alle Autos von Ford zunächst schwarz waren. Vom Standpunkt eines Produzenten ist das durchaus vernünftig: Jede zusätzliche Farbe, jedes weitere Modell erhöht die Produktionskosten. Ideal wäre ein Modell, das in hohen Stückzahlen für alle Käufer mit der gleichen Ausstattung produziert wird.

Leider spielten da die Kunden nicht mit. Wer will schon genau das gleiche Modell wie der Nachbar vor der Haustür stehen haben? Deswegen war General Motors (GM) mit verschiedenfarbigen Autos und einer Reihe von Modellen im Markt erfolgreich. Alfred P. Sloan von erreichte die Kostensenkung durch andere Mittel. Er verwendete in allen Modellen gleiche oder ähnliche Subsysteme, etwa Motoren, Batterien, Bremsen oder Reifen. Diese wurden von Zulieferern gefertigt, die zwar GM gehörten, aber auf Effizienz getrimmt wurden. Auch auf diese Weise ist, um mit den Volkswirten zu sprechen, *Economics of Scale,* erreichbar.

Wenn Boeing ein neues Flugzeug baut, dann dauert es ein paar Jahre, bevor die Entwicklungskosten wieder hereingeholt werden können. Sind rund achthundert Maschinen verkauft, ist der Punkt erreicht, ab dem der Hersteller einen höheren Gewinn macht. Die Entwicklungskosten sind vollständig abgeschrieben.

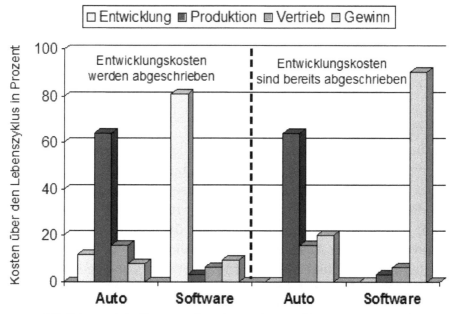

Abbildung 1-2: Kosten über den Lebenszyklus eines Produkts

Ähnlich sieht es bei einem Auto aus. Der Zyklus für ein Modell von Opel oder VW beträgt rund fünf Jahre. In diesem Zeitraum werden die Entwicklungskosten abgeschrieben. Die höchsten Kosten fallen für die Produktion an, und daneben müssen wir mit Aufwendungen im Bereich Vertrieb und Marketing rechnen. Nicht zuletzt wollen wir Gewinn machen. Diese Tatsache ist in der ersten Säulengruppe in Abbildung 1-2 dargestellt.

Der größte Kostenblock entfällt auf die Fertigung. Das ist bei einem materiellen Produkt gewiss nicht verwunderlich. Anders sieht es hingegen aus, wenn wir uns der Software zuwenden. Denken wir zum Beispiel an ein populäres Produkt wie MS Windows oder eine ganze Gruppe von Programmen wie MS Office. Wenn wir hier an die Produktion denken, so besteht sie im Grunde darin, von einem Original auf einer CD-ROM Tausende von Kopien anzufertigen. Die Kosten dafür liegen im Bereich von ein paar Cents. Verglichen mit den Kosten, die für ein Auto anfallen, können wir sie praktisch vernachlässigen. Ins Gewicht fallen dagegen die Entwicklungskosten. Sie machen rund 80 Prozent der Gesamtkosten über den ersten Teil des Lebenszyklus aus.

Fragen wir uns nun, wie sich die Kosten entwickeln, nachdem vier oder fünf Jahre vergangen sind. In beiden Fällen werden nach diesem Zeitraum die Entwicklungskosten abgeschrieben sein. Wir können sie für die zweite Periode vernachlässigen. Damit kann sowohl der Automobilhersteller als auch der Verkäufer von Software billiger anbieten. Die Frage ist lediglich: Wird er das tun?

Verkauft Boeing seine Flugzeuge billiger, weil die magische Grenze von 800 Stück erreicht worden ist? -- Damit ist wohl kaum zu rechnen. In den meisten Fällen bleibt der Listenpreis einfach gleich, und der Hersteller streicht einfach einen höheren Gewinn ein.

So verhalten sich auch unser Automobilkonzerne und die Hersteller von Software. Allerdings ist zu bedenken, dass der Autofabrikant weiterhin rund sechzig Prozent des Listenpreises für die Fertigungskosten aufwenden muss. Sein Gewinn steigt, aber nicht so gewaltig wie bei der Software. Dort fällt der Kostenblock für die Entwicklung vollständig weg, und im gleichen Ausmaß explodiert der Gewinn.

Bill Gates ist der reichste Mann der Welt. Wer das oben gezeichnete Bild verstanden hat, der wundert sich darüber nicht. Es ist fast unausbleiblich, dass Bill Gates so reich wurde. Wer die ersten paar harten Jahre durchhält, wer diese Durststrecke übersteht, der kann hinterher absahnen. Diese Entwicklung ist in anderer Form in Abbildung 1-3 zu sehen.

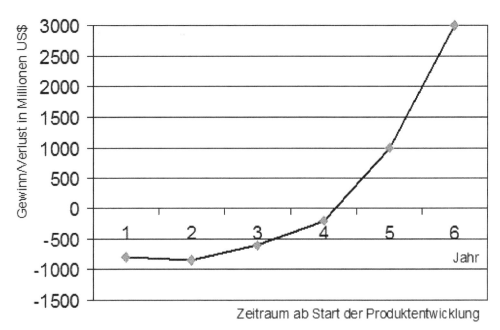

Abbildung 1-3: Kosten über den Produkt-Lebenszyklus [1]

Ist ein Software-Produkt also erst im Markt etabliert, dann explodiert der Gewinn geradezu. Da können in einem einzigen Jahr durchaus Profite im Bereich von Milliarden Dollar anfallen.

Der ein oder andere Leser mag einwenden, dass weitere Entwicklungskosten für die Produktpflege anfallen werden. Das ist richtig, aber fallen diese für den Hersteller wirklich ins Gewicht? Bei jedem Update werden ein paar neue Funktionen hinzukommen, aber gleichzeitig werden Fehler beseitigt. Wer einen Wagen kauft, bei dem der Lack abblättert, der beschwert sich beim Händler. Der Hersteller wird in der Folge den Schaden für den Kunden kostenlos beseitigen.

Anders sieht es dagegen im Bereich der Software aus. Hier zahlt der Kunde für ein Update hundert oder zweihundert Euro. Der Anbieter wird behaupten, dass dieser Preis für die vielen neuen Funktionen, die er erwirbt, durchaus angemessen ist. Aber seien wir ehrlich: Der Funktionsumfang in der alten Version war für unsere Bedürfnisse durchaus ausreichend. Im Grunde haben wir für die Mängelbeseitigung, die es in anderen Branchen umsonst gibt, noch Geld auf den Tisch gelegt: Wunderbare Welt der Software!

Wer nun als Entwickler glaubt, er könne fast zwangsläufig zum Millionär werden, täuscht sich allerdings. Die Regeln der alten Wirtschaft gelten in der neuen Wirtschaft nicht mehr. Was für Henry Ford richtig war, kann für Bill Gates und seine Nachahmer falsch sein.

1.3 Monopoly-Spieler

Change in the industry isn't something to fear; it's an enormous opportunity to shuffle the deck, to replay the game.
Jack Welch

In der neuen Wirtschaft wird ein Spiel gespielt, das durchaus Züge des populären Monopolys trägt. Microsoft würde das vehement bestreiten, aber es gab in der US-Regierung zu Zeiten von Bill Clinton durchaus Juristen, die dem Riesen aus Seattle gerade das vorwarfen. Die Konkurrenz stimmte in diese Klage ein, aber das hat keinen Vorstandsvorsitzenden jemals davon abgehalten, genau das gleiche Spiel wie Microsoft zu spielen.

In der alten Wirtschaft herrscht ein Gleichgewicht zwischen Angebot und Nachfrage. Gibt es in einem Jahr wenig Kirschen, weil die Blüten erfroren sind, steigen die Preise. Fällt hingegen die Ernte wider Erwarten prächtig aus, sinken die Preise, weil das Angebot die Nachfrage übersteigt. In der neuen Wirtschaft gelten dagegen andere Gesetze. Der Rohstoff für Computer-Chips ist *Silicon*, also im Grunde Sand. Den gibt es in der Erdkruste im Überfluss. Er kostet fast gar nichts. Was Chips teuer macht, ist der menschliche Geist, der in ihre Entwicklung fließt. Wenn allerdings diese Entwicklungskosten auf Millionen von Chips umgelegt werden können, dann wird die einzelne Scheibe Silicon wieder erschwinglich. Wenn wir im Bereich der Automobilindustrie den gleichen Preisverfall wie bei der Elektronik erleben würden, dürfte ein Mittelklassewagen heute nicht mehr als ein paar Euro kosten.

Allerdings können wir auch in diesem Sektor der Wirtschaft das Eindringen der Elektronik [2] nicht leugnen. Im Jahr 1994 enthielt ein Wagen von General Motors Stahl im Wert von 675 US\$. Dagegen beliefen sich die Kosten für elektronische Bauteile und Software auf US\$ 2 500. Wir finden sie in den Bremsen und der Zündung, im Radio und im Navigationssystem. Der Anteil dieser Kosten steigt, während der Stahl weiter abnimmt. Kunststoffe sind dagegen auf dem Vormarsch, weil sie weniger wiegen als Metalle.

Sehen wir uns nun die Marktanteile für den PC im Jahr 1995 für die USA an (siehe Tabelle 1-1).

Unternehmen	Gewinn in Milliarden US$	Marktanteil [%]
Apple	11,1	11,5
Compaq	14,9	11,7
Dell	3,5	5,0
Gateway	3,7	5,1
IBM	71,5	8,2
Packard Bell	7,5	11,6

Tabelle 1-1: Profit und Marktanteil im PC-Markt [1]

Dieser Markt ist durch Fragmentierung gekennzeichnet. Keiner der aufgeführten Anbieter hat eine dominierende Position. Die Folge ist ein intensiver Preiskampf. Dies führt zu sinkenden Preisen für den Verbraucher, ist aber für die Anbieter nicht gerade positiv. Wer im Markt bleiben will ist gezwungen, Jahr für Jahr die Preise zu senken. Das führt zwangsläufig zu knappen Margen und mageren Gewinnen.

Für die Anbieter ist die oben geschilderte Situation beim PC folglich nicht erstrebenswert. Was sie versuchen, wird in der neuen Wirtschaft *Mainstreaming* genannt. Das bedeutet, ein Produkt für den Verbraucher so attraktiv zu machen, dass er es haben will. Wenn ein Anbieter mit einer bestimmten Applikation der erste auf den Markt ist, hat er eine recht gute Chance, mit seinem Produkt der Marktführer zu werden. Microsoft hat es bei MS Windows und Office der Konkurrenz vorgemacht.

Das Spiel, das in der neuen Wirtschaft gespielt wird, bezeichnet man als Lanchester-Strategie. Die Spieler kann man in drei Gruppen einteilen.

- **Players:** Diese Anbieter müssen mindestens 26,1 Prozent Marktanteil besitzen. Ist ihr Marktanteil geringer, zählen sie nicht und laufen Gefahr, mangels Masse aus dem Markt zu verschwinden. Obwohl Player nicht unbedingt zu den Firmen gehören, die durch innovative Produkte glänzen, stellen sie für die übrigen Unternehmen in einem Marktsegment eine ernst zu nehmende Konkurrenz dar.
- **Leader:** In der alten Wirtschaft nahm man an, dass eine Firma über fünfzig Prozent Marktanteil besitzen müsse, um dieses

Segment zu dominieren. In der neuen Wirtschaft genügt dagegen ein Anteil von 41,7 Prozent. Hat ein Anbieter diese Marke erreicht, ist er kaum mehr zu stoppen.

- **Monopolist:** Ab 73,9 Prozent Marktanteil sprechen wir von einem Monopolisten. Solch ein Unternehmen beherrscht sein Segment und kann die Preise diktieren. Es macht horrende Gewinne, weil es praktisch keine Konkurrenz mehr zu fürchten braucht.

Das Spiel funktioniert nicht nur bei Betriebssystemen und Anwendungsprogrammen für den PC, sondern auch im Bereich des Internet. Da gab es Mitte der 1990er Jahre [2] im US-Markt noch ein paar Anbieter, die sich Hoffnungen machten, die Marktführerschaft zu erringen. Die Lage damals ist in Tabelle 1-2 dargestellt.

Unternehmen	Marktanteil [%]	Status
AOL	28	Player
CompuServe	25	Mitspieler, instabil
Prodigy	20	Mitspieler, instabil

Tabelle 1-2: Anbieter im Internet [2]

Inzwischen hat sich die Situation gewandelt. AOL hat CompuServe aufgekauft und ist damit zum unbestrittenen Marktführer geworden. Ähnliche Entwicklungen können wir im Marktsegment für Groupware beobachten. Dort ist IBM durch den Kauf von Lotus zu einer dominierenden Kraft geworden.

Wir können die Lanchester-Strategie auch in der Form eines Flussdiagramms aufzeigen. Damit ergibt sich Abbildung 1-4.

Ein Spieler in diesem Markt hat eine Reihe von Optionen, um zum Gewinner zu werden. Wenn ein Unternehmen ein gutes Produkt hat, das verspricht, zu einer so genannten Killer-Applikation zu werden, dann werden am Anfang vermutlich hohe Kosten für die Entwicklung anfallen. Falls der Gründer des Unternehmens diese Anlaufkosten nicht aufbringen kann, bietet sich ein Börsengang an. Das war bis vor wenigen Jahren wenigstens die gängige Art der Finanzierung. Inzwischen sind die Anleger skeptisch geworden, wenn sie von jungen Unternehmen im Bereich der Software hören. Das sollte allerdings niemanden abschrecken. Falls die Idee gut ist, bietet sich eine private Finanzierung als Alternative an.

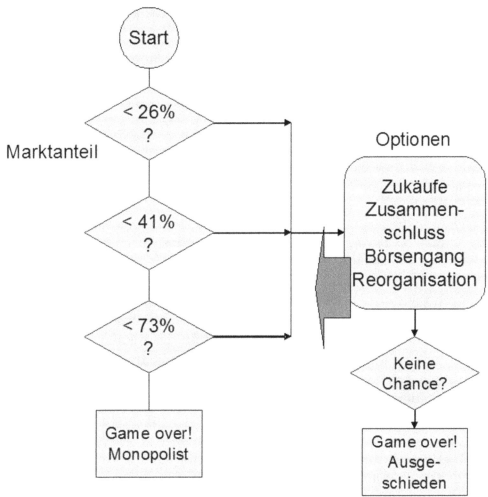

Abbildung 1-4: Die Lanchester-Strategie [2]

Durchaus üblich in diesem Haifischbecken sind auch Zukäufe und Zusammenschlüsse. Wenn das Produkt des Konkurrenten überlegen ist, stellt eine Übernahme dieses Unternehmens einen gangbaren Weg dar, um zum Player oder Leader zu werden. Auch eine Reorganisation kann mitunter zum Erfolg führen. Denken wir etwa an die Ausgliederung eines Produkts in eine Tochterfirma oder an ein Joint Venture im begrenzten Rahmen mit einem Wettbewerber. Gegenwärtig versuchen Fujitsu und Siemens, auf diesem Weg im PC-Markt in Europa ihre Chancen zu verbessern.

Fassen wir zusammen: Wer nicht zumindest Player werden kann, scheidet bald aus dem Markt aus. Das heißt in anderen Worten:

Insolvenz und Pleite. Das ist für Unternehmer kein ungewohntes Risiko, aber im Markt der Lanchester-Strategie wird mit harten Bandagen gespielt.

Auf der anderen Seite sind Gewinne in Milliardenhöhe nicht ungewöhnlich. Das ist der Preis, der den Siegern winkt.

1.4 Risiken anderer Art

In the new economy, human invention increasingly makes physical resources obsolete... Even as we explore the most advanced reaches of science, we're returning to the age-old wisdom of our culture... In the beginning was the spirit, and it was from this spirit that the material abundance of creation issued forth.
Ronald Reagan in einer Rede an der Universität von Moskau

Während wir bisher die Risiken eher aus makroökonomischer Sicht betrachtet haben, wollen wir uns nun einzelnen Branchen und ihren Risiken zuwenden. Software ist ein Produkt des menschlichen Geistes, ein immaterielles Gut. Das birgt, verglichen mit traditionellen Gütern, ganz neue Arten von Risiken.

Die mit der Software-Entwicklung und ihrem Einsatz verbundenen Risiken sind vor allem auf zwei Trends zurückzuführen:

1. Programme werden immer größer und komplexer.
2. Die Software dringt in alle Anwendungsgebiete und alle Bereiche menschlicher Betätigung vor.

Der erste Trend ist wohl unvermeidlich. Die Anwendungen, bei denen mit geringem Aufwand an Software viel erreicht werden konnte, sind bereits im Einsatz. Jetzt werden zunehmend Applikationen erstellt, die sich mit nicht ganz leicht zu durchschauenden Sachverhalten beschäftigen. Entsprechend umfangreich und komplex wird das zugehörige Programm sein.

Der zweite Trend ist überall zu beobachten. Software steuert Sonden, die sich auf dem Weg zum Mars oder zur Venus befinden. Software ist für die Steuerung der Verkehrsleitsysteme einer Stadt verantwortlich, und wenn sie versagt, können sämtliche Ampeln ausfallen. Software ist dafür verantwortlich, bei Gefahr ein Atomkraftwerk abzuschalten.

Software beherrscht den Autopiloten eines Verkehrsflugzeugs wie den Airbus, und wir finden sie auch im Herzschrittmacher, den einige Mitmenschen im Körper tragen.

Weil Software so allgegenwärtig ist, geht damit einher die Verbreitung des Risikos, das damit verbunden ist. Allerdings sind nicht alle Applikationen über einen Kamm zu scheren. Wer ein Videospiel für den PC erstellt, der mag als kritische Faktoren für den Markterfolg packende Grafiken und eine hohe Geschwindigkeit ausgemacht haben. Stürzt das Programm beim Einsatz ab, ist das zwar unangenehm. Ein Risiko oder eine unmittelbare Gefahr für den Nutzer ist damit aber nicht verbunden.

Anders sieht es dagegen beim Flugzeug aus. Wenn der Autopilot ein falsch eingestelltes Messgerät nicht bemerkt, wenn die Maschine plötzlich in den Sturzflug übergeht, dann kann dies zum Verlust Hunderter von Menschenleben führen. Wir sprechen in diesem Fall von sicherheitskritischer Software.

In der Raumfahrt ist Software schon deswegen unentbehrlich, weil es bei langen Flügen nicht möglich ist, eine menschliche Besatzung mit ihren Bedürfnissen über Monate und Jahre hinweg zu unterhalten. Da bietet sich als Ausweg ein technisches System an. Um die Ausfallsicherheit zu erhöhen, setzt man wie beim Auto auf Redundanz. So ganz ohne Tücken ist jedoch auch diese Technik nicht, wie der folgende Fall zeigt.

Fall 1-1: Zweifach redundant [3, 4, 5]

Ende April 2001 kam die International Space Station (ISS) in erhebliche Probleme, weil ihre drei Bordcomputer gleichzeitig ausfielen. Zu dieser Zeit war gerade die Besatzung der Raumfähre *Endeavour* dabei, den kanadischen *Space Arm*, eine Art Kran, zu montieren. Man glaubte ursprünglich, die neu hinzu gekommenen Module für diesen Kran hätten mit dem Ausfall der Bordcomputer zu tun.

Für die NASA im Kontrollzentrum in Houston war es die größte Krise seit dem Jahr 1992. Die Probleme begannen am 25. April nach zwei Tagen erfolgreicher Montage des Krans. Die C&C genannten Computer sollen automatisch einspringen, wenn einer davon ausfällt. Man konnte die Geschehnisse im Nachhinein wie folgt rekonstruieren:

1. C&C-2: Dieser Computer bekam nach dem Ausfall von C&C-1 den Befehl, die Kontrolle über die Raumstation und ihre Systeme zu übernehmen. Als er hoch lief, kam eine Warnung. Sie besagte, dass nicht auf die Festplatte zugegriffen werden konnte. Das Team in Houston sandte mehrmals Reset-Kommandos zur ISS, aber sie bewirkten gar nichts. Die Controller in Houston erfuhren später, dass dieser Computer immer klagte, dass seine Festplatte nicht arbeitete, obwohl sie in Ordnung war. Diese Tatsache war ihnen zu diesem Zeitpunkt aber nicht bekannt, und so folgten sie ihrem Verfahren.

2. C&C-3: Die Telemetriedaten von der dritten Einheit schauten normal aus. Der Computer fuhr aber nicht hoch. Offenbar hatte seine Festplatte bereits viel früher versagt. Das war allerdings im Kontrollzentrum in Texas nicht bekannt. Die Telemetriedaten zeigten Werte an, die offenbar veraltet und nicht mehr aktuell waren. Die Analyse deutete darauf hin, dass die Festplatte von C&C-3 zwei Wochen lang nicht mehr angesprochen worden war.

Die unmittelbare Folge des Computerausfalls war, dass einige größere Operationen auf der ISS nicht durchgeführt werden konnten. Die Ladung eines Containers, den die *Endeavour* mit zurück zur Erde nehmen sollte, wurde um zwei Tage verschoben. Zuletzt wechselt die Crew C&C-1 gegen eine identische Einheit aus, die an Bord war und für andere Zwecke eingesetzt wurde. Für den ausgefallenen C&C-3 Computer kam am 7. Mai ein Ersatzcomputer an Bord.

Die Festplatten der Computer fielen aus, weil die Schreib/Leseköpfe beschädigt waren. Dieser Schaden entstand, weil die Schreib/Leseköpfe bei Nichtgebrauch der Festplatte nicht wie vorgesehen in ihre Parkposition zurückfahren konnten. Dazu sollte kurz vor Ausschalten des Hard Drives die verbleibende Spannung benutzt werden. Diese reichte jedoch für die Bewegung nicht aus. Die Köpfe blieben hängen und beschädigten in der Folgezeit die Oberfläche der Festplatten.

Bemerkenswert ist, dass dieser Fehler erst im Weltraum bemerkt wurde. Was spricht dagegen, das Herunterfahren der Festplatte bei Spannungsabfall bereits auf der Erde zu prüfen?

In den 1990er Jahren stand die NASA unter erheblichem Druck. Ihre Missionen sollten erheblich billiger werden, ohne an der Qualität Abstriche zu machen. Ob dieser Ansatz erfolgreich war, kann jeder Bürger dieses blauen Planeten selbst beurteilen. Sehen Sie dazu das folgende Beispiel.

Fall 1-2: Störsignale [6]

Im Jahr 1999 sandte die NASA eine Reihe von Sonden zum Mars. Darunter war auch der Mars Polar Lander (MPL). Diese Sonde sollte auf der Oberfläche des roten Planeten landen und für 90 Tage Daten zur Beschaffenheit der Oberfläche und des Klimas erfassen und zur Erde senden. Leider hörte man auf der Erde nichts mehr von der Sonde, als sie in die Atmosphäre des Mars eintrat.

Eine detaillierte Untersuchung zur möglichen Unfallursache durch die NASA brachte die folgenden Erkenntnisse: Mit hoher Wahrscheinlichkeit war es so, dass durch das Ausfahren der Beine des MPL Störsignale erzeugt wurden, die so interpretiert wurden, als wäre die Sonde bereits gelandet. Dadurch wurde der Raketenmotor abgeschaltet. Die Folge war, dass die Sonde auf der Oberfläche zerschellte.

Dazu heißt es im Untersuchungsbericht der NASA: „Es ist bei Sensoren für mechanische Teile nicht ungewöhnlich, dass von ihnen Störsignale ausgehen können. Im Fall des MPL bestand für die Software keine Forderung, Störsignal auszufiltern, bevor die Daten der Sensoren benutzt wurden, um eine erfolgreiche Landung anzuzeigen. Während des Systemtests war die Sonde falsch verdrahtet. Dies war auf einen Designfehler zurückzuführen. Die Folge war, dass der vorhandene Systemfehler während des Tests nicht identifiziert werden konnte. Ursächlich für die Zerstörung der Sonde ist ein frühzeitiges Ausschalten des Raketenmotors. Die eigentliche Ursache liegt allerdings in der Programmierung. Die Software war nicht in der Lage, Störsignale zu erkennen und zu verwerfen."

Wer nun die NASA schelten will, sollte nicht vergessen, dass die europäischen Raumfahrtbehörden nicht besser sind. Stichwort: Ariane.

Fall 1-3: Überlauf [7, 8]

Im Frühjahr 1996 zerbrach die ARIANE 5, die neueste Rakete des europäischen Konsortiums, bei ihrem Jungfernflug wenige Sekunden nach dem Start. In die Neuentwicklung waren 8 Milliarden US$ investiert worden. Die Betreiber sagten eine Zuverlässigkeit des Systems, basierend auf den Daten des Vorgängermodells ARIANE 4, von 98,5 % voraus.

Im Juli stand das Ergebnis der Ermittlungen zur Fehlerursache fest. Ursächlich war ein Software-Fehler im Trägheitsnavigationssystem der Rakete. Dreißig Sekunden nach dem Start ging der zweite Computer der Rakete, ein redundantes System, außer Betrieb. Dies wurde durch einen Fehler in einem Unterprogramm der Software verursacht. Obwohl dieses Unterprogramm nur am Boden gebraucht wird und während des Flugs eigentlich unnötig ist, wird es periodisch ausgeführt. Bei der ARIANE 5 kalkulierte dieses Unterprogramm im Flug eine große horizontale Bewegung, die zu einem Überlauf (overflow) bei einer Variablen führte. Die Design-Philosophie bei der Rakete war es, bei einem derartigen Rechenfehler den Prozessor anzuhalten.

Nachdem das redundante Back-up System ausgefallen war, fiel 50 Millisekunden später auch das Hauptsystem aus, das aus identischer Hard- und Software bestand. Dies führte dazu, dass das Trägheitsnavigationssystem nur Diagnosedaten an den Hauptcomputer der ARIANE 5 lieferte. Diese Daten wurden als gültige Steuersignale interpretiert. Die ARIANE versuchte, eine Abweichung von der Flugbahn zu korrigieren, die in der Realität gar nicht bestand. Durch die extremen Korrekturmanöver wurde die Rakete so überlastet, dass sie auseinanderbrach.

Das Unterprogramm, das zu dem Fehler führte, wurde von der ARIANE 4 übernommen. Dabei ging man davon aus, dass die Software in der ARIANE 4 fehlerfrei sei. Offensichtlich war bei der ARIANE 4 die horizontale Bewegung geringer, so dass bei diesem System der Fehler zwar auftrat, allerdings nicht zu einem Überlauf führte.

Dieser Verlust hätte der Rakete hätte aus einer ganzen Reihe von Gründen vermieden werden können:

- Die Routine, die letztlich zum Absturz führte, war im Flug unnötig. Sie diente zur Positionsbestimmung am Boden. Durch eine simple Abfrage hätte der Aufruf nach dem Start vermieden werden können. Diese Programmierung hätte sogar Rechenzeit gespart.
- Als Programmiersprache kam Ada zum Einsatz. In dieser

Sprache können Ausnahmebedingungen abgefangen werden. Natürlich bläht dies den Code auf, aber grundsätzlich besteht diese Möglichkeit.

- Die Routine zur Positionsbestimmung wurde deswegen als fehlerfrei betrachtet, weil sie bei der ARIANE 4 bereits im Einsatz war. Auf einen erneuten Test vor dem Einsatz wurde folglich verzichtet. Bei dem Vorgängermodell sind allerdings einige Parameter anders, und daher sind die dort herrschenden Bedingungen für die ARIANE 5 nicht in jedem Fall relevant.

Die europäische Raumfahrt wird durch Steuergelder finanziert, und deswegen sind solche kritischen Fragen durchaus legitim. Seit Jahrzehnten wird versucht, die alten Einheiten wie Pfund oder Meilen durch metrische Einheiten zu ersetzen. Noch ist dieser Kampf nicht gewonnen. Zu welchen Konsequenzen die Verwendung alter und neuer Einheiten im Messwesen führen kann, demonstriert der folgende Fall.

Fall 1-4: Umrechnungen [9, 10, 11, 12]

Am 24. September 1999 ging die Raumsonde Mars Orbiter der NASA, die auf dem roten Planeten landen und die Oberfläche erkunden sollte, kurz vor dem Ziel verloren. Das war umso erstaunlicher, als die Sonde bis zu diesem Zeitpunkt ohne Probleme funktioniert hatte.

Als Ursache des Fehlers stellte sich schließlich heraus, dass die Umrechnung verschiedener Maßeinheiten nicht funktioniert hatte. Der Fehler lag in einer Umrechnungstabelle in der Support Software der Kontrollstation in den USA, die verwendet wurde. Dabei ging es darum, den Kurs der Sonde auf dem Weg zum Mars durch Korrekturmanöver zu berichtigen. Die am JPL in Kalifornien eingesetzte Software erwartete für den Schub die Einheit Newton, während man beim Hersteller Martin Lockheed offensichtlich mit Pfunden rechnete. Die Folge war, dass bei den Steuermanövern der Schub während der gesamten Flugzeit um 22 Prozent zu gering ausfiel.

Der Fehler war während des gesamten Flugs zum 220 Millionen Kilometer weit entfernten Mars gegenwärtig, wurde aber offensichtlich nicht bemerkt. Üblicherweise sind die Bahnen derartiger Sonden auf 10 Kilometer genau. Kritisch wurde es erst bei der Annäherung an den roten Planeten. Die Sonde kam der Oberfläche um 100 Kilometer (62 Meilen) zu nahe. Der Mars Orbiter, dessen Kosten mit 125 Mill. US$ angegeben werden, ist auf der Marsoberfläche zerschellt.

Dieser Vorfall ist ein weiterer Beweis dafür, dass die NASA mit ihrem Konzept billiger Missionen in der Praxis gescheitert ist. Bei einer wachsamen Qualitätssicherung und einem ordentlichen Testprogramm hätte dieser Fehler bereits auf der Erde gefunden werden müssen.

Nach dem Unfall mit der Raumfähre Columbia am 1. Februar 2003 stand nur noch die russische Soyuz-Kapsel zur Verfügung, um die Besatzung der International Space Station (ISS) abzuholen und zu diesem Habitat im Erdorbit zu bringen. Leider war auch dieses System nicht ganz ohne Probleme.

Fall 1-5: Harte Landung [13, 21]

Am 4. Mai 2003 sollte der Kosmonaut Nikolai Budarin sowie die Astronauten Donald Pettit und Kenneth Bowersox in einer Soyuz-Raumkapsel zur Erde zurückkehren. Um die hohe Geschwindigkeit von 25 Mach abzubremsen, benutzt die Kapsel die äußeren Schichten der Erdatmosphäre in 7 600 Kilometer Höhe als Reibungsfläche. Dabei dreht sich die Kapsel um ihre Längsachse, wobei das Hitzeschild leicht nach oben ragt. Dies ist notwendig, um ein schnelles Absinken in die dichteren Schichten der Atmosphäre zu verhindern.

Bei diesem Manöver muss der Bordcomputer wissen, was oben ist, um den Zielpunkt weit unten auf der Erde anpeilen zu können. Diese Berechnungen sind nicht besonders komplex, müssen aber mit der notwendigen Genauigkeit durchgeführt werden. Bei den Amerikanern waren derartige Berechnungen bei den Gemini- und Apollo-Programmen notwendig.

In diesem Fall kündigte der Autopilot der Soyuz der Besatzung überraschend an, dass er vergessen hatte, wo er sich befand. Die drei Passagiere konnten in diesem Augenblick wenig tun, sondern mussten diese Fehlermeldung einfach hinnehmen. Der Autopilot setzte ein alternatives Programm zur Landung ein. Allerdings war damit ein steiler Eintritt in die Erdatmosphäre verbunden, etwa wie bei einer ballistischen Rakete. Hinzu kam, dass durch ein Problem mit der Antenne die Besatzung in diesen kritischen Minuten nicht mit ihrer Bodenstation kommunizieren konnte.

Durch den steilen Abstieg zur Erde waren die Astronauten einer Belastung von bis zum achtfachen Wert der normalen Erdbeschleunigung (8 g) ausgesetzt. Ihre Zungen wurden weit in den Rachen gepresst, und sie hatten Schwierigkeiten mit der Atmung. Unter normalen Umständen beträgt die Belastung lediglich 4 g. Die Kapsel setzte 480 Kilometer entfernt vom erwarteten Landepunkt auf. Zur Suche nach der Raumkapsel wurden vier Helikopter vom Typ Mil Mi-8 sowie fünf Flugzeuge eingesetzt. Eine Antonov An-12 fand die Raumfahrer 2 Stunden und 20 Minuten nach der Landung. Es dauerte weitere 2 Stunden, bevor ein Helikopter die Crew bergen konnte. Pettit hatte der Abstieg so mitgenommen, dass er auf einer Trage in den Hubschrauber gebracht werden musste.

Bei der Luft- und Raumfahrt ist Software unverzichtbar. Wir sind inzwischen aber so weit, dass Software selbst in Chips einfließt. Mit anderen Worten: Selbst Hardware besteht zum Teil aus Software. Das zeigt das folgende Beispiel.

Fall 1-6: Der Pentium Bug, noch ein Software-Fehler [14]

Im Sommer 1994 meldete Thomas Nicely, ein Professor für Mathematik am Lynchburg College im amerikanischen Bundesstaat Virginia, INTEL in Kalifornien einen Rechenfehler am neuesten Chip des Herstellers von Mikroprozessoren, dem PENTIUM. Im Silicon Valley nimmt man weder den Professor aus dem Süden der USA noch den Fehler so richtig ernst: INTEL beherrscht mit über 80 Prozent den Markt der Prozessoren für den PC, macht fabelhafte Umsätze und Gewinne. „INTEL inside" lautet der Werbespruch, mit dem die Kunden weltweit auf Prozessoren von INTEL verpflichtet werden sollen.

Monate später muss INTELs Management kleinlaut zugeben, dass ihr Mikroprozessor tatsächlich fehlerhaft ist. Zwar mag man darüber streiten, ob der Fehler nur alle 27 000 Jahre auftritt, wie INTEL behauptet, oder alle 24 Tage, wie IBM errechnet hat. Es bleibt ein Fehler, der sich bei vielen Anwendern zeigen kann. INTEL bietet schließlich allen Kunden den kostenlosen Umtausch des schadhaften Prozessors an und startet damit die bisher größte Rückrufaktion in der Computerbranche. Um die Kosten abzudecken, wird eine Rückstellung von 475 Mill. US$ gebildet.

Dabei handelt es sich bei dem Fehler eigentlich um einen Irrtum in der Software. Um mit der verwendeten Architektur beim PENTIUM gegenüber den RISC-Architekturen der Konkurrenten bestehen zu können, entschloss man sich bei der Fließkommaarchitektur zur Verwendung einer *Lookup Table*. Das ist einfach eine Tabelle, wie man sie zum Beispiel in Logarithmentafeln findet. Bei diesem nach seinen Erfindern benannten STR-Algorithmus werden 1066 Werte benötigt, die zwischen -2 und +2 liegen. Ein Ingenieur berechnete diese Zahlen auf einem Computer und erstellte die benötigte Tabelle. Sie wurden mit einem *Script* in die Hardware, ein *Programmable Logic Array* (PLA), geladen.

Allerdings war das Script zum Laden der Werte selbst fehlerhaft. Ganze 5 von 1066 Zahlen wurden nicht übernommen. Diese Zellen hätten den Wert 2 enthalten sollen, blieben aber leer. Wenn die Floating Point Unit darauf zugreift, wird der Wert Null ausgelesen. Warum wurde man nun nicht früher auf den Fehler aufmerksam?

Das PLA wurde bei INTEL nicht auf korrekte Werte überprüft, und der PENTIUM ging damit in die Produktion. Im Feld fiel der Fehler deswegen nicht sofort auf, weil der Algorithmus rekursiv arbeitet. Zwar schaukelt sich der Fehler bei gewissen Rechnungen so stark auf, dass Rechenfehler in der vierten signifikanten Stelle einer Dezimalzahl auftreten können. In der Regel tritt die Abweichung aber erst in der neunten oder zehnten Stelle auf, und bei vielen Anwendungen spielt Dezimalarithmetik keine herausragende Rolle.

Bemerkenswert bleibt, dass es sich trotz des Gießens in Silicon letztlich um einen Fehler handelt, der in der Software begründet liegt.

Ein wichtiger Teil der Infrastruktur einer modernen Industriegesellschaft ist das Telefonnetz. Hier wird die höchste Zuverlässigkeit gefordert, nämlich eine Verfügbarkeit von nahezu 100 Prozent. Zuverlässigkeit heißt in diesem Fall nicht, dass jedes Gespräch notwendigerweise durchkommen muss. Die Nutzer würden gelegentlich ein abgebrochenes Gespräch tolerieren. Allerdings wird gefordert, dass das Telefonnetz als Ganzes jederzeit funktionsfähig bleiben muss.

In der Regel wird ein Netzwerk als recht zuverlässig und sicher gegen Ausfall betrachtet. Nicht zuletzt wegen dieser Eigenschaft wurde das Internet als Netzwerk konstruiert. Die Erfahrungen in den USA zeigen allerdings, dass durch Software eine neue Komponente in das Netz hereinkommen kann, die in Bezug auf die Ausfallsicherheit ein Risiko darstellt. Sehen wir dazu den folgenden Fall.

Fall 1-7: Dominoeffekt [15]

Im Dezember 1989 installierte die größte amerikanische Telefongesellschaft, AT&T, ein neues und verbessertes Programm zur Vermittlung von Ferngesprächen in ihren Fernmeldeämtern. Am 15. Januar des folgenden Jahres signalisierte eine der Vermittlungsstellen einen Ausnahmezustand, sandte eine Nachricht an benachbarte Fernmeldeämter, dass keine weiteren Gespräche angenommen werden konnten und ging anschließend in den Initialisierungszustand. Nach einiger Zeit ging der Computer der Vermittlungsstelle wieder ans Netz.

Eine zweite Vermittlungsstelle im Netz von AT&T empfing die Nachricht von dem ersten Fehler und versuchte, sich selbst neu zu starten. Während dieser Initialisierungsphase wurde eine zweite Nachricht von der ersten Vermittlungsstelle empfangen. Dieses Signal konnte jedoch aufgrund eines Fehlers in der Software nicht richtig verarbeitet werden. Der Rechner der Vermittlungsstelle signalisierte seinen benachbarten Fernmeldeämtern einen Ausnahmezustand, sandte eine Nachricht an diese Vermittlungsämter, dass derzeit keine weiteren Telefongespräche angenommen werden konnten und ging anschließend in den Initialisierungszustand zurück. Nach einiger Zeit ging die Vermittlungsstelle wieder in Betrieb.

Obwohl der Rechner des Fernmeldeamts nach einiger Zeit wieder in Betrieb ging, pflanzte sich der Fehler im Netz der Telefonvermittlungen fort. Das Telefonnetz von AT&T im Norden der USA brach weitgehend zusammen. Dies gerade zu einer Zeit, als die Firma in großformatigen Anzeigen auf die besondere Zuverlässigkeit ihres Telefonservices hinwies.

Wie später eruiert wurde, trat der Fehler immer dann auf, wenn innerhalb von weniger als vier Sekunden eine weitere Nachricht in der Vermittlung eintraf. Letztlich wurde der Ausfall des Telefonnetzes auf einen Fehler in dem verwendeten Program, das in C geschrieben war, zurückverfolgt. Der Quellcode enthielt eine BREAK-Anweisung in einer IF-Abfrage, die wiederum Teil eines SWITCH-Statements war.

Die oben skizzierten Programmzeilen sind nicht gerade sehr gute Arbeit, aber im strikten Sinn verstoßen sie nicht gegen die Regeln von C. Ein Compiler wird sie also nicht bemängeln. Weil natürlich auf jedem Netzknoten dieselbe Software residieren wird, leidet die Ausfallsicherheit des Netzwerks. Das ist ein Nachteil, der durch das Eindringen der Software in diese Technik entsteht.

Wir sollten die Wichtigkeit der Verfügbarkeit des Telefonnetzes für eine moderne Gesellschaft nicht unterschätzen. Was wäre geschehen, wenn zur gleichen Zeit ein Kernreaktor Gefahr gelaufen wäre, durchzugehen? Kann es in solchen Fällen zu einer Panik unter Zivilbevölkerung kommen?

Mancher mag einwenden, dass es noch den öffentlichen Rundfunk gibt. Das ist richtig. Aber es ist nicht gewährleistet, dass dieses Mittel auch genutzt wird. Bei der Flutkatastrophe an der Elbe im Sommer 2002 hätte der Rundfunk eingesetzt werden können, um die Bevölkerung zu warnen. Die verantwortlichen Politiker und Beamte haben auf diese Möglichkeit zur schnellen Unterrichtung der Bevölkerung verzichtet.

In anderen Fällen geht es nicht um Kommunikation, sondern um Geschäfte. Weil hier Geld im Spiel ist, kann der finanzielle Verlust mitunter beträchtliche Höhen erreichen.

Fall 1-8: Time-out für die Wall Street [16]

Am 4. Juni 2001 war der Handel an der New York Stock Exchange, der weltweit wichtigsten Börse, für eineinhalb Stunden unterbrochen. Der Grund dafür lag in neu installierter Software. Obwohl an diesem Freitag der Handel später wieder aufgenommen werden konnte, stellte der Computerausfall doch einen schweren Schlag für die NYSE dar, die sich zunehmend in Konkurrenz zu anderen US-Börsen befindet.

Der Fehler in der Software führte dazu, dass der Handel um 10:10 Uhr Ortszeit unterbrochen werden musste. Es war das erste Mal seit dem Oktober 1998, dass der Handel ausgesetzt werden musste. Die meisten Firmen konnten ab 11:35 Uhr den Handel wieder aufnehmen, doch für rund 10 Prozent aller Aktien dauerte es noch Stunden, bevor sie wieder ge- oder verkauft werden konnten.

Richard Grasso, der Vorstandsvorsitzende der NYSE erklärte, dass der Fehler durch die Software verursacht wurde, die in der Nacht zum Freitag eingespielt worden war. Die Börse wäre in der Lage gewesen, mit Ersatz-Computern den Handel in beschränktem Umfang aufrecht zu erhalten. Um aber gegenüber individuellen Investoren fair zu sein, wurde der gesamte Handel eingestellt. Große Unternehmen, darunter Fonds, wären wohl in der Lage gewesen, ihre Aufträge auch ohne die Computer der NYSE abzuwickeln.

In anderen Fällen schafft der Einsatz von Software unmittelbar Risiken für Menschen, ihre Gesundheit und ihr Leben. Das lässt sich mit dem folgenden Beispiel aus England demonstrieren.

Fall 1-9: Britische Fluglotsen können Computerschrift nicht lesen [66, 67]

Die Schrift auf den Computerbildschirmen im nagelneuen britischen Flugkontrollzentrum von Swanwick (Grafschaft Hampshire) ist so klein, dass Fluglotsen schon mehrfach Maschinen in die falsche Flughöhe dirigiert haben. Dies berichtete das Fachmagazin COMPUTER WEEKLY unter Berufung auf einen vertraulichen Report aus dem Zentrum.

Danach wurde in einem Fall ein für Glasgow (Schottland) bestimmtes Flugzeug nach Cardiff (Wales) geschickt, weil die Lotsen die Codenamen für die beiden Ziele auf dem Schirm nicht unterscheiden konnten. Wegen Software-Problemen war das Zentrum Swanwick ein ganzes Wochenende lang lahmgelegt worden. Stundenlange Verzögerungen und Flugausfälle waren die Folge.

Das für 623 Millionen Pfund (996 Millionen Euro) erbaute Zentrum mit dem Namen National Air Traffic Services (NATS) war im Januar 2003 in Betrieb genommen worden. Es wird privatwirtschaftlich geführt. Seitdem hat es drei Mal Probleme mit dem Computersystem gegeben.

Nach Angaben einer Fachzeitschrift sollen in Kürze Tests an einem neuen, besseren Schriftbild beginnen. Die zivile Luftaufsichtsbehörde (CAA) hat bestritten, dass das Computerproblem die Sicherheit des Luftraums gefährdet. Laut COMPUTER WEEKLY haben allerdings die Flugkontrolleure selbst das Problem als "sicherheitsbezogen" eingestuft.

Hier können wir ein Verhalten beobachten, das leider typisch ist für bestimmte Arten von Organisationen. Es sind gerade die Organisationen und Einrichtungen, die vorher nie Software eingesetzt haben, die bei ihrem ersten Versuch mit der neuen Technik auf die Nase fallen. Dagegen sind Organisationen, die mit der Software groß geworden sind, viel skeptischer. Das bewahrt sie zuweilen vor größeren Missgeschicken.

Die Teilstreitkräfte der USA, also die Armee, Marine und die Luftwaffe, haben den Einsatz von Software seit den 1950er Jahren in großem Umfang gefördert. Sie haben dabei durchaus Lehrgeld zahlen müssen, wie der folgende Fall beweist.

Fall 1-10: Feind in Sicht? [17]

Am 3. Juli 1988 kreuzte das US-Kriegsschiff *Vincennes* im Arabischen Golf. Die Lage war explosiv: Der Iran und der Irak trugen ein paar hundert Meilen weiter nördlich einen blutigen Krieg aus. Rohöl war in diesem Konflikt eine nicht zu unterschätzende Waffe. Würde es dem Iran gelingen, den Strom des Rohöls aus dem Golf zum Erliegen zu bringen, so konnten sich daraus ganz erhebliche Schwierigkeiten für die Weltwirtschaft entwickeln. Die Industrieländer — allen voran natürlich die USA — waren deshalb stark daran interessiert, die Ölrouten zum Arabischen Golf offen zu halten. Die *USS Vincennes* war ein Teil der Streitmacht, die zur See diesem Ziel dienen sollte.

An diesem Tag war die Crew des Kreuzers in erster Linie mit einem Boot beschäftigt, das überprüft werden musste. Der Operator des Aegis-Raketenabwehrsystems tief im Inneren des Kriegsschiffes hielt einen startenden Airbus, Flug 655 der Iran Air, für einen Angriff auf das Schiff und leitete Abwehrmaßnahmen ein. Er verwechselte dabei den startenden Airbus, der rapide an Höhe gewann, mit einem F-14 Jagdflugzeug der iranischen Luftwaffe. Dieses Kampfflugzeug befand sich allerdings noch auf dem Runway, als der Airbus bereits in der Luft war.

Was den Operator hätte warnen können, war die zunehmende Höhe des vermeintlichen Angreifers. Ein Kampfflugzeug wäre zunächst tiefer geflogen. Obwohl der Operator im Kontrollzentrum an seinem Bildschirm die Höhe ablesen konnte, so wurde diese wichtige Information jedoch nicht auf dem Hauptbildschirm des Aegis-Systems übertragen. Der Kreuzer schoss eine Rakete ab. An Bord des iranischen Airbus starben 290 Menschen.

Hier kann man durchaus argumentieren, dass das Interface der Software zum menschlichen Benutzer fehlerhaft war. Es zeigte dem verantwortlichen Offizier nicht alle relevanten Informationen an.

Der Kalte Krieg liegt hinter uns. Er war nicht nur für Spione, sondern auch für die Zivilbevölkerung in den USA und Europa nicht ohne Risiken. Meistens haben wir von diesen kritischen Momenten nichts erfahren, aber gelegentlich war die Panne so groß, dass sich der Vorfall nicht verheimlichen ließ.

Fall 1-11: Atomraketen im Anflug auf die USA [18]

Es dauerte nur zwanzig Minuten, aber den Anwesenden erschien es wie eine Ewigkeit. Am 5. Oktober 1960 besichtigten der Präsident von IBM, Thomas J. Watson, sowie zwei weitere wichtige Unternehmensführer das Hauptquartier der North American Air Defense (NORAD) in der Nähe von Colorado Springs. Man zeigte ihnen die Kommandozentrale, in der Offiziere an ihren Pulten saßen und die Bildschirme beobachteten. An der Wand war eine riesige Karte angebracht, auf der große Teile Asiens und das Territorium der USA [3] zu sehen waren. Darüber waren Anzeigen montiert worden, die verschiedene Alarmstufen anzeigen konnten. Diese Anzeige war verbunden mit den Radaranlagen in Thule in Grönland, einem vorgeschobenen Beobachtungsposten in der Zeit des Kalten Krieges.Man hatte den Besuchern erklärt, dass das Blinken einer Lampe bedeutete, dass sich nur wenige Objekte in der Luft befanden, die man erwartete. Mit anderen Worten: Das war Routine. Wenn zwei Lampen blinkten, befanden sich ein paar nicht identifiziert Objekte im Luftraum. Fünf Lampen standen dagegen für die höchste Alarmstufe. In so einem Fall befanden sich feindliche Atomraketen im Anflug auf Amerika.

Als die Gäste noch zuschauten, ging eine Lampe nach der anderen an. Als vier Lampen blinkten, kamen höhere Offiziere angerannt. Als fünf Lampen blinkten, komplimentierte man die Besucher hinaus. Sie wurden in ein Büro gebracht. Die drei Manager waren beunruhigt. Offenbar wurden die USA angegriffen, und sie hatten keinerlei Möglichkeit, ihre Familien zu warnen.

Zur selben Zeit befand sich General Laurence S. Kutter, der Befehlshabende von NORAD, in seiner C-118 in 4 500 Meter Höhe auf dem Rückweg nach Colorado Springs. Dieses Flugzeug war mit modernster Kommunikationstechnik ausgerüstet, und so gelang es seinem Stellvertreter, dem kanadischen Air Marshal C. Roy Slemon, rasch mit ihm Verbindung aufzunehmen. „Chef", begann Slemon. „Das ist der Ernstfall. Wir bekommen viele Signale von unseren Frühwarnsystem herein."

Kuter hörte aufmerksam zu. Es sah so aus, als hätte die Sowjetunion ihre Atomraketen von Sibirien aus gestartet. Der US-Generalstab wurde zu den Beratungen hinzugezogen. Slemon sprach mit den Offizieren in den Stäben in Washington, Ottawa und Nebraska. Das Strategic Air Command (SAC) musste seine Bomber und Raketen auf den Weg bringen, bevor sie am Boden zerstört werden konnten.

Die Lage war für vielleicht 20 Minuten äußerst gespannt. Bei NORAD stand man vor einer ungewohnten Situation. Es war zu 99,9 Prozent sicher, dass die Sowjetunion einen Angriff auf die USA gestartet hatte. Wenn das aber so war, mussten sich die Bahnen der Raketen verfolgen lassen, und inzwischen hätte man auch erkennen können müssen, welche Ziele in den USA die Russen angreifen wollten. Solche Bahnkurven gab es aber nicht.

Slemon wandte sich schließlich an den Verbindungsoffizier zum Geheimdienst bei NORAD. „Wo ist Chruschtschow?" rief er.

„In New York bei der Vollversammlung der UNO", erwiderte Harris Hull.

Slemon überlegte, dass die Sowjetunion wohl kaum die USA angreifen würden, wenn der Vorsitzende der Kommunistischen Partei zu Besuch in den Vereinigten Staaten war. Er blies den Alarm ab.

Stunden später machte man sich beim US-Militär langsam ein Bild über die Ursache des Vorfalls. Was die Radaranlagen in Thule in Grönland entdeckt hatten, war der Mond, der über Norwegen aufging. Bei der Entwicklung des Frühwarnsystems hatte niemand daran gedacht, dass dessen mächtiges RADAR ein Objekt wie den Mond, der ungefähr 443 000 Kilometer von der Erde entfernt war, als feindliches Objekt einstufen würde. Die Entwickler der Software rechneten mit Raketen in einer Entfernung von fünf- bis sechstausend Kilometern.

Das Programm war durch den Mond, ein sich langsam bewegendes Objekt, ziemlich verwirrt. Als die Radarwellen auf der Oberfläche des Monds aufprallten und reflektiert wurden, interpretierte das System die Echos als weitere russische Raketen. Für das Frühwarnsystem begann ein massiver Angriff sowjetischer Atomraketen.

Hätte der Auftraggeber des Systems, das Department of Defense (DoD), etwas mehr Sorgfalt walten lassen, hätten es Objekte in großer Entfernung, etwa über einer Höhe von zehntausend Kilometern, als nicht feindlich eingestuft und bei der Zielerfassung ausgeschlossen. Dies hätte nicht einmal einen hohen Aufwand bei der Programmierung verursacht, denn RADAR steht für *Radio Detecting and Ranging*. Das heißt, dass mit derartigen Strahlen die Entfernung eines Objekts sehr leicht ermittelt werden kann. Diese Werte fallen routinemäßig an. Man hätte diese Messungen nur auswerten müssen, um den aufgehenden Mond von anfliegenden Atomraketen unterscheiden zu können.

So hätte also bereits in den 1960er Jahren ein Fehler in der Software beinahe dafür gesorgt, dass die Zivilisation, wie wir sie kennen, zum Untergang verdammt gewesen wäre. Zuweilen sind die mit Software zu-
sammenhängenden Risiken durchaus lebensbedrohend. Nicht für den
einzelnen Menschen, sondern sogar für alle Bewohner dieses Planeten.

1.1.1 Fehler ohne Zahl?

Measurements are not to provide numbers but insight.
Ingrid Bucher

Wer Fehler in der Software als unabänderlich hinnimmt, geht ein un-
kalkulierbares Risiko ein. Natürlich ist es nicht gerade die Gewohnheit
der Anbieter, die Fehler in ihren Produkten herauszustreichen. Das sollte
die Verantwortlichen für den Kauf und Einsatz von Software allerdings
keinesfalls davon abhalten, sich ein Bild über das zu erwartende Risiko
zu verschaffen.

In der Tat ist es so, dass wir Fehler in der Software berechnen können,
wenn wir den Programmumfang kennen. Das ist gewiss keine exakte
Wissenschaft, aber eine fundierte Schätzung dürfte für unsere Zwecke
ausreichen. Neben den Fehlern, die im Verlauf der Entwicklung anfallen
und durch Tests [19] gefunden werden, interessieren uns dabei in erster
Linie die Restfehler. Das sind jene Fehler, die eben nicht gefunden
werden und nach der Auslieferung der Software an den Kunden im
Programm verbleiben.

Wir wollen deshalb kurz überschlagen, mit welchen Fehlerraten in
Software zu rechnen ist. Dabei will ich Durchschnittswerte der Industrie
zugrunde legen. Für die Entwicklung kann man dabei mit Fehlerraten
[14] von 30 bis 50 Fehlern pro 1 000 Lines of Code rechnen.

Für ausgelieferten Code liegt diese Rate natürlich niedriger. Für gute
Organisationen der Software-Industrie kann man derzeit mit 1 bis 3
Fehler pro 1 000 Lines of Code rechnen. Mit Tabelle 1-3 können wir uns
einen ersten Überblick verschaffen.

Programmumfang in Lines of Code [LOC]	Fehler während der Entwicklung	Restfehler	Schwerwiegende Restfehler
20 000	600 – 1 000	20 - 60	2 - 6
50 000	1 500 - 2 500	50 - 150	5 - 15
100 000	3 000 - 5 000	100 - 300	10 - 30
500 000	15 000 - 2 5000	500 – 1 500	50 - 150
1 000 000	30 000 - 50 000	1 000 - 3 000	100 - 300

Tabelle 1-3: Fehler und Restfehler [14]

Während wir davon ausgehen können, dass der Großteil der Fehler in der Software beim Test am Schluss der Entwicklung gefunden und beseitigt wird, sind die Restfehler bei realistischer Betrachtung bei der Auslieferung der Software noch vorhanden. Allerdings ist nicht jeder Restfehler gleich ernsthafter Natur. Ein Tippfehler, der sich im Text eines Programms findet, bringt in der Regel kein Flugzeug zum Absturz. Aus diesem Grund können wir bei unserer Betrachtung davon ausgehen, dass rund zehn Prozent der Restfehler für das Programm ernsthafte Konsequenzen haben, bei ihrem Auftreten also zu einem Programmabsturz oder zu einer Verklemmung *(Deadlock)* führen können.

Die Restfehlerrate basiert dabei auf den Zahlen von Unternehmen, die derartige Statistiken erstellen, aufbewahren und veröffentlichen. Für den Rest der Branche dürften die Zahlen eher schlechter liegen.

Microsoft teilte seinen Zwischenhändlern bei einer Konferenz hinter verschlossenen Türen im März 1998 mit, dass mit Windows 98 rund 5 000 Fehler in der Vorgängerversion Windows 95 beseitigt worden wären. Fünftausend Restfehler in einem Betriebssystem sind nicht gerade wenig. Da darf man sich als Anwender nicht wundern, wenn man täglich mit Problemen konfrontiert wird.

Nehmen wir als Beispiel das amerikanische Space Shuttle. Das Navigationssystem dieser Raumfähre enthält rund 500 000 Lines of Code (LOC). Wir können in diesem Fall gemäß Tabelle 1-3 also mit Restfehlern im Bereich von 50 bis 150 rechnen.

Das Space Shuttle ist durch seine Software nie in ernsthafte Gefahr geraten. Dabei ist allerdings zu bedenken, dass die Organisation, die dieses Programm liefert, eine der niedrigsten Restfehlerraten in der Industrie hat. Das bedeutet auf der anderen Seite nicht, dass diese Software fehlerfrei wäre. Mir ist zum Beispiel ein Fall bekannt, in dem die Kontrollzentrale in Houston die Besatzung des Space Shuttle zur

Einleitung der Landung aufforderte. Der Kommandant leitete daraufhin das entsprechende Manöver ein.

Wenig später entschloss man sich in Houston wegen schlechten Wetters in Florida, die Landung zu verschieben. Dies wurde dem Kommandanten des Shuttles mitgeteilt. Als er den entsprechenden Befehl eingab, weigerte sich die Software, ihn anzunehmen. Im Programm war nur *eine* Landung vorgesehen. Diese war bereits in Vorbereitung. Wie konnte ein zweiter Befehl mit dem gleichen Inhalt akzeptiert werden?

Die Besatzung des Space Shuttle kam diesmal heil zur Erde zurück. Wir können allerdings bereits hier einen Schluss ziehen: Es ist besser, ein vorhandenes Risiko numerisch zu bestimmen, also einfach im Dunklen zu tappen.

1.2 Gesetzliche Anforderungen

We are in bondage to the law in order that we may be free.

Cicero

Ein guter Manager wird Risiken nicht außer Acht lassen, weil er dies als Teil seiner Aufgabe betrachtet. Es gehört einfach zum Job. Auf der anderen Seite darf nicht unerwähnt bleiben, dass der deutsche Gesetzgeber in jüngster Zeit die Bestimmungen in dieser Hinsicht verschärft hat.

Mit dem Artikel-Gesetz zur Kontrolle und Transparenz im Unternehmensbereich (KonTraG) wurden verschiedene Vorschriften im Wirtschaftsleben verschärft. Dieses Gesetz trifft für alle Wirtschaftsjahre zu, die nach dem 31. Dezember 1998 beginnen. In erster Linie gilt es für die Vorstände von Aktiengesellschaften. Auch die Geschäftsführer von Gesellschaften mit beschränkter Haftung (GmbHs) sind jedoch nach der einhelligen Meinung der Fachleute [20] betroffen. Damit ist davon auszugehen, dass alle Unternehmen durch das Gesetz zum Risikomanagement verpflichtet sind, die zwei der drei folgenden Kriterien erfüllen.

- Bilanzsumme über 3,44 Millionen Euro
- Umsatz über 6,87 Millionen Euro
- Mehr als 50 Mitarbeiter

Versäumt ein verantwortlicher Manager die Einrichtung eines geeigneten Systems zum Risikomanagements, so ist er im Schadensfall den Anteilseignern unter Umständen auch mit seinem persönlichen Vermögen haftbar. Hinzu bemerkt § 91, Absatz 2, des Gesetzes: „Der Vorstand hat geeignete Maßnahmen zu treffen, insbesondere ein Überwachungssystem einzurichten, damit der Fortbestand der Gesellschaft gefährdende Entwicklungen frühzeitig erkannt werden."

Der deutsche Gesetzgeber hat zur Ausgestaltung des verlangten Risikomanagementsystems keine Vorgaben gemacht. Noch gibt es in der Bundesrepublik Deutschland auch keine Norm hierzu. Es ist allerdings damit zu rechnen, dass früher oder später eine deutsche Norm erarbeitet oder eine international geltende Norm zum Risikomanagement übernommen werden wird.

In unseren bewegten Zeiten werden wir nicht vermeiden können, Risiken einzugehen. Dies gilt nicht zuletzt wegen der damit verbundenen Chancen. Man kann den Wettbewerb mit ein paar Rolltreppen vergleichen, die sich nach unten bewegen. Die verschiedenen Wettbewerber stehen auf den Treppen. Wer sich nicht bewegt, wer nichts tut, der verliert schon alleine dadurch, dass sich die Treppe bewegt. Gewinnen kann nur derjenige, der sich aktiv nach oben orientiert.

Dazu gehört es, Chancen wahr zu nehmen. Aber auch, die damit unweigerlich verbundenen Risiken aktiv zu verfolgen.

2 Was ist ein Risiko?

One of the most rigorous theorems of economics proves that the existing means of production will yield greater economic performance only through greater uncertainty, that is, through greater risk. While it is futile to try to eliminate risk, and questionable to try to minimise it, it is essential that the risks taken be the right risks...

We must be able to choose rationally among risk taking courses of action, rather than plunge into uncertainty on the basis of hunch, hearsay, or incomplete experience, no matter how meticulously quantified.

Peter Drucker

Das Wort Risiko ist im Deutschen nicht ungewöhnlich. Viele von uns haben eine Risiko-Lebensversicherung, und schon Kurt Tucholsky meinte: „Leben ist lebensgefährlich." Dennoch steckt mehr hinter dem Begriff, als wir mit dem ersten Blick erkennen mögen. Es lohnt sich, etwas genauer hinzusehen.

2.1 Definition

Zunächst einmal sollten wir uns darüber im Klaren sein, dass wir immer nur eine Seite der Medaille sehen, wenn wir ein Risiko betrachten. Die andere Seite dieser Medaille heißt Chance. Dies ist in Abbildung 2-1 zu sehen.

Wir erkennen bereits hier, dass es unter Umständen durchaus auf die Betrachtungsweise ankommen kann. Was für den einen Manager ein nicht tragbares Risiko darstellen mag, ist für den anderen möglicherweise eine riesige Chance.

Beginnen wir systematisch. Im Lexikon wird Risiko [22] als die Möglichkeit eines unerwünschten Ausgangs bezeichnet. Für das Wort „riskant" werden als Synonyme „gefährlich" und „gewagt" aufgeführt. Der Begriff ist italienischen Ursprungs, und dort finden wir „rischiare". Dieses Wort steht für „aufs Spiel setzen" oder „Gefahr laufen."

Abbildung 2-1: Risiko und Chance

Von Italien wanderte das Wort nach Frankreich und England. Dort wurde es 1830 in London zuerst von Börsenmaklern im Rahmen ihrer Geschäfte gebraucht. Am besten können wir Risiko umgangssprachlich wohl als einen potentiellen Schaden bezeichnen. Dieser Schaden kann eintreten, muss aber nicht Realität werden. Er kann finanzieller Natur sein, aber es kommt auch ein immaterieller Schaden in Betracht.

Ein Risiko kann auch darin bestehen, eine Gelegenheit nicht wahrzunehmen. Wenn etwa im Jahr 1950 ein junger Mann in der Bundesrepublik Deutschland ein Geschäft gründen wollte und dafür einen Partner suchte, der einen Teil des Kapitals einbrachte, dann konnte sich daraus ein blühendes Unternehmen entwickeln. Wenn der Freund damals wegen des Risikos ablehnte, entgingen ihm unter Umständen in den nächsten fünfzig Jahren beträchtliche Gewinne.

Risiko muss immer eine Spur Ungewissheit enthalten. Wer Zyanid schluckt, wird mit Sicherheit daran sterben. Der Ausgang dieser Tat ist vorhersehbar, und daher ist damit das Wort Risiko in diesem Fall nicht angebracht.

Um von einem Risiko in unserem Sinn sprechen zu können, müssen drei Tatbestände erfüllt sein:

1. Es muss ein möglicher Schaden oder Verlust damit verbunden sein.
2. Der Ausgang ist unsicher oder kann im Voraus jedenfalls nicht mit Sicherheit bestimmt oder vorhergesagt werden.
3. Die handelnden Personen haben in begrenzten Umfang Wahlmöglichkeiten.

Wenn wir Risiken beherrschbar machen wollen, müssen wir Risikomanagement betreiben. Dabei dürfen wir nie vergessen, dass wir ein Risiko eingehen, um damit eine Chance zu realisieren. Das eingegangene Risiko muss also in einem gewissen Verhältnis zu der Chance stehen, die wir sehen.

Beim Risikomanagement ist es sinnvoll, sich mit den folgenden Fragen [23] zu beschäftigen:

1. Welche Risiken können wir identifizieren?
2. Wie groß ist die Wahrscheinlichkeit, dass aus einem Risiko ein Schaden oder Verlust entsteht?
3. Wie hoch wird der monetäre Schaden möglicherweise sein?
4. Wie hoch kann der Schaden im schlimmsten denkbaren Fall sein?
5. Gibt es Alternativen, bei denen kein Risiko auftritt?
6. Gibt es andere Risiken, falls wir einen alternativen Weg einschlagen?
7. Können Verluste reduziert oder ganz vermieden werden?

Es dürfte klar sein, dass wir uns in einem ersten Schritt darum bemühen müssen, die mit einem Projekt verbundenen Risiken zu erkennen. In einem zweiten Schritt werden wir uns immer bemühen, ein Gefühl dafür zu bekommen, mit welcher Wahrscheinlichkeit ein Risiko eintreten wird.

Erinnern wir uns daran, dass wir jeden Tag Risiken eingehen. In Deutschland sterben jedes Jahr rund 7 000 Menschen im Straßenverkehr. Das ist eine recht hohe Zahl an Toten, aber dieses Risiko wird von der deutschen Gesellschaft akzeptiert.

Im Flugverkehr war in den 1950er Jahren die Zahl der Unfälle recht hoch. Die Hersteller haben daraufhin im Verein mit den Fluggesellschaften Maßnahmen ergriffen, um die Sicherheit für die Passagiere – also die Kunden der Fluggesellschaften – zu erhöhen. Ihr Bemühen war erfolgreich: Die Unfälle gingen zurück, die Zahl der Passagiere stieg.

Inzwischen beginnt sich das Bild zu wandeln. Für das Jahr 2010 wird vorhergesagt, dass im Durchschnitt jede Woche ein Flugzeug abstürzen wird. Das kann im Extremfall einen Verlust von fünfhundert Menschenleben bei einem einzigen Ereignis bedeuten. Es bleibt zu fragen, ob die Kunden der Airlines das akzeptieren werden.

Wir müssen bei einem Risiko immer auch den schlimmsten denkbaren Fall betrachten. Das bringt uns zu den Alternativen. Wenn ein Manager zum Beispiel einmal im Jahr in die USA muss und ihm die Unfallrate bei Flugzeugen zu hoch ist, könnte er eine Schiffsreise in Erwägung ziehen. Er könnte auch versuchen zu ergründen, ob es in einem bestimmten Flugzeugtyp Sitzplätze gibt, die generell sicherer sind als andere.

Wenn unser Manager mit dem Schiff reist, muss er sich die Frage stellen, ob nicht auch damit gewisse Risiken verbunden sind. Ist die Besatzung gut ausgebildet, oder handelt es sich um eine bunt zusammen gewürfelte Schar von Seeleuten aus aller Welt, die nicht einmal dieselbe Sprache spricht?

Es ist auch die Frage zu stellen, ob ein Verlust ganz vermieden werden kann. Gibt es zum Beispiel eine Fluglinie, die noch nie einen Absturz zu verzeichnen hatte? Oder ist ein bestimmter Flugzeugtyp so sicher, dass wir nur damit reisen sollten?

Wenn ein Verlust nicht ganz ausgeschlossen werden kann, gibt es dann eine Möglichkeit, den Schaden zu begrenzen? Wenn wir unseren Sommerurlaub auf der griechischen Insel Rhodos verbringen wollen, können wir von Athen aus eine Fähre nehmen. Es mag durchaus sein, dass dieser Dampfer nicht im besten Zustand ist. Wir können die Gefahr für unser Leben aber verringern, indem wir eine Taschenlampe einpacken, damit wir auch im Dunkeln unseren Weg in den Gängen finden. Und wir tun gut daran, uns nach der Abfahrt darum zu kümmern, wo die Rettungsboote sind und wie sie zu Wasser gelassen werden.

Risikomanagement bedeutet einfach, sich Szenarien auszudenken und zu fragen, welche Alternativen uns offenstehen. Allein durch diese gedankliche Übung können viele Risiken bereits im Vorfeld entschärft werden.

2.2 Das Risiko als Produkt

When you can measure what you are speaking about, and express it in numbers, you know something about it; but when you cannot measure it, when you cannot express it in numbers, your knowledge is of a meagre and unsatisfactory kind.

Lord Kelvin

Wir können Risiko auch als ein Produkt von Einflussfaktoren betrachten, die zusammen das Risiko für uns definieren. Wenn wir uns der Mathematik [24] zur Kalkulation eines Risikos bedienen, hat das den nicht zu unterschätzenden Vorteil, dass wir es mit numerischen Werten belegen können. Das schärft zuweilen den Blick und sorgt dafür, dass das Risiko für jedermann verständlich wird.

In diesem Fall benutzen wir die folgende einfache Gleichung:

Risiko = Eintrittswahrscheinlichkeit × potenzielle Schadenshöhe

Lassen Sie mich die Anwendung der Gleichung an einem Beispiel demonstrieren. Unsere Sonne wird eines Tages explodieren und damit alles Leben und alle Güter in unserem Sonnensystem vernichten. Die potenzielle Schadenshöhe ist also in diesem Fall nach oben hin unbegrenzt. Auf der anderen Seite tritt dieses Ereignis erst in ferner Zukunft ein, betrifft folglich weder uns selbst noch unsere Kinder und Enkel. Für die Gegenwart tendiert die Eintrittswahrscheinlichkeit damit gegen Null.

Multiplizieren wir diese zwei Zahlen, so ergibt sich Null. Damit können wir das Risiko durch die Explosion unseres Muttergestirns für unsere Generation von Menschen vernachlässigen.

Nehmen wir einen anderen Fall. In London regnet es jeden Tag, aber meistens nur kurz. Wir müssen mit Regen rechnen, wenn wir aus dem Haus gehen. Die Wahrscheinlichkeit nähert sich damit hundert Prozent. Aber wir sind jung, der Regen stört uns nicht besonders, und wenn es stark regnen sollte, können wir in der U-Bahn Schutz suchen. Der Schaden für uns ist gering, und somit gehen wir nur ein geringes Risiko ein.

Ein dritter Fall: Uns wird ein Stück Land in Sizilien zum Kauf angeboten. Der Preis ist günstig, einen Olivenhain bekommen wir gratis dazu, Wasser und Strom ist bereits vorhanden, und wir würden sofort eine Baugenehmigung bekommen. Auf den ersten Blick scheint das eine gute Investition zu sein. Bis wir erfahren, dass das Stück Land im Osten der Insel in der Nähe des Ätna liegt. Wir müssen für den Ausbruch des Vulkans mit einer hohen Eintrittswahrscheinlichkeit rechnen, und damit würden wir ein nicht tragbares Risiko eingehen.

Wenn wir das Risiko als ein Produkt zweier Faktoren betrachten wollen, dann müssen wir beim Risikomanagement immer alle zwei Faktoren in ihrem Zusammenwirken betrachten. Um die Risiken klassifizieren zu können, bedient man sich meistens einer Matrix, wie sie in Abbildung 2-2 zu sehen ist.

Wahrscheinlichkeit / Auswirkung	Häufig	Wahrscheinlich	Unwahrscheinlich	Unmöglich
Katastrophal	Hoch	Hoch	Moderat	
Kritisch	Hoch	Moderat	Moderat	Kein Risiko
Tolerierbar	Moderat	Moderat	Niedrig	
Vernachlässigbar	Moderat	Niedrig	Niedrig	

Abbildung 2-2: Risiko als Produkt

Für die Wahrscheinlichkeit beim Auftreten eines Risikos bedient man sich in vielen Fällen statistischer Daten. Betrachten wir dazu den folgenden Fall.

Fall 2-1: Blitzschlag [25]

In einem Land mit rund 50 Millionen Einwohnern werden jedes Jahr 25 Menschen durch einen Blitz erschlagen. Wie groß ist das Risiko, durch Blitzschlag zu sterben?

Der Anteil der Bevölkerung, der durch Blitzschlag getötet wird, kann mit der folgenden Gleichung errechnet werden:

Tote durch Blitzschlag = 25 / 50 000 000 = 5×10^{-7}

Damit liegt für jeden Bürger dieses Landes die Wahrscheinlichkeit, durch einen Blitz zu Tode zu kommen, bei 5×10^{-7}.

Betrachten wir noch ein weiteres Beispiel. Diesmal geht es nicht um ein Naturereignis, das schon unsere Urahnen kannten, sondern um ein technisches Bauteil.

Fall 2-2: Ist die Komponente gut genug? [25]

Das Versagen einer technischen Komponente in einem Gerät würde zu einem Unfall führen, bei dem mit hoher Wahrscheinlichkeit 100 Menschen ums Leben kommen würden. Es wird geschätzt, dass diese Komponente in 10 000 Jahren einmal ausfallen wird. Wie groß ist das damit verbundene Risiko?
  Ein Ausfall in 10 000 Jahren kann als eine Fehlerrate von 0,0001 pro Jahr ausgedrückt werden. Damit können wir die folgende Rechnung aufmachen:

Risiko = 100 Menschen × 0,0001 = 0,01 Tode pro Jahr

Anders ausgedrückt heißt das, dass in hundert Jahren mit einem tödlichen Unfall zu rechnen ist.

Die Frage ist nun: Ist das für die Gesellschaft tolerierbar? – Wenn das technische Gerät gebraucht wird, würde man dieses Risiko wohl in Kauf nehmen.
  Wichtig ist es, nicht nur bestimmte Begriffe für die Auswirkungen beim Eintritt eines Risikos zu definieren, sondern auch klare Kriterien zuzuordnen. Sonst besteht immer die Gefahr, dass Risiken falsch eingestuft werden. Für die zivile Luftfahrt legt man die folgenden Werte zu Grunde.

Auswirkung	Definition
Katastrophal	Beim Auftreten dieses Fehlers kann das Flugzeug weder

	weiter fliegen noch sicher landen.
Gefährlich	Ein Fehler dieser Art beeinträchtigt die Funktion des Flugzeugs oder der Besatzung in großem Ausmaß, darunter 1. Eine starke Einschränkung der Funktionen oder eine Reduzierung der Fehlertoleranz. 2. Starke Belastung der Besatzung, so dass sie ihre Arbeit nicht vollständig oder präzise genug ausführen kann. 3. Gesundheitliche Schäden bei Passagieren bis hin zum Tod.
Bedeutend	Ein Fehler dieser Art beeinträchtigt die Funktion des Flugzeugs oder der Besatzung in großem Ausmaß. Dadurch kann die Fehlertoleranz eingeschränkt und die Besatzung durch Arbeit überlastet werden. Passagiere können Verletzungen erleiden.
Vernachlässig-bar	Ein Fehler dieser Art führt nicht zu einer bedeutenden Reduzierung der Sicherheit des Flugzeugs. Die Besatzung hat die Situation jederzeit im Griff, obwohl die Arbeitslast höher als gewöhnlich sein mag. Bei den Passagieren können Unannehmlichkeiten auftreten.
Keine Auswirkung	Die Operationen des Flugzeugs sind nicht betroffen. Die Arbeitsbelastung der Besatzung steigt nicht.

Tabelle 2-1: Potenzielle Schäden beim Betrieb von Flugzeugen [25]

Es ist offensichtlich, dass die zwei ersten Kategorien, nämlich „katastrophal" und „gefährlich", für das fliegende Publikum nicht tolerierbar sind. Verletzungen, etwa ein verstauchter Knöchel bei einer Notlandung, sind hingegen unter Umständen in Kauf zu nehmen, wenn man die Vorteile einer Flugreise dagegen rechnet.

In der zivilen Luftfahrt ist die Sprache so gewählt, dass man bei jedem Satz erst nachdenken muss, was damit gemeint sein könnte. Das Militär hat da weniger Scheu, die Dinge beim Namen zu nennen. Sehen wir uns dazu Tabelle 2-2 an.

Auswirkung	Definition
Katastrophal	Mehrere Tote.
Kritisch	Ein Toter, ein oder mehrere schwere Verletzungen oder

	schwere Erkrankungen.
Unbedeutend	Eine schwere Verletzung oder schwere Erkrankung, und/oder mehrere Verletzungen und Erkrankungen.
Vernachlässig-bar	Nicht mehr als eine kleinere Verletzung oder Erkrankung.

Tabelle 2-2: Potenzielle Schäden bei militärischen Systemen [25]

Welche Schäden Kunden zugemutet werden können, hängt weitgehend von deren Toleranz ab. In Deutschland sind siebentausend Verkehrstote im Jahr anscheinend akzeptabel, aber der Absturz eines Verkehrsflugzeugs jede Woche würde wohl nicht toleriert werden. Man muss auch einen Unterschied machen zwischen Passagieren und Besatzung. Ein Pilot bei der Lufthansa weiß, dass er ein Risiko eingeht, wenn er sich für diesen Beruf entscheidet. Ein Passagier will sicher an seinem Zielort ankommen. Nicht mehr, aber auch nicht weniger.

Beim Absturz des Space Shuttle *Challenger* im Jahr 1986 wurde das Management der NASA nicht zuletzt deswegen kritisiert, weil man ein experimentelles Raumfahrzeug verkauft hatte wie ein Passagierflugzeug. Das war die US-Raumfähre damals nicht, und der Absturz der *Columbia* beweist, dass sich daran nichts geändert hat.

Man kann nun versuchen, katastrophale Unfälle so weit zu verringern, dass mit ihrem Auftreten nur sehr selten zu rechnen ist. Deswegen ordnet man in der zivilen Luftfahrt bestimmten Fehlern oder Effekten für ihr Auftreten eine Wahrscheinlichkeit zu, die nicht überschritten werden darf. Sehen wir uns dazu Tabelle 2-3 an.

Kategorie	Schwere des Effekts oder Fehlers	Maximale Wahrschein-lichkeit pro Flugstunde
Normal	-	10^0 bis 10^{-1}
Belästigung	Keine Auswirkung auf Funktionen der Maschine.	10^{-2}
Vernachlässig-bar	Begrenzung von Operationen, Verfahren für den Notfall einsetzen.	10^{-3} bis 10^{-4}
Bedeutend	Signifikante Reduzierung der Sicherheit. Schwierigkeiten für die Besatzung bei der Bewältigung der	

	Situation; Passagiere können verletzt werden.	10^{-5} bis 10^{-6}
Gefährlich	Starke Einschränkungen der Sicherheit. Mögliche Überlastung der Besatzung.	10^{-7} bis 10^{-8}
	Schwere Verletzungen oder eine geringe Zahl von Toden unter den Passagieren.	10^{-5} bis 10^{-6}
Katastrophal	Mehrere Tote, Verlust des Flugzeugs.	10^{-8} bis 10^{-9}

Tabelle 2-3: Schwere eines Fehlers und Wahrscheinlichkeit seines Auftretens [25]

Derartige Überlegungen machen Sinn, und die Zunahme des Flugverkehrs in der zweiten Hälfte des 20. Jahrhunderts beweist, dass die Hersteller ihre Hausaufgaben gemacht haben. Gefahr erwächst zuweilen aus Faktoren, die die Fluggesellschaften nicht in ihre Überlegungen einbezogen haben. So sterben in den USA 1,4 Prozent aller Toten [26] durch Selbstmord. Eine ähnliche Selbstmordrate muss man bei den Piloten von Verkehrsflugzeugen annehmen. Aber haben die Fluggesellschaften dies bei der Auswahl der Besatzung berücksichtigt?

Wir können beim Risiko noch eine dritte Dimension hinzunehmen. Dann ergibt sich Abbildung 2-3.

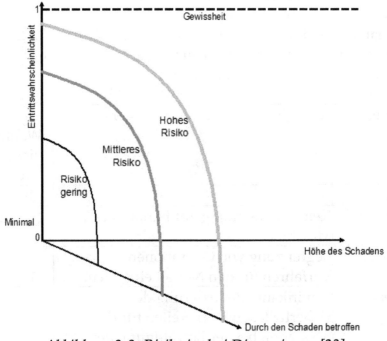

Abbildung 2-3: Risiko in drei Dimensionen [23]

Die dritte Dimension stellt das Ausgesetztsein (Exposure) dar. Es ist ja nicht gesagt, dass wir einem Risiko immer voll ausgesetzt sind. Nehmen wir an, die sehr erfolgreiche Firma SOFTCRAFT AG will in das Gebiet der medizinischen Software vordringen. Sie hat wenig Erfahrungen auf diesem Gebiet, aber die Gewinnerwartungen sind hoch. Auf der anderen Seite haben zwei der Gesellschafter von SOFTCRAFT Bedenken. Sie wollen das bisher Erreichte nicht aufs Spiel setzen.

Der Kompromiss in der Geschäftsleitung der SOFTCRAFT AG besteht darin, eine Tochterfirma namens SOFTCRAFT Medical Devices zu gründen. Nach fünf Jahren hat dieses Unternehmen einen Umsatz erreicht, der etwa zwanzig Prozent des Stammhauses ausmacht. Muss das Tochterunternehmen in dieser Situation Insolvenz anmelden, so bleibt der Schaden auf die Tochter begrenzt. Die SOFTCRAFT AG ist durch diese Pleite nicht direkt betroffen.

Eine andere Art der Risikobegrenzung besteht durch das Gründen eines Joint Ventures. Nehmen wir an, der (fiktive) deutsche Mineralölkonzern VBG Oil hat 500 Millionen Euro in seiner Kriegskasse. Dieses Geld soll zur Suche nach Rohöl eingesetzt werden.

VBG Oil besitzt eine Konzession der Regierung von Guinea und hat damit das Recht, in dem Seegebiet vor der Küste des westafrikanischen Landes zu bohren. Allerdings weiß man, dass nur jede dritte Bohrung zum Erfolg führt. Deshalb entschließt man sich im Vorstand von VBG Oil, vor Guinea zusammen mit Shell und der italienischen ENI zu bohren. Gleichzeitig gründet man mit US-Konzernen zwei andere Gemeinschaftsunternehmen, die vor Texas und vor Venezuela nach Öl bohren werden.

Der Nachteil für VBG Öl bei diesem Vorgehen liegt darin, dass es bei einem Erfolg nur ein Drittel des Rohöls bekommt, das die Quelle vor Guinea bringt. Gleichzeitig wurde aber das Risiko stark gesenkt. Mit hoher Wahrscheinlichkeit wird wenigstens ein Joint Venture Öl finden.

2.3 Arten des Risikos

The french will only be united under the threat of danger. Nobody can simply bring together a country that has 265 kinds of cheese.

Charles de Gaulle

Es gibt bei den Unternehmen, die aktiv Risikomanagement betreiben, eine Reihe von Verfahren, um Risiken in bestimmte Klassen einzuteilen. Die Methode wird naturgemäß bei einem deutschen Rückversicherer anders aussehen als beim amerikanischen Verteidigungsministerium. Eine weithin genutzte Methode besteht in der Einteilung in die folgenden drei Klassen von Risiken.

1. Bekanntes Risiko
2. Vorhersehbares Risiko
3. Unvorhersehbares Risiko

Als bekannte Risiken können wir solche potentielle Schäden und Verluste bezeichnen, die wir durch eine gründliche, offene und ehrliche Analyse des Software-Entwicklungsplans [14, 27, 28] zu finden in der Lage sind. Als Quellen können in diesem Fall die Erfahrung des Projektmanagers, der Entwickler und nicht zuletzt die Fachliteratur dienen. Alle Fehler, die wir oder andere in der Branche schon einmal gemacht haben, können wir in die Kategorie bekannte Fehler einreihen. Typisch für diese Art von Fehlern im Bereich der Software-Entwicklung sind unklare Anforderungen, ein zu optimistischer Zeitplan und eine zu hohe Produktivität der Programmierer.

Unter die vorhersehbaren Risiken fallen solche, die uns mit hoher Wahrscheinlichkeit bei jedem Projekt begegnen werden. Das sind zum Beispiel verspätete Zusagen durch den Kunden, verschobene Reviews, Kündigungen von Mitarbeitern und Terminverzögerungen durch Unterauftragnehmer.

Unvorhersehbare Risiken können zwar eintreten, sind aber auf Grund ihrer Natur schwer zu prognostizieren. Das gilt sowohl für die Wahrscheinlichkeit ihres Auftretens als auch den Zeitpunkt. In diese Klasse fallen neue Risiken, bisher nicht beobachtete Risiken sowie Risiken, die erst mit einer zeitlichen Verzögerung erkannt werden können.

Neue Risiken können im Bereich der Software-Entwicklung durch den Einsatz von Tools entstehen. Wenn der Auftraggeber etwa die Verwendung einer neuartigen Programmiersprache wie Ada oder Java verlangt, der Auftragnehmer damit aber keine Erfahrung besitzt, können solche Risiken auftauchen. Selbst wenn ein Konkurrent mit einer neuen Programmiersprache bereits schlechte Erfahrungen gemacht hat, muss sich diese Erkenntnis nicht sofort verbreiten. Wer spricht schon gern über seine Fehler?

Eine zeitliche Verzögerung kann bei Ada zum Beispiel dadurch eintreten, dass die Langsamkeit des in der Sprache verwendeten Konstrukts für ein Rendez-vous zweier Tasks nicht erkannt wurde. Das mag darin liegen, dass erste Anwendungen auf Rechnern liefen, bei denen genug Rechenzeit zur Verfügung stand. Bei der ersten Applikation im Bereich von Echtzeit-Systemen [29] traten dann Schwierigkeiten auf, weil die Koordination verschiedener Tasks zu lange dauerte. Es dauerte Jahre, bis die Spezifikation der Sprache so geändert wurde, dass andere Mechanismen für das Rendezvous zur Verfügung standen. In der Zwischenzeit behalfen sich die Entwickler oftmals mit dem Einsatz von Assembler.

2.4 Arten der Beurteilung

Good judgement comes from experience, and experience comes from bad judgement.
  Fred Brooks

Es gibt verschiedene Arten, an die Beurteilung von Risiken heran zu gehen. Vorstellbar ist eine rein quantitative, eine numerische Beurteilung sowie der Einsatz von Metriken. Dies ist in Abbildung 2-4 dargestellt.

Wenn der Projektleiter behauptet, mit dem erstmaligen Einsatz von C# wäre ein moderates Risiko verbunden, weil damit bei anderen Firmen bereits Erfahrungen vorlägen, einer der Geschäftsführer allerdings von einem großen Risiko ausgeht, müssen wir uns um eine Klärung dieser wichtigen Frage bemühen. Sie könnte so aussehen, dass wir abschätzen, was ein Umstieg auf C++ am Ende der Designphase kosten würde. Alternativ könnten wir ausrechnen, was ein Umstieg am Ende der Implementierungsphase für Kosten verursachen würde.

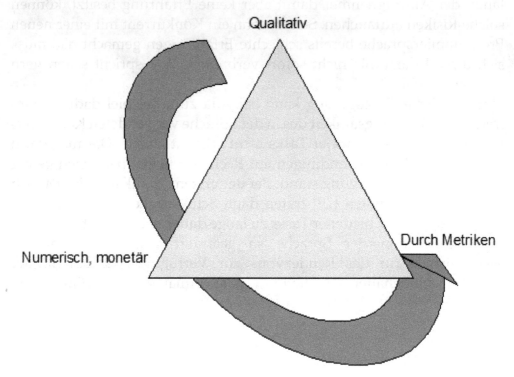

Abbildung 2-4: Arten der Beurteilung

Eine numerische Beurteilung nehmen wir auch vor, wenn wir eine Abschätzung zur Wahrscheinlichkeit durchführen. Stellen wir uns dazu vor, dass wir drei Anbieter für einen Ada-Compiler für einen bestimmten Mikroprozessor kennen. Von der technischen Seite her wären alle drei Produkte geeignet. Allerdings handelt es sich bei allen drei Unternehmen um Start-ups, und wir sind uns nicht sicher, ob sie überleben werden. In diesem Fall könnten wir eine Prognose zu den Chancen jeder Firma anstellen. Dazu teilen wir zum Beispiel das Eigenkapital durch den jährlichen Verlust. Das liefert uns klare Anzeichen dafür, welche Firma eine Überlebenschance hat.

Nicht zuletzt können wir zur Beurteilung des Risikos Metriken einsetzen. Nehmen wir an, wir haben uns bei dem Compiler zuletzt für einen der Anbieter entschieden. Das Tool ist jedoch noch fehlerbehaftet. Der Lieferer hat uns bei der Fehlerbeseitigung eine schnelle Reaktion zugesagt, aber was heißt das denn konkret?

Um hier mit klaren Zahlen arbeiten zu können, setzen wir eine Metrik ein. Wir stellen bei jedem Fehler fest, wie lange die Zeitspanne zwischen dem Melden des Fehlers und dessen Beseitigung beträgt. Wir sprechen hier auch von *Turn-around. Time* Wenn wir diese Metrik einsetzen, liefert uns das wertvolle Informationen darüber, ob wir in der Lage sein werden, unseren eigenen Zeitplan einzuhalten.

Aus Abbildung 2-4 können wir nämlich noch einen zweiten Schluss ziehen. Es ist durchaus nicht verkehrt, bei der Beurteilung von Risiken mit einer qualitativen Aussage zu beginnen. Das gibt uns einen ersten Eindruck. Wir sollten allerdings nicht auf dieser Stufe stehen bleiben, sondern versuchen, das Risiko durch numerische Werte besser in den Griff zu bekommen. Damit wird unsere Fähigkeit, fundierte Entscheidungen zu treffen, deutlich verbessert.

2.5 Risiken des Unternehmens vs. Projekte

Management is doing things right; leadership is doing the right thing.
Warren Bennis

Bei dem Umgang mit Risiken im Unternehmen stellt sich natürlich auch die Frage, wer für ein bestimmtes Risiko zuständig sein soll. Es gibt Risiken, bei denen das Wagnis so groß ist, dass man sie kaum einem einzelnen Projekt überlassen kann. Sonst könnte es uns so gehen wie jenem amerikanischen Versicherungskonzern, der sich in einem Hollywood-Studio einkaufte. Natürlich hatten diese Kaufleute keine Ahnung vom Filmemachen, aber sie bauten auch keine Kontrollen ein. Es war nur ein Film, der den Untergang des Studios einleitete: Seine Produktionskosten stiegen ins Unermessliche, und am Ende konnte und wollte der Versicherungskonzern nicht mehr bezahlen.

Die Folgerung kann nur lauten, dass große Risiken eine Sache der Geschäftsleitung sein müssen. Dies gilt besonders dann, wenn ein bestimmtes Projekt die Strategie des Unternehmens tangiert. Werfen wir zur Illustration einen Blick auf die Automobilindustrie. In den USA wagte General Motors in den 1980er Jahren nicht, den Japanern im unteren Marktsegment Konkurrenz zu machen. „Kleines Auto, kleiner Gewinn", lautete das Schlagwort.

In der Tat war es so, dass man sich in Detroit ausrechnen konnte, dass man bei den Produktionskosten in den USA bei kleinen Autos kaum einen Gewinn machen konnte. In der Konsequenz überließ man dieses Marktsegment den japanischen Anbietern. In der Software-Industrie liegen die Verhältnisse etwas anders, weil die Produktionskosten sehr gering sind. Was ins Gewicht fällt, sind die Entwicklungskosten des Produkts.

Unter strategischen Gesichtspunkten kann man hier zwei hauptsächliche Vorgehensweisen ausmachen:

1. Immer der Erste sein.
2. Lieber als Zweiter in den Markt eindringen.

Die erste Strategie wird meistens von Start-ups gewählt. Das sind in vielen Fällen junge Unternehmer, die nichts zu verlieren haben. Sie glauben an ihr Produkt und tun alles, um es im Markt zu platzieren. Oftmals handelt es sich um ein innovatives Produkt, das sich seinen Markt erst selber schafft. Denken wir im Bereich der Hardware zum Beispiel an den Walkman oder das mobile Telefon (Handy). Da gab es keine unmittelbaren Vorgänger.

Um Erfolg zu haben, brauchen diese jungen Unternehmer einen beträchtlichen Marktanteil. Wenn wir der Lanchester-Strategie [1, 2] vertrauen, müssen sie einfach schnell wachsen. Einfach ein Spieler unter anderen zu sein oder sich in einer Marktnische zu tummeln genügt nicht. Gefragt ist *Mainstreaming,* also die Produktführerschaft.

Die Eigentümer und Manager in solchen Unternehmen [30] müssen ein hohes Risiko eingehen, um in diesem Haifischbecken namens Software-Industrie zu überleben. Das Risiko ist hoch, aber auch der zu erwartende Gewinn. Daher schaffen die Manager amerikanischer Unternehmen ein Klima, das diesen Bedingungen gerecht wird. Dazu zählen die folgenden Maßnahmen:

1. Mitarbeiter erhalten nur ein geringes Gehalt, können aber Aktien des Unternehmens zu günstigen Konditionen erwerben (Stock Options). Damit sind sie unmittelbar am Erfolg beteiligt, wenn das Produkt im Markt einschlägt.

2. Es wird ein aggressiver Zeitplan aufgestellt, um eher als die Konkurrenz im Markt zu sein.
3. Den Kunden werden mehr und bessere Funktionen des Produkts versprochen, als der Wettbewerb bietet.
4. Zur Entwicklung werden die besten Tools und Prozesse eingesetzt. Das gilt selbst dann, wenn es sich um Werkzeuge handelt, die nicht erprobt sind.

Gegen die erste Maßnahme ist nichts einzuwenden. Das Risiko wird hier bei den Mitarbeitern landen. Wenn das Produkt ein Flop wird, sind sie nicht am Gewinn beteiligt, sondern am Verlust.

Die zweite Maßnahme kann Erfolg haben, wenn es gelingt, die Mitarbeiter zu motivieren und für das Projekt zu begeistern. Falls tatsächlich zwei Wettbewerber mit ähnlichen Produkten auf den Markt wollen, ist ein ehrgeiziger Zeitplan sogar notwendig. Ist dieser Plan allerdings so ehrgeizig, dass er von den Mitarbeitern als unrealistisch beurteilt wird, dann wirkt er demotivierend.

Gegen die dritte Maßnahme ist aus Sicht des Marketing nichts einzuwenden. In der Realität wird sich allerdings oftmals kurz vor Ende der Auslieferung herausstellen, dass die versprochenen Funktionen nur in Ansätzen realisiert worden sind oder nicht funktionieren. In diesem Fall hat das Management zwei Optionen: Entweder man liefert das Produkt mit weniger Funktionalität aus und enttäuscht dadurch Kunden, oder man macht große Abstriche bei der Qualität. Auf lange Sicht dürfte der erste Weg eher zu zufriedenen Kunden führen. Es ist aber immer zu berücksichtigen, was die Konkurrenz anzubieten hat.

Die vierte Maßnahme bringt ein hohes Risiko mit sich, weil unerprobte Tools und Prozesse verwendet werden. Den Mitarbeitern das beste und teuerste Werkzeug zu geben, das am Markt verfügbar ist, garantiert keineswegs den Erfolg des Projekts. Junge und neu eingestellte Mitarbeiter können dadurch motiviert werden, die „alten Hasen" unter den Entwicklern werden skeptisch sein.

Demgegenüber steht die zweite Strategie. Hier wird bewusst kein Risiko eingegangen. Das bringt natürlich gerade deswegen ein Risiko mit sich, weil ein aggressives junges Unternehmen in den Markt eintreten und damit dem etablierten Unternehmen Marktanteile abjagen könnte. Typisch für diese Haltung war das Management von IBM in den 1970er und 1980er Jahren. Gekennzeichnet ist eine solche Firmenkultur, in der das Eingehen von Risiken nicht geschätzt wird, durch die folgenden Parameter:

1. Gehälter im Durchschnitt der Industrie mit bestimmten Zulagen, aber keine Optionen zum Kauf eigener Aktien.
2. Realistische Zeitpläne, aber Produktankündigungen. Diese Versprechen werden allerdings oftmals nicht eingehalten.
3. Die eigene Erfahrung und der Erfolg im Markt wird betont. Ist es nicht zu riskant, auf diese Newcomer zu setzen?
4. Es werden nur bewährte Werkzeuge eingesetzt.

Diese Strategie ist nicht spektakulär, kann aber unter Umständen durchaus zum Erfolg führen. Manchmal ist es klug, wenn Dritte sich den Kopf einrennen und die Zähne ausbeißen. Man lässt die Konkurrenz die Pionierarbeit erledigen und tritt dann mit aller Macht des großen Konzerns in den Markt, wenn sich erste Erfolge abzeichnen.

Ein Klima, das Innovationen nicht fördert, birgt das Risiko, auf lange Sicht aus dem Markt verdrängt zu werden. Deswegen sollte die obige Strategie ergänzt werden.

- Ein kleiner Prozentsatz des Umsatzes wird in Technologien investiert, die neu und unerprobt sind. Hier werden bewusst Risiken eingegangen, und nicht alle Projekte führen zum Erfolg. Falls allerdings ein Projekt großes Potential zeigen sollte, hat das Unternehmen Mitarbeiter, die das neue Betätigungsfeld sofort bearbeiten können.

Das Arbeitsklima in einer Firma, die ihren Marktanteil lediglich halten will, und einem Start-up-Unternehmen ist fundamental verschieden. Deswegen hat IBM, als es um die Entwicklung des PC ging, diese Gruppe fernab von ihren anderen Mitarbeitern in Florida angesiedelt. Diese Strategie war erfolgreich. Im Jahr 1981 wurde eine neue Maschine angekündigt, der *Personal Computer* (PC). IBM mit seiner Armada von Verkäufern hätte durchaus das Zeug gehabt, diesen Markt zu dominieren. Aber beim Betriebssystem für die neue Maschine machten die Manager von IBM einen Fehler. Man wandte sich an Bill Gates. Anstatt für das Disk Operating System (DOS) eine exklusive Lizenz zu erwerben, erlaubte man der kleinen Firma in Kalifornien, DOS unter eigener Regie in Konkurrenz zu IBM zu vertreiben.

Damit war der Grundstein zum Aufstieg von Microsoft gelegt. Hinzu kam, dass die Hardware des PC durch Patente nur unzureichend geschützt war. Dutzende von unabhängigen Produzenten bauten die Maschine nach, und damit kam es zu einem Preiswettbewerb, bei dem IBM bald nicht mehr mithalten konnte. Der Rest ist Geschichte ...

Was können wir daraus lernen? – Manche Risiken sind eine Angelegenheit der Geschäftsführung. Sie können nicht delegiert werden.

2.6 Risikomanagement als Teil des Projektmanagements?

Plans must be simple and flexible. Actually, they only form a datum plane from which you build as necessity directs or opportunity offers. They should be made by the people who are going to execute them.

George S. Patton

Ähnlich wie beim Qualitätsmanagement wird sich auch beim Risikomanagement die Frage stellen, in welcher Form diese Tätigkeit in die Organisation eingebracht wird. Wir haben bereits erkannt, dass einige Risiken wegen ihrer Auswirkungen beim Top Management, also der Geschäftsleitung, angesiedelt werden müssen. Auf der anderen Seite wird die Geschäftsführung kaum in der Lage sein, sich um jedes Risiko selbst zu kümmern.

Werfen wir einen Blick ins Weiße Haus. Jimmy Carter, ein ehemaliger Marineoffizier auf einem Atom-U-Boot, wollte am liebsten jede Akte persönlich lesen. Es fiel ihm schwer, zu delegieren. Ronald Reagan hingegen flog jeden Freitagmittag nach Kalifornien auf seine Ranch und kehrte nicht vor Montagmittag nach Washington zurück. Er hatte damit effektiv eine Vier-Tage-Woche realisiert. War er ein schlechterer Präsident als Jimmy Carter?

In den Augen seiner Landleute gilt Ronald Reagan als weit erfolgreicher als Jimmy Carter. Es kommt also in solchen Positionen nicht notwendigerweise auf die geleistete Arbeit an, sondern auf den Erfolg. Deswegen sollte sich ein Geschäftsführer in der Software-Industrie nicht scheuen, das Risikomanagement für bestimmte Risiken zu delegieren.

Dazu bieten sich die in Abbildung 2-5 gezeigten Modelle an.

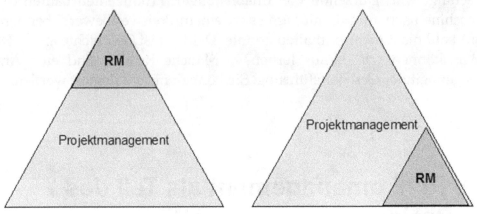

RM : R isiko-M anagem ent

Abbildung 2-5: Einbettung des Risikomanagements [31]

Im ersten Modell stellt das Risikomanagement praktisch den Grund dafür dar, ein Entwicklungsvorhaben der Firma überhaupt in der Form eines Projekts zu organisieren. Die Geschäftsführung hat also bereits vorab Risiken erkannt und zieht daraus Konsequenzen. Offen bleibt natürlich, ob der Projektmanager im Projektverlauf der Behandlung von Risiken wirklich die höchste Priorität einräumen wird.

Traditionell wird man das Risikomanagement eher als einen inhärenten Teil des Projektmanagements betrachten, wie wir das im rechten Teil von Abbildung 2-5 sehen können. Es gibt durchaus Anzeichen dafür, dass gute Projektmanager mit Risiken umgehen können. Vielleicht liegt das allerdings auch daran, dass nur sie Projektmanager geblieben sind.

Bei Projektmanagern ist das, wenn wir ehrlich sind, ein bisschen wie in der deutschen Bundesliga. Selbst wenn die Mannschaft schlecht spielt, wird bei einem drohenden Abstieg nicht die Mannschaft ausgewechselt, sondern eher der Trainer. Das hat ganz handfeste Gründe: Es ist leichter, sich von *einem* Trainer zu trennen als von zwölf Spielern.

Der Projektmanager trägt also auch persönlich ein hohes Risiko, und gerade deswegen tut er gut daran, die mit seinem Projekt verbundenen Risiken nicht zu vernachlässigen. Genau genommen gewährleistet das rechte Modell in Abbildung 2-5 allerdings nicht, dass der Projektmanager aktives Risikomanagement betreibt.

Er kann Risikomanagement

- nur als Lippenbekenntnis durchführen und im Übrigen nichts tun;
- zwar Risiken identifizieren, aber die falschen oder weniger wichtigen erkennen und behandeln;
- Risiken lediglich qualitativ erfassen und keine Metriken einsetzen.

Damit ist das oben gezeigte Modell nicht nützlich, weil wir uns unter Umständen in falscher Sicherheit wiegen würden. Für die Geschäftsführung eines Unternehmens könnte die Anwendung eines solchen Modells dazu führen, dass sie glaubt, es wäre alles in Ordnung. In Wahrheit treibt das Projekt aber direkt auf ein paar Stromschnellen und einen Wasserfall zu.

Besser ist daher ein Modell, in dem das Risikomanagement zwar Teil des Projektmanagements ist, aber über das einzelne Projekt hinaus reicht. Das ist in Abbildung 2-6 dargestellt.

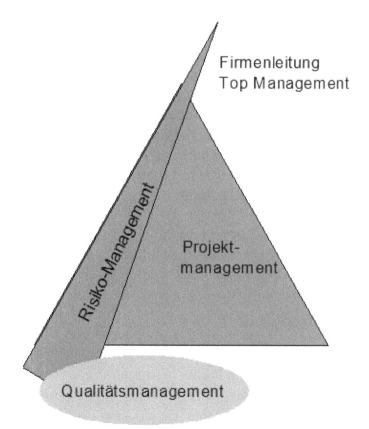

Abbildung 2-6: Risikomanagement als Querschnittsaufgabe

Aus dieser Darstellung können wir ableiten, dass Risikomanagement eine Schnittstelle zum Qualitätsmanagement besitzt. Diese Disziplin wird bei vielen Tätigkeiten nach dem Risiko fragen, aber das Hauptaugenmerk wird auf der Qualität des Produkts und des Prozesses liegen, in dem es entsteht.

Es gibt ohne Zweifel Überschneidungen, und die Geschäftsführung könnte sich aus diesem Grunde zum Aufbau eines integrierten Managementsystems entschließen. Meine Vermutung geht allerdings dahin, dass viele Betriebe zunächst einmal zu tun haben werden, um die durch DIN EN ISO 9001:2000 eingebrachten neuen Forderungen [14, 28] in der Praxis umzusetzen.

2.7 Risiko und Wertschöpfung

Bei der Entwicklung neuer Software ist das so, als wenn wir zur Bank gehen, zwanzigtausend Euro anlegen wollen und um Rat fragen. Wer kein Risiko eingehen will, wird vielleicht auf das gute alte Sparbuch verwiesen. Da ist der Zinssatz allerdings kaum höher als die Inflationsrate. Wer einen höheren Ertrag seines Kapitals erwartet, der muss bereit sein, ein höheres Risiko in Kauf zu nehmen.

Bei der Entwicklung von Software liegen die Verhältnisse ähnlich. Der Zusammenhang zwischen Wertschöpfung und Aussicht auf Projekterfolg ist in Abbildung 2-7 aufgezeigt.

Die Kurve 1 stellt den Stand der Technik dar. Mehr ist nach dem heutigen Stand unseres Wissens und Könnens nicht zu erreichen. Was darüber hinausgeht, stellt reines Wunschdenken dar. Wenn das Projekt hundert Mitarbeiter hat und das Management weitere hundert Programmierer schickt, würde selbst das nichts nützen. Der Punkt X liegt im Niemandsland.

Theoretisch ist jeder Punkt auf der Kurve 1 erreichbar. Dazu gehören auch die Punkte A und B. Ich befürchte allerdings, dass wir weder den besten Anbieter für ein Projekt noch immer die optimal geeigneten Mitarbeiter finden werden. In der Praxis werden wir deswegen wohl bei Kurve 2 landen.

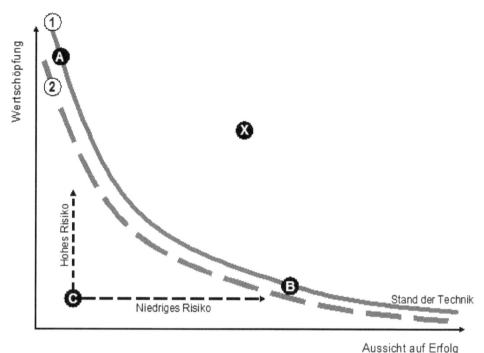

Abbildung 2-7: Risiko vs. Wertschöpfung [30]

Punkt C ist weniger als optimal, denn wir würden unser Kapital nicht in das beste Software-Produkt umsetzen. Wir haben nun allerdings die Wahl, ob wir ein hohes oder ein geringeres Risiko eingehen wollen. Entscheiden wir uns für ein geringes Risiko, steigen damit unsere Aussichten auf den Erfolg. Wählen wir andererseits ein hohes Risiko, sinkt damit automatisch unsere Chance auf den Projekterfolg.

Welchen Weg wir letztendlich einschlagen wollen, hängt von der Situation der Firma, ihren Ressourcen, den Verhältnissen im Markt und auch vom Wagemut der Kapitalgeber ab. Risiko ist weder gut noch böse, und die Kehrseite heißt Chance. Wichtig ist in erster Linie, dass wir wie bei unseren Ersparnissen begreifen, dass wir bewusst eine Wahl treffen müssen.

Bedenken sollten wir allerdings auch, dass wir uns nicht mehr in den Anfangsjahren der EDV befinden. Die einfachen und leicht zu realisierenden Applikationen existieren bereits. Was jetzt gebraucht wird, ist zwangsläufig mit einem gewissen Risiko verbunden. Betrachten wir dazu Abbildung 2-8.

Software-Risiken bekämpfen

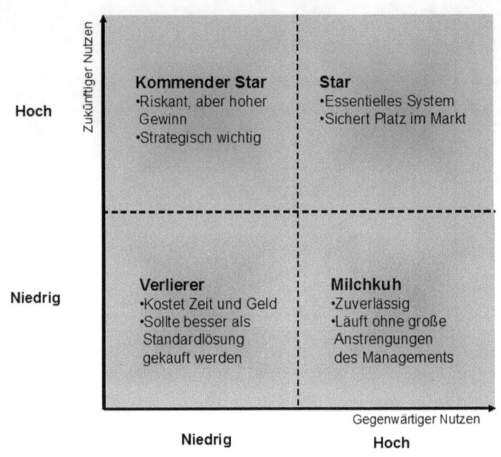

Abbildung 2-8: Strategischer Nutzen eines Software-Systems [32]

Wenn sowohl der gegenwärtige als auch der zukünftige Nutzen eines Systems für das Unternehmen gering ist, besteht die Gefahr, dass sie die Mitarbeiter verzetteln und viel Zeit mit der Arbeit an einem System verbringen, dessen Nutzen gering ist. Besser ist es in so einem Fall oftmals, nach einer bereits vorhandenen Standard-Lösung zu suchen.

Ist hingegen der zukünftige Nutzen gering, der gegenwärtige Nutzen allerdings hoch, so verdient die Firma damit Geld. In diese Klasse von Software fallen etwa die Programme deutscher Banken zur Erledigung des Zahlungsverkehrs. Sie wurden vor Jahren geschaffen und bringen jetzt Gewinne.

In den oberen linken Quadranten fallen Systeme, die mit einem hohen zukünftigen Nutzen verbunden sind. Damit ist allerdings ein Risiko verbunden. Lässt zum Beispiel eine Internet-Bank eine Software entwickeln, mit der der Kunde Aktien selber kaufen und verkaufen kann, dann ist das eine innovative Lösung, die für Kunden mit Vorkenntnissen im Börsengeschehen begrüßt werden dürfte. Die Firma geht trotzdem ein Risiko kein, weil es immer wieder Perioden gibt, in denen die Anleger einfach nicht in Aktien investieren wollen.

In den rechten oberen Quadranten fallen Anwendungen, bei denen sowohl der zukünftige als auch der gegenwärtige Nutzen hoch ist. Nehmen wir an, ein amerikanischer Broker hat Ende der 1990er Jahre massive Investitionen in Software getätigt, damit seine Kunden über die Website selbst Aktien kaufen und verkaufen können. Gleichzeitig hat der größte Konkurrent nichts getan. Dort vertraut man weiterhin auf das Telefon und Broker, die ihre Kunden zum Kauf bestimmter Aktien und Anleihen ermuntern sollen.

Zwei Jahre später bricht der Handel mit Aktien massiv ein. Beide Broker-Häuser müssen viele Mitarbeiter entlassen, aber das Unternehmen, das rechtzeitig in neue Software investiert hat, steht trotzdem besser da. Es hat nämlich durch diese Programme eine weit bessere Kostenstruktur als die Konkurrenz. Die Folge ist eine Ausweitung des Marktanteils.

Halten wir fest: In unseren Tagen ist es vielfach unumgänglich, Risiken einzugehen. Manchmal zahlen sich diese Investitionen aus. Es gibt keine Garantie für den Erfolg. Immerhin werden wir eine Methode kennen lernen, um unsere Risiken in den Griff zu bekommen.

3 Das Umfeld der Software-Entwicklung

Wise men learn by other men's mistakes, fools by their own.

H. G. Wells

Es gibt eine Reihe von Risiken, von denen die meisten von uns schon einmal gehört haben. Sei es von einem Kollegen bei einem Glas Wein, auf einer Messe hinter vorgehaltener Hand oder bei einem Bewerbungsgespräch. Wer ein Risiko eingegangen und gescheitert ist, kann diesen Misserfolg auf Dauer kaum verheimlichen.

Die Militärs haben einen Vorteil: Sie können selbst ihre Fehler zu militärischen Geheimnissen erklären. Nicht immer funktioniert das allerdings. Manchmal sind Zivilisten zugegen, ein andermal ist der Fehler einfach zu groß, als dass sich die Folgen nicht unter den Teppich kehren lassen würden.

So schmerzlich Fehler und Versäumnisse für die Betroffenen sein mögen, so haben sie für den Rest der Branche doch einen Vorteil. Wir können aus ihnen Lernen und Lehren für unsere eigenen Projekte ziehen. Wer aus den Fehlern anderer lernt, braucht sie nicht selbst zu machen. Das zeichnet den überlegenen Manager aus.

3.1 Prozessmodelle und Risiko

Wir können die Entwicklung von Software mit dem Hausbau vergleichen. Nehmen wir dazu an, Michael Kohl war im Urlaub in Belize. Er hat dort am Strand ein traumhaft schön gelegenes Grundstück gefunden. Für tausend Quadratmeter zahlt er nicht mehr als zwölftausend Dollar. Kohl findet auch einen Architekten, der verspricht, sich um den Hausbau zu kümmern. Kohl zieht es zurück nach Deutschland. Er muss dazu beitragen, das Sozialprodukt zu mehren. Noch kann er sich nicht in Mittelamerika in die Sonne legen.

Der Architekt hat erklärt, dass das Haus in zwei Jahren stehen könne. Er käme bei den Kosten mit 2 500 Dollar im Monat aus. Michael Kohl sorgt also dafür, dass jeden Monat eine Rate überwiesen wird. Nach ein-einhalb Monaten kommt der Plan. Kohl hat noch ein paar kleinere Änderungswünsche. Sie werden prompt eingearbeitet.

Als Kohl ein halbes Jahr lang nichts von seinem Architekten hört, ruft er an und fragt, wie der Bau vorankomme. Der Architekt schickt ein Foto, das die Grundmauern zeigt. Kohl ist daraufhin beruhigt und überweist weiterhin Geld. Im Sommer wollte er eigentlich nach Belize reisen. Daraus wird aber nichts, weil sein Bruder stirbt. Kohl ist aber nicht beunruhigt. Der Architekt schickt ihm alle paar Monate ein paar Fotos von seinem Haus. Es geht weiter gut voran.

Als Michael Kohl nach zwei Jahren nach Belize kommt, um in seinem Haus Urlaub zu machen, findet er ein Grundstück vor, auf dem kein Haus steht. Der Architekt ist nach Puerto Rico gezogen, und das Haus fünfhundert Meter weiter hat bemerkenswerte Ähnlichkeit mit den Fotos, die Kohl erhalten hat. Es gehört nur leider einem Amerikaner.

Eine Fabel? – Vielleicht, aber verhalten wir uns bei der Erstellung von Software nicht ähnlich? Das Produkt liegt uns erst vor, wenn das fertige Programm ganz am Ende der Entwicklung ausgeliefert wird. Was wir vorhersehen, sind höchstens Pläne und Absichtserklärungen. Da verhält es sich wie die Fotos in unserem Beispiel. Sie mögen Ähnlichkeit mit der Wirklichkeit haben, sind aber nicht real.

Damit es uns beim Kauf von Software nicht geht wie unseren unglücklichen Hausbesitzer in Belize, wurden Phasen- oder Prozessmodelle eingeführt. Fragen wir uns, welche Risiken bei ihnen vorhanden sind und welche Projektrisiken wir andererseits mit ihrem Einsatz vermeiden können.

Jede Software-Entwicklung folgt einem Modell. Dieser Muster mag nur als vage Vorstellung über den Projektverlauf im Kopf des Verantwortlichen vorhanden sein. Dennoch werden Entwickler immer ein bestimmtes Muster anwenden, um das Projekt zu gliedern. Es ist sinnvoll, zunächst zu fragen, welchen Zweck die Software überhaupt erfüllen soll. Gibt es nur schwache Argumente für ihre Erstellung, ist der monetäre Nutzen offenbar klein, dann steigt damit das Risiko, dass das Projekt abgebrochen wird, sobald es in schwieriges Fahrwasser gerät.

Es ist auch offensichtlich, dass vor der Kodierung ein Entwurf erfolgen sollte. Viele Wege führen nach Rom, und bei der Software sind für jedes Programm eine Reihe verschiedener Designs möglich. Welches Design das Beste ist, bedarf sorgfältiger Analyse.

Es folgt die Phase der Implementierung, und schließlich dürfen wir den Test, die Verifikation und Validation [19] der Software nicht außer Acht lassen. Sowohl Auftraggeber als auch Auftragnehmer dürften daran interessiert sein, einen sichtbaren Punkt für das Ende der Entwicklung zu schaffen: Das ist der Akzeptanztest mit dem Kunden. Er markiert zugleich den Zeitpunkt, an dem die Verantwortung für die Software an den Kunden übergeht. Was folgt, rechnen wir bereits zur Wartungsphase.

Diese Tätigkeiten werden wir wohl in jedem Prozessmodell zur Entwicklung von Software finden. Aber es gibt bestimmt ein Dutzend Varianten. Nicht jedes Modell eignet sich für alle Projekte. Zwischen den einzelnen Varianten gibt es beträchtliche Unterschiede.

3.1.1 Wasserfall-Modell

No plan survives contact with the enemy.

Helmuth Graf von Moltke

Jedes Modell ist zunächst eine Blaupause. Es kann uns als Leitschnur und Richtlinie für die Durchführung des Projekts dienen. Wir sollten allerdings nicht davon ausgehen, dass wir dem Plan mit religiösem Eifer folgen können. Es ist vielmehr zu erwarten, dass Änderungen eintreten werden. Die Realität richtet sich nicht notwendiger maßen nach unserem Modell.

Das Wasserfall-Modell wurde in den 1960er Jahren auf Betreiben des US-Verteidigungsministeriums geschaffen, weil Software immer stärker in Waffensysteme Eingang fand. Wenn die Landesverteidigung vom richtigen Arbeiten eines Computerprogramms abhängt, ist der Einsatz hoch.

Beim Department of Defense (DoD) können wir davon ausgehen, dass wir einen Kunden haben, der weiß, was er will. Er wird uns seine Wünsche sogar in schriftlicher Form vorlegen können. Somit dürfte es bei der Produktdefinition weniger Probleme geben als in einem kommerziell geprägten Umfeld.

Gegliedert ist das Wasserfall-Modell in eine Reihe von Phasen, die voneinander abgegrenzt sind. Wir unterschieden die Phasen Analyse der Anforderungen, Grob- und Feinentwurf, Implementierung sowie Integration und Test. Diese Phasen sind in Abbildung 3-1 dargestellt.

Wir können für den Akzeptanztest [33] auch eine eigene Phase vorsehen. Wichtig ist nicht in erster Linie die Zahl der Phasen, sondern ihre Abgrenzung. So geht es in der ersten Phase klar darum, die Forderungen und Wünsche des Kunden an die Software zu ergründen und zu dokumentieren. Diese Phase ist erst dann abgeschlossen, wenn sich Auftraggeber und Auftragnehmer auf eine gemeinsame Spezifikation [34] geeinigt haben.

Die Designphase dient dazu, unter mehreren konkurrierenden Entwürfen denjenigen auszuwählen, der die in der Spezifikation dokumentierten Funktionen der Software am besten zu erfüllen verspricht.

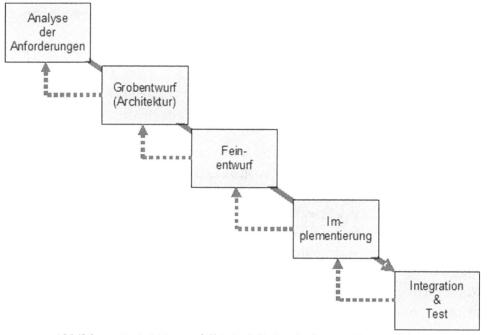

Abbildung 3-1: Wasserfall-Modell der Software-Entwicklung

Diese rigorose Abgrenzung der Phasen bringt es mit sich, dass bei strenger Auslegung des Modells bis zum Beginn der Implementierungsphase noch keine Zeile Programmcode entstanden sein wird. Die Kodierung ist allein der Implementierungsphase vorbehalten.

In der letzten Phase werden die Module der Software zu größeren

Einheiten verbunden. Parallel dazu läuft auf verschiedenen Ebenen der Test der Software. Die Testtätigkeiten gipfeln im Akzeptanztest mit dem Kunden.

Das Wasserfall-Modell ist wegen der starren Abfolge seiner Phasen oft kritisiert worden. Diese Sequenz gegliederter Tätigkeiten ist allerdings keineswegs eine Einbahnstraße. Bei Abweichungen und Fehlern ist immer ein Rücksprung in die vorhergehende Phase möglich. Das wird in Abbildung 3-1 durch die gestrichelten Pfeile deutlich.

Für den Einsatz des Wasserfall-Modells sprechen die folgenden Gründe:

- Es zwingt dazu, die Ziele und Forderungen an die Software zu Beginn des Projekts in einer Spezifikation festzuhalten.
- Es ermöglicht durch die abgegrenzten Phasen eine Kontrolle des Projektfortschritts.
- Es kann dazu dienen, komplexe Anforderungen in eine Form zu zwingen.
- Die Mitarbeiter haben ein klares Modell vor Augen, an dem sie sich orientieren können.
- Das Management des Auftraggebers und des Kunden weiß, wo das Projekt steht.

Die größte Schwäche des Modells liegt darin, dass der Kunde vielleicht gar nicht im Detail weiß, was er will. Was ihm aber gar nicht bewusst ist, kann er auch nicht spezifizieren. Kommt der Kunde nach einem Jahr mit einer Änderung in der Spezifikation, kann der Auftragnehmer mit Recht auf ein Dokument verweisen, dem beide zugestimmt haben. Änderungen in einem späten Stadium der Entwicklung könnten teuer werden.

Reden wir an dieser Stelle kurz über den Begriff Software. Manche Zeitgenossen verstehen darunter ausführbaren Programmcode. Diese Definition ist allerdings viel zu eng. Wir wollen hier im Verein mit den Fachleuten der Branche unter Software Programme, Daten und zugehörige Dokumente betrachten.

Wenn wir diese Definition akzeptieren, dann können wir auf einen Vorteil des Wasserfall-Modells verweisen. Es erlaubt uns, alle Arten der Software, also Dokumente, Pläne und Code, bestimmten Phasen des Modells zuzuordnen. Wenn wir bei den Dokumenten noch unterscheiden, ob es sich um Software-Produkte im engeren Sinne oder um

Beschreibungen des Prozesses handelt, kommen wir auf die Artefakte in Tabelle 3-1.

Phase	Software-Produkt	Prozessbeschreibung
Analyse der Anforderungen	Spezifikation Schnittstellen-Spezifikation	Software-Entwicklungsplan QM-Plan, KM-Plan Risikomanagementplan
Entwurf	Software-Architektur Design-Dokument	Programmierrichtlinien Testplan
Implementier-ung	Quellcode Ausführbare Module und Komponenten Dokumentation der Module	Testszenarien für Modultest Integrationsplan
Integration & Test	Ausführbares Programm User's Manual	Testplan für Akzeptanztest

Tabelle 3-1: Zuordnung von Produkten zu Phasen

Die Ausprägungen der Software, die wir bei einem spezifischen Projekt erstellen, ließe sich bestimmt noch erweitern. Aber darauf soll es uns im Moment nicht ankommen. Wir erkennen bereits hier, dass wir gut daran tun würden, schon in der ersten Phase unseres Projekts die damit verbundenen Risiken zu erfassen und mit ihnen in einer geplanten Art und Weise zu verfahren. Dazu kann der Risikomanagementplan dienen.

Gewiss müssen wir diesen Plan im Zusammenhang sehen. Im Entwicklungsplan wird der Leiter der Software-Entwicklung im Projekt darlegen, wie die Entwicklung in diesem speziellen Fall angegangen werden soll. Das Qualitätsmanagement und das Konfigurationsmanagement tragen ihre Pläne bei. Damit haben wir bereits ein Gerüst, in das sich die Maßnahmen zur Beherrschung der Risiken einfügen können.

Wenn es sich um ein Projekt mit ein paar Dutzend oder gar hundert oder zweihundert Mitarbeitern handelt, gestaltet sich das Management dieser großen Zahl von Programmierern und Software-Ingenieuren schwierig. Wir müssen nach einem Weg suchen, um das Projekt für das Management leichter beherrschbar zu machen.

3.1.2 Wasserfall-Modell mit Subprojekten

*I want to know how God created the world. I am not interested in this or that
phenomenon, I want to know his thoughts. The rest are details.*

Albert Einstein

Die angemessene Antwort auf die Schwierigkeiten großer Projekte im
Rahmen der Organisation ist das Bilden von Teams. Leider ist es so, dass
Teams [35] mit zunehmender Größe ineffizient werden. Wir können uns
die Fußballmannschaft als Team vorstellen, auch die Jazz-Combo oder
ein Orchester. Mehr Mitglieder dürfen es nicht sein, wenn das Team
funktionsfähig bleiben soll.

Immerhin steht uns mit dem Team ein Mittel zur Verfügung, um große
Projekte zu gliedern und Aufgaben effizient bearbeiten zu können.
Betrachten wir dazu Abbildung 3-2.

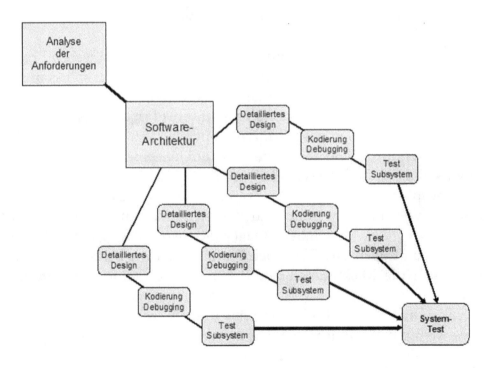

Abbildung 3-2: Wasserfall-Modell mit Subprojekten

Die erste Phase dieses Prozesses unterscheidet sich kaum von anderen

Vorgehensmodellen. Entscheidet für den Erfolg ist der Grobentwurf, also die Architektur der Software. Hier werden Komponenten identifiziert, die als Subprojekte an einzelne Teams gegeben werden können. Diese Gruppen von Mitarbeitern können in den folgenden Wochen und Monaten ihre Teilaufgaben relativ ungestört bearbeiten. Damit wird es für das Management leichter, das Projekt zu steuern.

Vorstellbar ist zum Beispiel, dass bei einem solchen Projekt ein Team die Schnittstelle zum menschlichen Benutzer, also das *Graphical User Interface* (GUI), bearbeitet. Eine andere Gruppe könnte die Datenbank bearbeiten, während ein drittes Team Grafiken und Texte beschafft.

Das Risiko bei diesem Modell liegt in unvorhergesehenen Schnittstellen. Wenn sich im Laufe der weiteren Entwurfstätigkeiten herausstellen sollte, dass die Architektur nicht tragfähig ist, dass große Änderungen vorgenommen oder der erste Entwurf ganz verworfen werden muss, kommt die Entwicklungsmannschaft in ernste Schwierigkeit.

Der Erfolg hängt also von der Qualität der Architektur ab. Ein Erfolgsrezept liegt darin, die Abhängigkeiten verschiedener Komponenten voneinander möglichst zu minimieren. Nach dem Feinentwurf folgt die Implementierung, die Fehlersuche, der Test der Komponente und am Ende die Integration und der System-Test.

Bei großen Projekten dürfte beim Einsatz dieses Modells das Risiko, das eingegangen werden muss, den Vorteil der besseren Kontrolle für das Management mehr als ausgleichen.

3.1.3 Das V-Modell

Die Bezeichnung V-Modell kann in unterschiedlicher Weise ausgelegt werden. Einmal ist damit einfach die Form des Modells gemeint. Zum anderen wird der Vorgehensmodell der deutschen Bundeswehr abgekürzt als V-Modell bezeichnet. Dieses Modell ist bei Aufträgen der Bundeswehr und im öffentlichen Dienst vorgeschrieben.

Das V-Modell lässt sich wie in Abbildung 3-3 darstellen.

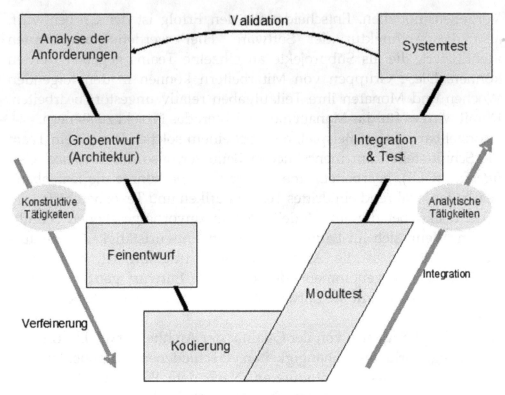

Abbildung 3-3: V-Modell der Software-Entwicklung

Das V-Modell ist im Grunde ebenfalls ein Wasserfall-Modell. Durch die Art der Darstellung lässt sich die Validation der Software recht gut darstellen. So dient zum Beispiel der Systemtest dazu, die Anforderungen an die Software zu validieren. Die Architektur, also die Komponenten der Software, werden in der Phase Integration und Test überprüft. Wiederum eine Stufe tiefer stellt der Modultest die Validation dar.

Von der Validation ist die Verifikation zu unterscheiden. Das ist eine Prüfung der Software oder ihrer Ausprägungen am Ende der jeweiligen Phase. Als Messlatte können dabei die Ergebnisse der vorhergehenden Phase oder Normen und Standards dienen. Auf der untersten Ebene, also beim Modultest, fallen Verifikation und Validation zusammen.

Das V-Modell ist bei mittleren bis großen Software-Projekten zu empfehlen. In seiner Ausprägung als Vorgehensmodell der Bundeswehr und des deutschen Innenministeriums spricht lediglich dagegen, dass es sich um ein sehr detailliertes Modell handelt. Das schränkt die Handlungsfreiheit des Auftragnehmers ein und verhindert unter Umständen Änderungen, die als positiv einzustufen sind.

3.1.4 Das Sashimi-Modell

If this is the best of all possible worlds, what then, are the others?
Voltaire

Das Sashimi-Modell stammt, wie bereits der Name vermuten lässt, aus Japan. Es lässt im Gegensatz zum Wasserfall-Modell Überlappungen bei den Phasen ausdrücklich zu und ist in Abbildung 3-4 zu sehen.

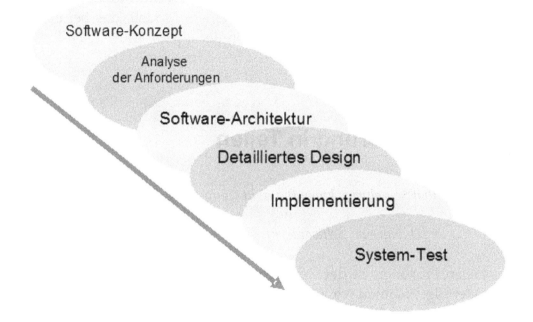

Abbildung 3-4: Sashimi-Modell der Software-Entwicklung

Die strikte Trennung der Phasen beim Wasserfall-Modell bereitet in der Praxis gelegentlich Probleme. So darf man zum Beispiel nicht am Entwurf arbeiten, bevor man sich mit dem Kunden über die Forderungen an die Software geeinigt hat. Das fällt vielen Entwicklern schwer, weil sie sich natürlich über die Realisierung der Forderungen in der Spezifikation Gedanken machen werden.

Auf der anderen Seite handeln wir uns eine Reihe von Problemen ein, wenn wir das Sashimi-Modell als Blaupause für unseren Software-Entwicklungsprozess akzeptieren würden. Hier wären die folgenden Risiken zu nennen:

- Es ist schwer, Meilensteine der Entwicklung festzulegen, weil kein klares Ende einer Phase definiert ist.
- Da die Phasen nicht zu einem definierten Ende kommen, gestaltet sich die Kontrolle des Projektfortschritts für das Management schwierig.
- Es kann zu Missverständnissen zwischen Entwicklern und Teams kommen, weil Arbeiten parallel durchgeführt werden.
- Doppelarbeit ist nicht auszuschließen.

Aus den angeführten Gründen würde ich das Sashimi-Modell für nicht geeignet halten. Kommen wir damit zu einem Modell, das bei einem engen Zeitplan einen Ausweg weisen könnte.

3.1.5 Auslieferung in Teilen

The truth is that you always know the right thing to do. The hard part is really doing it.

> H. Norman Schwarzkopf

Bei vielen Projekten ist der Zeitplan das wichtigste Kriterium für den Projekterfolg. Nehmen wir an, der Auftraggeber nennt nach sorgfältiger Kalkulation dem Kunden einen Zeitraum von vier Jahren für die Auslieferung der Software. Der Kunde ist enttäuscht. Er erklärt, dass er das Programm unbedingt nach drei Jahren braucht, weil sich für ihn sonst die Marktlage so geändert habe, dass er aus der Software nicht den optimalen Vorteil für sein Geschäft ziehen könne.

Der Auftragnehmer steht vor einem Dilemma. Soll er dem Kunden eine Lieferung in drei Jahren versprechen, obwohl intern alle Fachleute behaupten, dass unter vier Jahren die Arbeit nicht zu schaffen ist? Das Projekt gleich mit einer Lüge zu beginnen, würde die eigenen Mitarbeiter nicht gerade motivieren. Und im Projektverlauf würde der Kunde sicher merken, dass der Termin nicht einzuhalten ist.

In einer solchen Situation würde es sich anbieten, die Zahl der Funktionen der Software im ersten Release so zu verringern, dass nach drei Jahren eine erste rudimentäre Fassung der Software ausgeliefert werden kann. Weitere Releases mit erweitertem Funktionsumfang folgen später. Wir sprechen bei diesem Modell von *Staged Delivery* oder *Incremental Delivery*. Diese Vorgehensweise ist in Abbildung 3-5 dargestellt.

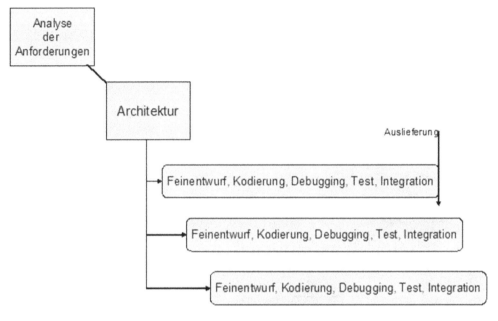

Abbildung 3-5: Incremental Delivery

Der größte Vorteil des Modells liegt darin, dass der Kunde früher als bei der Anwendung anderer Modelle Software in die Hand bekommt, die für ihn wertvoll ist und ihn hilft, Probleme seines Unternehmens zu lösen.

Der Nachteil für den Auftragnehmer ist, dass bei der Entwicklung sorgfältig gearbeitet werden muss. Wenn wir die Software in drei Teilen ausliefern wollen, muss das Datengerüst für die erste Teillieferung auch noch für die dritte Lieferung gültig sein. Es entsteht also die Notwendigkeit, den Inhalt der verschiedenen Releases der Software sorgfältig und im Detail aufeinander abzustimmen.

Es könnte auch dazu kommen, dass die Mitarbeiter des Kunden nach der Auslieferung des ersten Pakets begeistert sind und mehr neue Funktionen verlangen. Diese sind vermutlich nicht Teil der Spezifikation. Wenn der Auftragnehmer oder dessen Mitarbeiter hier Zusagen macht, die nicht im Zeitplan enthalten sind, kann es leicht zu Überschreitungen des Budgets und des Zeitplans kommen.

3.1.6 Evolutionäre Entwicklung

Es ist nicht zu leugnen, dass manche Kunden nicht wissen, was sie wollen. Schon gar nicht sind sie in der Lage, ihre Forderungen und Wünsche in ein Dokument zu fassen, das den Namen Software-Spezifikation verdient.

In einem solchen Fall kommt unter Umständen das in Abbildung 3-6 gezeigte Modell in Frage.

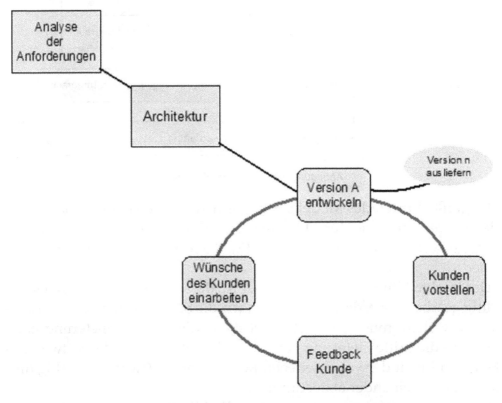

Abbildung 3-6: Evolutionary Delivery [33]

Der Vorteil dieses Modells für den Kunden liegt darin, dass ihm der Auftragnehmer praktisch eine Reihe von Prototypen vorstellt. Gefällt ihm das Programm, wird es angenommen. Findet eine Funktion nicht die Zustimmung des Kunden, wird sie verworfen, und der Auftragnehmer realisiert sie in anderer Weise.

Das Modell macht dann Sinn, wenn der Auftraggeber bereit ist, für die Entwicklung zu bezahlen. Lässt sich der Auftragnehmer bei diesem Modell auf einen Festpreis ein, kann ihm das teuer zu stehen kommen. Bezahlt der Auftraggeber hingegen nach Aufwand, ist das für den Auftragnehmer durchaus von Vorteil.

Der Schluss muss sein, dass dieses Modell nur für kleine Projekte geeignet ist. Schließlich kann die Schleife am Ende der Entwicklung n-Mal durchlaufen werden. Bei einem Projekt mit Dutzenden von Mitarbeitern ist diese Vorgehensweise also allein aus Kostengründen nicht möglich.

3.1.7 Timebox

Bei der Software-Entwicklung werden dem Kunden am Anfang oft Auslieferungstermine versprochen, die illusorisch sind. Niemand beim Kunden glaubt ernsthaft daran, dass der zugesagte Termin eingehalten werden kann. Hat sich der Kunde allerdings erst vertraglich gebunden, kann er oftmals das Boot nicht mehr verlassen. Er muss an Bord bleiben, wenn er größere Verluste vermeiden will.

Um diese Zustände zu vermeiden, gibt es einen radikalen Gegenentwurf: Das Timebox-Modell.

Bei diesem Modell sind beide Seiten ehrlich. Der Kunde erklärt klipp und klar, dass er die Software zu einem bestimmten Datum braucht. Dieser Termin steht fest und ist im Projektverlauf nicht änderbar.

Der Auftragnehmer ist genauso ehrlich und gibt zu, dass er bis zu dem festgelegten Termin nur Software in beschränktem Umfang wird erstellen können. Daher einigen sich beide Parteien darauf, nur die wichtigsten und essentiellen Funktionen in die Spezifikation aufzunehmen. Der Zeitplan diktiert letztlich, welche Funktionen realisiert werden können.

Dieses Modell ist in seinem Ansatz radikal, hat aber gewisse Vorteile. Wenn der Kunde ein Programm zu einem bestimmten Zeitpunkt braucht, wenn die Auslieferung der Software nach diesem Zeitpunkt für ihn rapide an Wert verliert, dann ist dies genau das richtige Modell.

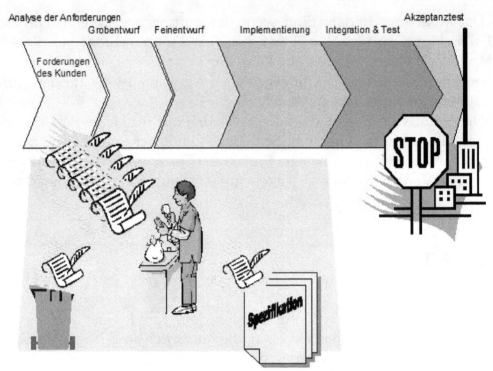

Abbildung 3-7: Timebox-Modell

Wir können das Timebox-Modell mit der Anfertigung eines Hochzeit-
kleids vergleichen. Nach der Hochzeit wird die Braut auf die Lieferung
keinen Wert mehr legen. Es gibt durchaus Applikationen, bei denen die
gleichen Kriterien zutreffen. So macht die Spielzeugbranche zum
Beispiel mehr als die Hälfte ihres Umsatzes vor Weihnachten. Wenn der
Kunde also darauf hinweist, dass die Software spätestens zum 30.
September ausgeliefert und funktionsfähig sein muss, dann ist das in
dieser Branche ein Termin, der nicht einfach um ein paar Wochen oder
Monate verschoben werden kann.

In vielen Fällen ist die Zusammenarbeit zwischen Auftraggeber und
Auftragnehmer nicht unproblematisch. Dies gilt besonders für die
späteren Phasen der Entwicklung. Da wird oftmals deutlich, dass der
ursprünglich zugesagte Termin für die Auslieferung nicht eingehalten
werden kann.

3.1.8 Das Spiralmodell

We try to solve the problem by rushing through the design process so that enough time is left at the end of the project to uncover the errors that were made because we rushed through the design process.

Glenford Myers

Wenn mit der Software oder dem System, in dem sie eine wichtige Rolle spielt, in Neuland vorgestoßen werden soll, nehmen die Risiken zu. Man hat einfach noch keine Erfahrung mit einer bestimmten Technologie, weder auf Seiten des Auftragnehmers noch des Kunden. Das galt etwa in den 1960er und 1970er Jahren für Spionagesatelliten. Man stieß in unbekanntes Terrain [38-41] vor.

In so einem Fall ist ein Modell angebracht, das alle Risiken untersucht, bevor mit dem nächsten Schritt in der Entwicklung fortgefahren wird. Die Entwicklung durchläuft verschiedene Iterationen. Für jede Stufe werden die folgenden Tätigkeiten durchgeführt:

1. Festlegung der Ziele, möglicher Alternativen sowie Hindernisse und Einschränkungen.
2. Identifizierung und Lösung von Risiken.
3. Untersuchung und Bewertung von Alternativen.
4. Entwicklung der auszuliefernden Software für diese Stufe und ihre Verifikation.
5. Planung des nächsten Schritts.
6. Entscheidung über die Vorgehensweise für die nächste Stufe.

Bemerkenswert ist, dass in diesem Prozessmodell zur Software-Entwicklung die Behandlung von Risiken einen integrierten Bestandteil der Entwicklung bei jeder Iteration darstellt. Je weiter die Entwicklung fortschreitet, desto stärker steigen die Kosten. Weil aber die Risiken immer Bestandteil des Prozesses sind, sinkt gleichzeitig das mit dem Projekt verbundene Risiko für den Kunden. In gewisser Weise bezahlt er damit für die Risikominderung.

Das Spiralmodell ist in Abbildung 3-8 dargestellt.

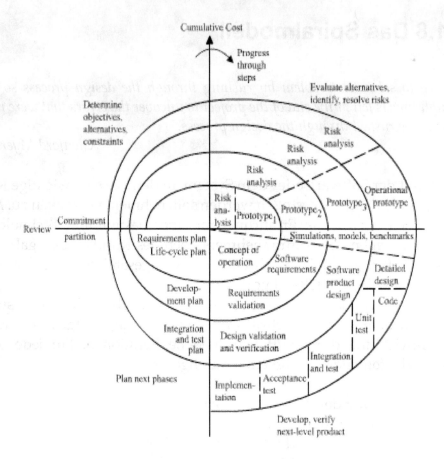

Abbildung 3-8: Spiralmodell der Software-Entwicklung [33]

Dieses Modell ist gut geeignet, wenn es um komplexe neue Technologie geht, deren Entwicklung mit hohen Risiken verbunden ist. Gegen die Anwendung des Spiralmodells im kommerziellen Rahmen sprechen die hohen Kosten. Unternehmen können für derartige Projekte einfach weniger Geld aufwenden als Regierungen.

3.1.9 Win/win-Modell

The winners and losers in the information age will be differentiated by brainpower. But we have senators who don't see that. They want to send back the first-round draft choices of the intellectual world so that they can compete against us in their homelands. Four out of my ten vice presidents are immigrants. Some 35 percent of my engineers are immigrants. My vice president of research — the guy who designs my most advanced chips — is from Cuba.

> T. J. Rodgers, Cypress Semiconductor

Die Arbeit des Projektmanagers ist nicht einfach. Er hat mit einer Reihe von Gruppen zu tun, deren Interessen durchaus nicht im Einklang stehen müssen. Unter diesen Umständen ein Ergebnis zu erreichen, bei dem es keine Verlierer, sondern nur Gewinner gibt, erscheint zunächst unmöglich. Dennoch kann dieser Versuch mit Aussicht auf Erfolg unternommen werden.

Der Projektmanager hat in erster Linie mit den folgenden Gruppen zu tun:

- **Die Anwender:** Manchmal sind sie zu skeptisch, manchmal zu enthusiastisch. Immer fordern sie allerdings Software, die robust und zuverlässig ist und sie bei der Durchführung ihrer Arbeit unterstützt.
- **Der Kunde** verlangt ein Produkt, das wenig kostet, zuverlässig arbeitet und zum vereinbarten Zeitpunkt ausgeliefert wird.
- **Die Vorgesetzten** des Projektmanagers setzen ehrgeizige Ziele, lassen es aber zuweilen an der notwendigen Unterstützung fehlen. Sie mögen es nicht, wenn Termine nicht eingehalten werden und die Kosten in die Höhe schnellen.
- **Die Fachleute in der Wartung** stellen sich Software vor, die gut dokumentiert ist, keine Fehler enthält und leichter änderbar ist.
- **Die Mitglieder des Entwicklungsteams** sind eine bunte Mischung aus talentierten Individuen. Sie lieben technische Herausforderungen und denken bei jedem Projekt auch daran, wie es sich auf ihre Karriere auswirken wird. Sie haben oftmals eine Vorliebe für das Design, können sich für die Dokumentation aber nicht begeistern.

In diesem Spannungsfeld muss der Projektmanager nach einer Lösung suchen, die alle Parteien befriedigen kann. Dabei wird schon aus der obigen Aufzählung klar, dass es auseinanderstrebende Interessen gibt: Die Entwickler dokumentieren ihre Arbeit ungern, während die Programmierer in der Wartung auf die Dokumentation angewiesen sind.

In Abbildung 3-9 ist diese Situation in grafischer Darstellung aufgezeigt.

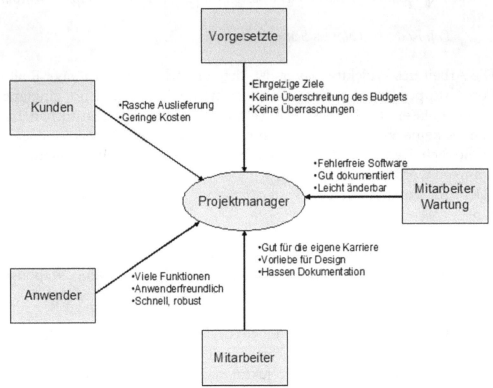

Abbildung 3-9: Probleme des Projektmanagers [37]

Wenn der Projektmanager Erfolg haben will, muss er Führungsstärke zeigen. Im Laufe der Jahre hat es eine Reihe von Theorien zur Führung von Mitarbeitern gegeben. Die erste davon geht zurück auf Frederick Taylor. Sie wird in den USA mit dem wenig zutreffenden Begriff *Scientific Management* beschrieben. Im Grunde geht es dabei um Kostensenkung durch Arbeitsteilung. Während diese Theorie zu Zeiten Henry Fords an den Fließbändern in Detroit ihre Berechtigung gehabt haben mag, gilt sie heute weitgehend als veraltet.

Die Theorie von Taylor wurde kritisiert, weil sie die Kreativität der Mitarbeiter vernachlässigt und ihr Selbstbewusstsein nicht fördert. Auf Dauer ist sie daher kontraproduktiv. In Unternehmen, die ihre Strategie gegenüber den Mitarbeitern änderten, waren Kreativität und Durchsetzungswillen nicht länger ein Problem. Es kam aber häufig zu einer Konkurrenz um Ressourcen, und die Koordination der Tätigkeiten war mangelhaft.

Das Rezept dagegen besteht darin, möglichst früh einen Konsensus unter allen Beteiligten zu erreichen. Das ist auch das Ziel des Win/Win-Modells. Es wird von vier Grundsätzen getrieben:

1. Die handelnden Personen von den Problemen trennen.
2. Sich auf Interessen konzentrieren, nicht Positionen.
3. Optionen einführen, die für jede Partei attraktiv sind.
4. Zur Beurteilung der Optionen auf objektiven Kriterien bestehen.

Der erste Grundsatz [36] muss dazu führen, ein Problem objektiv zu betrachten. Das ist deswegen schwierig, weil es oftmals stark mit persönlichen Vorlieben, Antipathien, Meinungen und Vorurteilen verwoben ist. Wenn allerdings das Problem nicht von den handelnden Personen zu trennen ist, dann ist die Sache oft unlösbar, weil ein Zugeständnis für eine Person mit einem Gesichtsverlust und einer Einbuße an Prestige verbunden wäre. In der Folge wird eine Lösung fast unmöglich.

Um das Problem dennoch zu lösen, bieten sich die folgenden Strategien an:

- Die persönlichen Probleme separat behandeln, etwa in einem anderen Kreis von Teilnehmern oder in einer anderen Umgebung.
- Sich in die Schuhe der anderen Seite stellen: Das Problem aus der Sicht eines Opponenten betrachten.
- Nicht aus den eigenen Befürchtungen und Vorurteilen auf die Intentionen der anderen Partei schließen. In vielen Fällen sind unsere Vorurteile gar nicht berechtigt.
- Nicht die andere Partei für die eigenen Probleme verantwortlich machen.
- Eine Partei direkt am Ergebnis beteiligen, um ihre aktive Teilnahme am Prozess zu gewährleisten.
- Emotionen anerkennen, aber dafür sorgen, dass sie das Ergebnis einer Verhandlung nicht negativ beeinflussen.
- Zuhören können und den Argumenten der anderen Seite Zeit einräumen.

Der zweite Grundsatz zielt darauf ab, fest gelegte Positionen zu vermeiden. Wer mit dem Ziel in die Verhandlung geht, dass die Software auf alle Fälle nach exakt 24 Monaten fertig sein müsse, der baut damit eine starre Position auf wie den Westwall. Das nützt nichts und führt nur zu zeitraubenden Stellungskriegen. Besser ist es, nach den Interessen zu suchen, die hinter den Positionen stecken. Wenn die Interessen hervorkommen, bieten sich eher Möglichkeiten, einen Kompromiss zu finden. Interessen kann man identifizieren, wenn man nach den Gründen für eine bestimmte Position fragt.

Es hilft bei allen Verhandlungen, wenn man freundlich zu den Teilnehmern ist. Dadurch kann man in den Sachfragen hart bleiben.

Bei der dritten Strategie geht es darum, viele Optionen zu erarbeiten. Zum Beispiel eröffnet uns bei der Software-Entwicklung der Einsatz von *Incremental Delivery* eine ganze Reihe von Optionen. Wir können für den Kunden essentielle Funktionen in das erste Release der Software platzieren, wichtige Funktionen dem zweiten Release zuordnen und weniger wichtige zuletzt ausliefern. Wichtig ist es bei diesem Prozess, die Entscheidungen zunächst zu verschieben. Man sollte viele Optionen erörtert und diskutiert haben, bevor man die endgültige Entscheidung trifft.

Die vierte Strategie bedeutet, auf objektive Kriterien zu setzen, anstatt sich auf Meinungen oder Vorurteile zu stützen. Wenn der Kunde behauptet, dass ihm die Auslieferung der Software Ende November wegen des Weihnachtsgeschäfts zwei Drittel des Jahresumsatzes kosten würde, sollte man fragen, wie hoch der entgangene Gewinn ist. Objektive Kriterien sind zum Beispiel:

- Der Marktwert eines Produkts, nicht der Buchwert.
- Die Vorschriften einer Norm.
- Der Verhaltenskodex einer Berufsgruppe, etwa von Ärzten oder Ingenieuren.
- Ein Gerichtsurteil oder der Spruch einer Schiedsstelle.
- Erfahrungswerte oder die Ergebnisse von Statistiken.

Um die Festlegung objektiver Kriterien bemüht man sich am besten zu Beginn einer Verhandlung oder bereits im Vorfeld. Umso produktiver kann dann die Suche nach Lösungen sein.

Vielfach stehen die eigenen Vorurteile einer Lösung im Weg. Manager und Vorgesetzte nehmen zum Beispiel oft an, dass Entwickler so sind wie sie selbst. Sie glauben, dass sie ins Management aufsteigen wollen. Das ist jedoch in den seltensten Fällen richtig. Erst wenn dieses Vorurteil beiseitegelegt wurde, kann die Situation richtig beurteilt werden.

Die aufgeführten Grundsätze sind während des ganzen Projekts wichtig, können aber vor allem in der ersten Phase bei der Analyse der Anforderungen dazu dienen, dass sich Kunde, Anwender und Vertreter des Auftragnehmers auf eine gemeinsame Software-Spezifikation einigen. Das Projekt hat große Aussichten auf Erfolg, wenn alle Teilnehmer damit einen Gewinn verbinden.

3.2 Klassische Risiken

Es gibt bei der Erstellung von Software Fehler, die immer wieder gemacht werden. Nicht notwendigerweise im gleichen Projekt, aber wir stoßen wieder und wieder auf gleiche Muster, wenn wir gescheiterte Projekte untersuchen. Daraus können wir folgern, dass bestimmte Risiken bei einem Großteil der Projekte auftreten. Es eröffnet sich uns damit eine Möglichkeit, solche Risiken frühzeitig zu erkennen und Gegenmaßnahmen einzuleiten.

3.2.1 Der Mensch im Entwicklungsprozess

People are number 1. Treat them well, expect a lot, and the rest will follow.
Marriott-Ideologie

Technologie und Werkzeuge mögen wichtig sein, und der Prozess zur Software-Erstellung hat seinen Anteil am Erfolg. Aber den überragenden Faktor stellen dennoch die Menschen dar, die das Projekt tragen. Von ihnen hängt der Erfolg letztlich ab. Sie können ein Projekt, bei dem das Management größte Zweifel hatte, noch zum Erfolg führen. Sie können es auf der anderen Seite auch scheitern lassen. Deswegen ist es angebracht, dass wir uns zuerst mit den Risiken beschäftigen, die unmittelbar mit Menschen zusammenhängen oder von ihnen verursacht werden.

Unter den Risiken, die durch Menschen entstehen, ist die Motivation der wichtigste Einflussfaktor. Er wird jedoch in vielen Projekten einfach außer Acht gelassen. Dabei wissen wir, zu welchen außerordentlichen Leistungen der Mensch in Extremsituationen fähig ist. Der Pilot einer Verkehrsmaschine ist schon mehr als zwölf Stunden im Dienst. Als er den Landeanflug einleiten will, fällt ein Triebwerk aus. Am Boden wütet ein Sturm, und der Kopilot ist noch so grün hinter den Ohren, dass er gerade den Funkverkehr erledigen kann. Trotzdem bringt dieser Mann die Maschine sicher zu Boden.

Weil er dafür bezahlt wird? -- Das mag auch ein Grund sein, aber im Grunde ging es darum, 200 Passagiere vor dem sicheren Tod zu retten. Das war der motivierende Faktor für den Piloten.

Auf der anderen Seite ist die Motivation keine Einbahnstraße. Wenn unsere Maschine mitten in der Sahara heruntergekommen wäre und einer der Überlebenden vorschlagen würde, den Marsch zur Küste anzutreten, hätte er damit vermutlich wenig Erfolg. Einfach deswegen, weil seine Mitmenschen die Chance, die Küste wirklich zu erreichen, als gering einschätzen.

Die Motive unseres Kunden müssen wir bei jedem Projekt neu erforschen. Manchmal will er den Gewinn des Unternehmens steigern, an andermal geht es ihm um Rationalisierung. Er könnte auch daran denken, mit Hilfe der neuen Software einem Konkurrenten Marktanteile abjagen zu wollen.

Der Kunde und die Anwender sitzen zwar meistens im gleichen Boot, teilen aber selten die gleichen Motive. Wenn der Kunde die Software zur Kostensenkung einsetzen will, kann das für die Mitarbeiter demotivierend wirken. Damit könnten Kündigungen verbunden sein.

Bei Software-Entwicklern und ihren Managern haben wir es leichter. Dazu liegt eine Untersuchung zu den Motiven vor. Die Ergebnisse werden in Tabelle 3-2 präsentiert.

Rang	Software-Entwickler	Manager von Entwicklern	Bevölkerung
1	Erfolge, Leistung	Verantwortung	Erfolge, Leistung
2	Möglichkeit zum Weiterkommen	Erfolge, Leistung	Anerkennung
3	Arbeit an sich	Arbeit an sich	Arbeit an sich
4	Erfülltes Privatleben	Anerkennung	Gehalt
5	Möglichkeit zum	Möglichkeit zum	Fortwärtskommen

	Aufstieg ins Management	Weiterkommen	
6	Vorwärts kommen	Beziehungen zu Mitarbeitern	Gehalt
7	Persönliche Beziehungen, auch mit Kollegen	Persönliche Beziehungen, auch mit Kollegen	Möglichkeit zum Weiterkommen
8	Anerkennung	Vorwärts kommen	Beziehungen zu Mitarbeitern
9	Gehalt	Gehalt	Status
10	Verantwortung	Beziehungen zu Vorgesetzten	Beziehungen zu Vorgesetzten
11	Beziehungen zu Vorgesetzten	Firmenpolitik und Verwaltung	Persönliche Beziehungen, auch mit Kollegen
12	Sicherheit des Arbeitsplatzes	Sicherheit des Arbeitsplatzes	Möglichkeit zum Aufstieg ins Management
13	Beziehungen zu Mitarbeitern	Möglichkeit zum Aufstieg ins Management	Firmenpolitik und Verwaltung
14	Firmenpolitik und Verwaltung	Status	Bedingungen am Arbeitsplatz
15	Bedingungen am Arbeitsplatz	Erfülltes Privatleben	Erfülltes Privatleben
16	Status	Bedingungen am Arbeitsplatz	Sicherheit des Arbeitsplatzes

Tabelle 3-2: Motive von Entwicklern und Managern [33]

Bemerkenswert an dieser Untersuchung ist, dass bei Managern der Drang zur Verantwortung sehr ausgeprägt ist. Für Entwickler ist dagegen die Übernahme von Verantwortung weit weniger wichtig und liegt auf Rang 10. Ihr Privatleben rangiert allerdings auf dem vierten Platz, während bei Managern die Familie weit abgeschlagen auf Rang 15 landet.

Wer als Manager also jeden Tag erst um 21 Uhr nach Hause geht und sich wundert, dass seine Mitarbeiter vier Stunden früher gehen, hat die Motivation seiner Entwickler noch nicht verstanden. Verglichen mit dem

Durchschnitt der Bevölkerung sind Entwickler mehr am Wachstum ihrer Persönlichkeit interessiert, schätzen ein reiches Familienleben und legen Wert auf gute Beziehungen mit Kollegen. Weniger wichtig ist der Status, Verantwortung und die Anerkennung durch Dritte.

Wer Entwickler motivieren will, sollte als Vorgesetzter nicht von seinen Motiven ausgehen, sondern sich fragen, was seine Mitarbeiter bewegt. Das ist der Weg, um Erfolge zu erzielen. Es gibt durchaus Beispiele, bei denen es dem Projektleiter gelungen ist, seine Mannschaft zu einer schlagkräftigen Truppe zusammen zu schweißen. Manchmal ging es dabei um das Überleben des Unternehmens. Entscheidend war, dass der Projektmanager die Wichtigkeit gerade dieses Projekts zu vermitteln wusste, dabei aber keine unerfüllbaren Erwartungen geweckt hat. In einem Fall ging das so weit, dass der Projektmanager einen Schriftsteller engagierte, der das Projekt für die Nachwelt dokumentieren durfte. Kein Wunder, dass sich die Mitarbeiter ernst genommen fühlten.

Nach der Motivation stellen mangelnde Fähigkeiten der Mitarbeiter oder fehlendes Know-how das größte Hindernis zum Erfolg dar. Wenn ein Unternehmen sich auf Java spezialisiert hat, aber auf Drängen eines wichtigen Kunden ein Programm in C# erstellen soll, dann ist dieses erste Projekt mit der neuen Programmiersprache für die Mitarbeiter ein Experiment. Es ist weder mit der gewohnt hohen Produktivität zu rechnen, noch sind Fehler und Irrtümer auszuschließen. Das Management muss in diesem Fall, wenn es sich auf dieses Wagnis einlässt, auf jeden Fall über geeignete Gegenmaßnahmen nachdenken.

Dabei kann das Management allerdings auch über das Ziel hinausschießen. Wenn zwei neue Mitarbeiter eingestellt werden, die bereits drei Jahre Erfahrung mit C# haben und die absoluten Stars auf dem Gebiet sind, dann schafft das unter den vorhandenen Mitarbeitern leicht Unruhe. Das gilt besonders, wenn diese Neuen um zwanzig oder dreißig Prozent besser bezahlt werden als die alte Mannschaft. Ein Ausweg bestünde in diesem Fall darin, diese zwei Spezialisten nicht fest einzustellen, sondern als Mitarbeiter auf Zeit zu engagieren. So kann das Unternehmen von ihrem Know-how profitieren, ohne sich fest zu binden. Dass Freiberufler besser bezahlt werden müssen, dürfte allen Mitarbeitern einleuchten. Schließlich müssen sie selbst Steuern und Sozialbeiträge aufbringen.

Manche Mitarbeiter neigen zu heldenhaften Anstrengungen, wenn ein Termin naht. Ich kann mich an einen Mitarbeiter erinnern, der frisch von der Hochschule kam. Im Team war ihm die Aufgabe zugefallen, für das

Echtzeitsystem ein rudimentäres Betriebssystem zu entwickeln. Dieses Programmsegment hatte die Aufgabe, alle anderen Tasks zu aktivieren.

Der junge Mitarbeiter war ehrgeizig und motiviert, mit dieser Aufgabe allerdings überfordert. Als ein Review mit dem Kunden anstand, arbeitete er die letzten drei Nächte vor dem großen Tag durch. Kein Wunder, dass ihm im Review fast die Augen zufielen. Das fiel selbst dem Kunden auf.

Solche heldenhaften Anstrengungen machen gelegentlich Eindruck, aber in der Sache bringen sie nichts. Zuletzt musste doch ein erfahrener Programmierer Zeit aufwenden und dem Anfänger bei seinen Problemen helfen. Zeit, die er im Grunde nicht hatte, weil er selbst wichtige Aufgaben übernommen hatte.

Für das Management kann heldenhaftes Verhalten zum Problem werden, wenn sich eine ganze Gruppe von Mitarbeitern auf diese Rolle stürzt. Kommt noch mangelnde Kontrolle hinzu, glaubt die Firmenleitung unter Umständen Monate und Jahre, dass gerade dieses Projekt das Unternehmen retten wird. Scheitert das Projekt, ist der Katzenjammer groß.

Ich will nicht behaupten, dass heldenhafte Anstrengungen immer falsch sein müssen. In den USA gab es in Zeiten des Kalten Kriegs manches Projekt, an dem an sieben Tagen der Woche zehn Stunden täglich gearbeitet wurde. Der Grund lag in einem realen – oder vermuteten – Vorsprung der Sowjetunion auf einem bestimmten Gebiet der Waffentechnik. Unter solchen Umständen mögen heldenhafte Anstrengungen für einen bestimmten Zeitraum angemessen sein. Aber ein solcher Zustand darf nicht zur Regel werden.

Ein weiteres Problem stellen Mitarbeiter dar, die nicht in ein Team passen. Nehmen wir an, die Projektgruppe in einem Versicherungskonzern hat einen ehrgeizigen Zeitplan. Das Programm muss bis zum Jahresende fertig sein, weil das Management den Vertretern diesen Termin zugesagt hat. Der Projektleiter bekommt ein halbes Dutzend Mitarbeiter, die gerade verfügbar sind. Das reicht aber nicht, und deswegen werden zwei externe Mitarbeiter für die nächsten neun Monate angeheuert.

Einer davon ist Tom. Er bekommt eine bestimmte Teilaufgabe übertragen, und immer wenn ihn der Projektleiter fragt, berichtet er von guten Fortschritten. Ein paar Kollegen, die gelegentlich einen Blick auf den Quellcode von Tom geworfen haben, scheinen Zweifel zu haben. Der Projektmanager hat aber keine Zeit, sich näher damit zu befassen.

Als Ende November die Testgruppe eine erste Version des Programms prüft, entfallen viele Fehler auf die Module von Tom. Mitte Januar erfährt der Projektleiter, dass Tom seinen Vertrag nicht verlängert hat. Seine Module sind schlecht dokumentiert, und kaum ein Programmierer sieht sich in der Lage, sie zu verbessern. Es bleibt nur die völlige Neuprogrammierung. Tom arbeitet inzwischen anderswo und steht für Auskünfte nicht mehr zur Verfügung.

In diesem Fall hatten ein paar erfahrene Programmierer durchaus erkannt, dass sich Tom als ein Problem für das Team erweisen würde. Sie haben ihre Zweifel allerdings nicht laut geäußert, und dem Teamleiter fehlte das richtige Gespür.

Der Teamleiter befindet sich in solchen Situationen oft in einem Dilemma. Auf der einen Seite hat er das Gefühl, dass ein Mitarbeiter nicht recht in das Team passt. Der ein oder andere Mitarbeiter mag ihm das sogar deutlich sagen.

Auf der anderen Seite kann es sich um Antipathie handeln. Glauben auch andere Kollegen, dass gerade dieser Mitarbeiter nicht in das Team passt? Die größte Sorge des Projektleiters wird allerdings sein, dass der Weggang jedes Mitarbeiters das Team schwächt. Deswegen zögern viele Manager, Maßnahmen zu ergreifen.

In vielen Fällen stellt sich dieses Zögern und Zaudern im Nachhinein als Fehler heraus. Allerdings kann hier kein genereller Rat gegeben werden. Es kommt auf die jeweilige Situation an.

Mangelnde Kontrolle durch das Management bringt eine ganze Reihe von Projekten zum Scheitern. Das liegt in vielen Unternehmen daran, dass die EDV immer noch den Ruf einer Geheimwissenschaft hat. Das Top Management scheut sich, da einzugreifen und wirklich zu kontrollieren. Stattdessen verlässt man sich auf einen Manager und dessen rein qualitative Aussagen. Muss dieser nach Monaten und Jahren sein Scheitern eingestehen, wurde viel Geld in den Sand gesetzt.

Dabei ist die Kontrolle von EDV-Projekten durchaus möglich. Das Management kann Meilensteine setzen, den Abfluss der Mittel kontrollieren und geeignete Metriken definieren, mit denen das Projekt überwacht wird. Kontrolle ist durchaus möglich, und in unseren Zeiten nötiger denn je.

Bei einigen Projekten entwickeln sich Spannungen zwischen den Entwickler und dem Kunden und den Anwendern. Der Kunde hat das Gefühl, dass seine Forderungen in Hinsicht auf den Zeitplan nicht ernst genommen werden. Dabei hat er doch gute Gründe, warum er die

Software gerade zu diesem Zeitpunkt braucht. Vor so vielen Leuten will er seine Gründe allerdings nicht darlegen.

Die Entwickler andererseits haben das Gefühl, dass weder der Kunde noch die Anwender verstehen, welche Schwierigkeiten und Hürden sie meistern müssen, wenn sie die Forderungen des Kunden erfüllen wollen. Sie halten eine Reihe der Forderungen des Kunden schlicht für unrealistisch. Wenn noch persönliche Animositäten hinzukommen, hat das Projekt einen ganz schlechten Start.

Empfohlen werden kann in einem solchen Fall, nach dem Win/win-Modell vorzugehen und die Forderungen des Kunden nach einer gründlichen Diskussion in einer Software-Spezifikation zu dokumentieren. Es scheint mir sowieso wenig sinnvoll, wenn eine Horde von Programmierern mit dem Kunden und den Anwendern diskutiert. Entwickler sind eher introvertiert und für den Umgang mit Kunden nicht geschult. Es ist in aller Regel besser, Kundenkontakte zu kanalisieren und dafür Mitarbeiter einzusetzen, die für diese Aufgabe auf Grund ihrer Persönlichkeit und ihres Trainings geeignet sind.

Die Konflikte zwischen dem Kunden und den Entwicklern haben ihre Ursache manchmal in unerfüllbaren Erwartungen. Wenn der Kunde die Software in einem Jahr will, die Entwickler aber auf einen Zeitplan von drei Jahren gekommen sind, dann ist diese Differenz unüberbrückbar. Hier auf der eigenen Position zu beharren und sie zu verteidigen, führt nicht weiter. Besser ist es, zu fragen, warum der Kunde die Software nach zwölf Monaten braucht. Nur auf diese Weise lassen sich Optionen finden, die vielleicht eine Möglichkeit zur Lösung eröffnen.

Vielleicht hat der Kunde Recht und benötigt wirklich in einem Jahr eine Lösung für ein bestimmtes Problem seines Betriebs. Wenn eine Entwicklung unmöglich ist: Gibt es eine Standardlösung im Markt, die für die Probleme dieses Kunden schnell angepasst werden kann? Sollten wir parallel arbeiten? Kann eine Gruppe die Standard-Software anpassen, während eine zweite Gruppe parallel dazu ein Projekt vorantreibt, das in drei Jahren einen Maßanzug für diesen Kunden schneidert?

Es mag auch sein, dass der Kunde so wenig von Software versteht, dass es sich über die Realitäten dieses Geschäfts nicht im Klaren ist. In diesem Fall hilft es gelegentlich, auf die Zahlen der Industrie [42] zu verweisen. Die Produktivität liegt in einem bestimmten Rahmen, und was darüber hinausgeht, ist Niemandsland. Da hat noch keiner ein Projekt jemals realisiert.

Die Anwender sind für ein Projekt bei richtiger Betrachtungsweise eine

Ressource, weil sie viel mehr über ihre Arbeit wissen als jeder Entwickler. Wenn es gelingt, dieses enorme Wissen zu heben und für das Projekt zu erschließen, kann dies zum Erfolg beitragen. Keinesfalls sollten die Wünsche und Erwartungen der Anwender unberücksichtigt bleiben. Fließen ihre Forderungen nicht in die Spezifikation ein, kann sich das Monate und Jahre später rächen. Es sind letztlich die Anwender, die über den Erfolg oder Misserfolg eines Programms entscheiden. Wenn es ihnen nicht bei ihrer Arbeit hilft, nützt es wenig, dass es formell die Spezifikation erfüllt.

Manches Projekt scheitert, weil es in der Firmenspitze keinen Fürsprecher hat. Wenn keiner der Mitarbeiter so recht weiß, warum die Software gebraucht wird, fördert das nicht gerade die Motivation. Noch ist es gut für die Produktivität. Die Unterstützung des Managements für ein Projekt zeigt sich zum Beispiel in den folgenden Maßnahmen:

- Bereitstellen ausreichender finanzieller Mittel
- Zuordnung guter Mitarbeiter
- Optional der Zukauf von Know-how, das außerhalb der eigenen Firma vorhanden ist.
- Ein realistischer Zeitplan.
- Planung und Gliederung des Projekts, etwa durch den Software-Entwicklungsplan.
- Bereitstellen geeigneter Werkzeuge.
- Teilnahme an Reviews.
- Abwehr unrealistischer Forderungen, die von außen an das Projekt herangetragen werden.
- Sorgfalt bei der Auswahl des Projektmanagers.

Ohne ausreichende Unterstützung durch die Firmenleitung kann das Projekt scheitern. Allerdings reicht das in manchen Fällen nicht aus. Der Kreis der Personen, die am Erfolg eines Projekts interessiert sind, reicht weiter. Man spricht bei diesen interessierten Parteien häufig von *Stakeholders*.

Nehmen wir an, die Software soll dazu dienen, den Wasserstand in einem Staubecken hoch in den Alpen zu kontrollieren und zu steuern. Die Software regelt auch den Wasserabfluss, steuert die Turbinen und soll Alarm auslösen, falls der Stausee überzulaufen droht. Da dürfte klar sein, dass nicht nur der unmittelbare Auftraggeber am Erfolg dieses Projekts Interesse haben dürfte. Im Tal unterhalb des Stausees leben

Tausende von Menschen. Sie alle wären bedroht, wenn durch einen Fehler in der Software plötzlich alle Schleusen geöffnet werden sollten.

In manchen Firmen geht es nur vordergründig um die Arbeit. Hinter den Kulissen geht es Politik, um Ränke und Intrigen. Wenn es in einem Projektteam Mitarbeiter gibt, die diese Spiele mitmachen, so kann das kurzfristig zu einem erhöhten Ansehen im Unternehmen führen. Mittel- und langfristig schadet Ränkespiele aber dem Team, weil dadurch die Arbeit vernachlässigt wird. Unterm Strich zählen zuletzt nur Leistungen, und wer nichts vorzuweisen hat, kann das durch politische Manöver nicht vergessen machen.

Besonders beliebt sind politische Ränkespiele im Rahmen internationaler Joint Ventures. Weil hier die nationalen Interessen ins Spiel kommen, glaubt mancher Manager, mangelndes Können durch politische Manöver ausgleichen zu können. Aber zuletzt muss auch hier die Frage beantwortet werden: Wurden mit dem Projekt die gesteckten Ziele erreicht?

Einige Projekte scheitern schlicht an Wunschdenken. Wenn der Endtermin von vornherein als gegeben hingenommen wird, wenn sich daraus eine Produktivität von 400 Zeilen Programmcode pro Mitarbeiter und Monat errechnet, dieser Wert aber im Durchschnitt der Industrie für die geplante Anwendung bei 250 liegt, dann gibt es einfach keinen Weg, um das Ziel zu erreichen. Das ist, als wolle eine Nation mit der heutigen Technik in einer Woche zum Mars reisen. Das Raumschiff mit Lichtgeschwindigkeit gibt es noch nicht, und ebenso wenig ist die angestrebte Produktivität erreichbar.

Wenn ein Management unter nicht realistischen Annahmen startet, reift gegen Mitte des Projekts oft die Erkenntnis, dass der Termin für die Auslieferung der Software nicht gehalten werden kann. Dann stellt das Management dem Projektleiter alles zur Verfügung, was gut und teuer ist. Leider hilft das wenig. Das ist so, als wolle die Kutsche mitten im Strom die Pferde wechseln. Die neuen Mitarbeiter bringen zunächst überhaupt keine Entlastung. Sie müssen zuerst eingearbeitet werden, und dadurch sinkt die Produktivität der vorhandenen Entwickler.

„Adding manpower to a late project makes it later", hat Fred Brooks schon in den 1960er Jahren behauptet. Diese Aussage gilt unverändert.

Bei vielen Projekten wird nicht genügend zwischen einzelnen Tätigkeiten unterschieden. Der Entwickler, der alles kann, ist selten geworden. Die Tätigkeitsfelder eines Spezialisten für die Sprache C bei Echtzeitanwendungen sind meilenweit entfernt von einem Designer, der eine graphische Oberfläche [43] gestalten soll. Für den Test der Software braucht man ein spezielles Know-how, und das gilt auch für das Erstellen von Dokumenten. Hier gibt es einen Pointer zur Motivation: Nur wer als Spezialist Spitzenleistungen vollbringen darf, ist höchst produktiv.

In der neuen DIN EN ISO 9001 [14, 28] wird erstmalig auf die Büro- und Arbeitsumgebung eingegangen. In der Tat ist das ein oftmals vernachlässigter Faktor in den Betrieben. Meistens machen diese Kosten kaum ein Prozent der gesamten Aufwendungen des Projekts aus. Ein langsamer Rechner, ein zu kleiner Bildschirm, ein falsch beleuchteter Arbeitsplatz oder ein verrauchtes Büro kann aber die Produktivität eines Mitarbeiters stark im negativen Sinne beeinflussen. Deswegen ist es wichtig, solche Faktoren nicht zu vernachlässigen.

In unserer Branche wird in der Regel nicht berechnet, was die Kündigung eines Mitarbeiters und die Einstellung eines neuen Mitarbeiters der Firma kostet. Aber eines dürfte klar sein: Eine hohe Fluktuation ist in einer Branche, in der die Angestellten ihr Wissen zum großen Teil im Kopf herumtragen, recht teuer. Dies zeigt das folgende Beispiel aus den Kindertagen der Automobilindustrie.

Fall 3-1: Fluktuation [44]

In den USA lernte man bereits zu Beginn des 20. Jahrhunderts, dass eine hohe Fluktuationsrate für ein Unternehmen kostspielig werden kann. Ford erhöhte im Januar 1914 den Lohn eines Arbeiters von 80 Cents auf 5 Dollar am Tag, eine Erhöhung um stolze 625 Prozent. Wie kam die Firma dazu?

Ford verlor durch Kündigung so viele Arbeiter in seinen Fabriken, dass sich die Lohnkosten über alle Maßen erhöht hatten. Man musste 60 000 Arbeiter im Jahr anheuern, um 10 000 behalten zu können. Trotzdem war das gesamte Management des Unternehmens, darunter Henry Ford selbst, davon überzeugt, dass die erhöhten Löhne den Gewinn der Firma stark schmälern würden.

Es kam anders. Im ersten Jahr nach der Lohnerhöhung verdoppelte sich der Gewinn beinahe. Bei einem Lohn von 5$ am Tag kündigte praktisch niemand mehr. Ford hatte sogar eine Warteliste.

Die Kündigung eines wichtigen Mitarbeiters ist auch ein Risiko. Es gehört zu jenen Risiken, die in den Unternehmen praktisch nie offen ausgesprochen werden.

3.2.2 Das Software-Produkt

Die Software selbst birgt eine Reihe von Risiken. Das hängt auch damit zusammen, dass wir es mit einem immateriellen Produkt zu tun haben. Wer ein neues Auto kauft, dem fällt bereits beim ersten Herumgehen auf dem Gelände des Händlers auf, dass der Wagen einen Lackschaden hat. Bei Software tun wir uns in dieser Hinsicht schwerer.

Ein bekanntes Risiko wird mit dem Ausdruck *Gold Plating* beschrieben. Das heißt auf Deutsch, dass die Spezifikation der Software mit Forderungen überladen wird, die dort nicht hingehören. Da wandern Details aus dem Design in die Spezifikation, und es wird nicht getrennt zwischen dem harten Kern einer Forderung und unnötigem Beiwerk. Diese Vorgehensweise ist nicht nur schädlich für die Spezifikation, die weit umfangreicher als notwendig ausfallen wird. Es hat auch Auswirkungen auf den Testplan.

Der Testplan beruht nämlich auf den Forderungen in der Spezifikation. Ist dieses Dokument aufgebläht, wird es zwangsläufig auch der Testplan sein. Aber es kommt noch schlimmer. Der Kunde hat beim Akzeptanztest ein Recht darauf, dass das Programm gegen die Spezifikation validiert wird. Ist allerdings die Spezifikation sehr umfangreich, wird der Akzeptanztest sich lange hinziehen.

Gold Plating kommt auch vor bei Joint Ventures, bei denen ein Partner den anderen nicht traut und deshalb alle seine Forderungen in allen Einzelheiten in die Spezifikation schreibt. Die Auswirkungen wurden oben bereits beschrieben.

Eine Variante des *Gold Plating* kann während der Entwurfsphase auftreten. In diesem Fall sind es die Entwickler, die ihr Produkt mit allem versehen wollen, was gut und teuer ist. Entweder legen sie Wert darauf, jede exotische Anweisung der verwendeten Programmiersprache mindestens einmal zu verwenden, oder sie bauen Funktionen ein, die sie anderswo gesehen und toll gefunden haben. Dabei kann es sich bei der Software auch um eine Website handeln.

Dabei ist das Unsinn. Die Software soll das tun, was in der Spezifikation steht. Aller andere Schnickschnack führt nur zu einer zeitlichen Verzögerung. Und ganz nebenbei: Teilt der Kunde den Geschmack der Entwickler?

Eine reale Gefahr bei vielen Projekten ist der so genannte *Feature Creep*. Dabei wird zunächst eine Spezifikation erstellt, und Kunde und Auftragnehmer einigen sich über deren Inhalt. In den folgenden Wochen und Monaten kommen aber stetig neue Anforderungen an die Software hinzu. Diese werden vom Auftragnehmer akzeptiert, ohne dass er Auswirkungen auf den Zeitplan oder den Preis der Software geltend macht.

Hier sind viele Unternehmensführer recht blauäugig. Gibt Ihnen BMW oder Mercedes auch nur ein Extra umsonst? – Nein, da wird jedes zusätzliche Teil berechnet. Warum machen wir das bei der Software nicht genauso?

Es kann auch sein, dass der Kunde, die Anwender und die Vertreter des Auftragnehmers über den Inhalt der Spezifikation so uneins sind, dass sie sich nicht einigen können. Weil aber das Projekt weiter gehen muss, schreiben sie eine recht schwammige Formulierung in die Spezifikation. Wie sagt man so schön: Papier ist geduldig.

Es ist zwar möglich, in der Spezifikation eine Forderung recht vage zu beschreiben. Das rächt sich aber in der Entwurfsphase, bestimmt aber während der Implementierung. Nun fordern die Entwickler etwas, was sie in ein Design umsetzen können. Der alte Konflikt bricht wieder auf, und er führt dazu, dass die Spezifikation zusammenbricht. Das Projekt droht an einem verschleppten nicht gelösten Problem zu scheitern.

Ein Phänomen im Bereich der Entwicklung wird durch den Ausdruck *push-me, pull-me* beschrieben. Und das geht so: Ein Projektmanager erscheint bei seinem Vorgesetzten und erklärt, dass der Zeitplan nicht mehr zu halten ist. Er könne die Software erst zwei Monate später ausliefern. Der Vorgesetzte lässt sich die Sache erklären und stimmt nach ein paar Stunden zu. Am nächsten Tag ordnet er allerdings an, dass die Funktionen, die vor einem halben Jahr in der Spezifikation gestrichen wurden, bei der Auslieferung in der Software vorhanden sein müssen.

Im Grunde kann man ein solches Verhalten nur durch die Psychologie erklären. Der Vorgesetzte gibt auf der einen Seite nach, auf der anderen Seite will er aber was dafür haben. Der Projektmanager hat also unter dem Strich überhaupt nichts erreicht. Wahrscheinlich steht er schlechter da als zuvor.

Beim Programmcode selbst ist es häufig so, dass 20 Prozent der Module

80 Prozent der Fehler verursachen. Das mag daran liegen, dass das Design nicht optimal war. Es kann auch auf eine Schwäche bei einem Mitarbeiter zurückzuführen sein. Es dürfte sich aber auf alle Fälle lohnen, jene Module der Software ausfindig zu machen, die besonders fehlerträchtig sind. Hierzu setzen wir am besten Metriken ein.

Schließlich gibt es im Bereich des Produkts noch ein Risiko, das vom Management leicht übersehen wird. Nehmen wir an, wir sollen ein Programm erstellen, mit dessen Hilfe auf einem Band in der Fabrik Bauteile erkannt, durch einen Roboterarm aufgegriffen und sortiert werden sollen. Wir haben dazu die durchschnittliche Produktivität im Unternehmen angesetzt, aber als wir nach drei Monaten fragen, ob der Mitarbeiter mit der Zeit auskommen wird, ernten wir nur ein Achselzucken. Der Roboter greift alles, was ihm in die Hände fällt. Das Ergebnis ist immer das Gleiche: Zerbrochenes Porzellan. Es taugt höchstens noch für einen Polterabend.

Hier haben wir den Fehler gemacht, Software-Entwicklung mit Forschung zu verwechseln. Was der Mitarbeiter macht, ist Forschung. Er sucht die richtigen Algorithmen, damit der Roboter das Stück Porzellan erkennen und einordnen kann. Solche Tätigkeiten sind weit aufwändiger als die Entwicklung von Software.

3.2.3 Der Prozess

Information technologies have become the principle means of improving existing business processes.
> *Paul A. Strassmann*

Wir könnten versucht sein zu glauben, dass es neue Produkte sind, die die Menschheit voranbringen. Kein Produkt hat mehr für die individuelle Mobilität getan als das Automobil. Oder stimmt das etwa nicht?

Es ist in der Tat so, dass es vielfach die Prozesse sind, die große Fortschritte erst ermöglichen. Henry Ford ging nicht als der Erfinder des Automobils in die Geschichte ein. Das haben andere vor ihm erfunden. Der Beitrag Henry Fords bestand vielmehr darin, dass er das Fließband erfunden hat. Als er eines Tages durch die Schlachthöfe Chicagos ging, fiel ihm auf, dass die dortigen Metzger die Schweine in einem Prozess auseinandernahmen und verarbeiteten. Als er diese Idee auf seine eigene Fertigung übertrug, war das Fließband geboren.

Es war erst das Fließband, das die Massenfertigung ermöglichte und es Henry Ford erlaubte, die Preise so weit zu senken, dass selbst die eigenen Arbeiter einen Wagen kaufen konnten. Wenden wir uns damit den Prozessen bei der Software-Erstellung zu.

Bei vielen Projekten ist die Planung nicht vorhanden oder wird nicht mit der gebotenen Sorgfalt durchgeführt. Das bezieht sich auf das benötigte Budget, den Zeitplan und die zu erstellenden Produkte. Dabei ist es ein gewaltiger Unterschied, ob wir mit einem Minimum von fünf Dokumenten auskommen können oder mehr als ein Dutzend erstellen müssen. Ein Programm in Echtzeit zur Steuerung einer Verkehrsampel unterscheidet sich grundsätzlich von einer Software zur Lohn- und Gehaltsabrechnung. Bei einer Website sind andere Anforderungen an den Test zu stellen als bei einem Programm zur Errechnung des Kalenders.

Nur ein Blick auf die Werte der Industrie bei der Produktivität offenbart gewaltige Unterschiede.

Quelle	Art der Software	Produkti-vität in LOC/MM
Ware Myers, "The Need for Software Engineering", in *IEEE Tutorial: Software Management, Project Planning and Control,* Ergebnisse aus IBMs Federal System Division	Kommer-zielle Software	165 - 400
W. E. Stephenson, "An Analysis of the Resources used in the Safeguard Sytem Software Development", in *IEEE Tutorial: Software Management, Project Planning and Control*	Real-Time Software	29 - 160
Belford, Berg and Hannan, "Central Flow Software Development", FAA Real-Time Transaction System	Real-Time Software	76
Lyle A. Anderson III, Letter to the editor, Mitre Corporation, *IEEE Software,* May 1990,	Real-Time Software	

Durchschnittliche Produktivität for Real-Time Software		250
LTV, "Software in FORTRAN for on-board monitoring system for aircraft"	Real-Time Software	275
Letter to the editor, CACM, June 1990, Software in der Medizintechnik, COBOL	Kommerzielle Software	118
Seminarunterlagen, Ada Project Management, Magnavox Electronics System, 1988 1st Ada release 2nd Ada release 3rd Ada Release		 242 704 814
Software System Design, Verkäufer des Tools AISLE, Durchschnitt in der amerikanischen Industrie im militärischen Bereich	Waffensysteme	176 - 220
Ada Letters, Sept./Okt. 1989 1st Ada 2nd Ada 3rd Ada	Waffensysteme	 432 513 674
Ware Myers, "Transfering Technology is tough", in *IEEE Computer*, Juni 1990, Werte vom Jet Propulsion Laboratory (JPL), Ground System Code	Raumfahrt	186
Werbebroschüre von RATIONAL, Produktivität in einem Ada Projekt für die schwedische Marine	Real-Time Software	688
US AIR FORCE Report, "Ada and C++: A Business Analysis", in AdaIC Newsletter, Sept. 1991, Durchschnitt für alle Sprachen erstes Projekt mit Ada Durchschnitt beim Einsatz von Ada erstes Projekt mit C++ Durchschnitt beim Einsatz von C++	Waffensysteme	183 152 210 161 187
Knut Ripken, 6. Deutscher Ada Anwenderkongress, 27./28. November 1991 in München, Projekt STANFINS-R, Abrechnungssystem für die US ARMY, 1,2	Kommerzielle Software	

Mill. LOC, 3,7 LOC/h		622
Herman P. Schultz, Software Management Metrics, Mitre, Mai 1988 Leichter Code Schwieriger Code (Command & Control) Sehr schwieriger Code (SECURITY)		150 70 30
Erich Pfeiffer und Jason Disch, „Using Ada with Embedded DSPs", Dezember 1993, RADAR mit LASER für Helikopter zum Erkennen von Hindernissen wie Stromleitungen, 6000 LOC, 40 MM, erstes ADA Projekt	Waffen-systeme	125
Bruce D. Nordwall, "Sanders slashes Time, Costs of Development", in AW&ST, February 28, 1994, Lockheed Sanders, 10 LOC/MD with improved and integrated tools	Flugzeugbau	220 880
Software zur Steuerung des Kernkraftwerks Chooz B in Frankreich, 1.5 Mill. LOC in ADA, Aufwand 4000 MM	Regelung und Steuerung	375
Hewlett-Packard, über alle Projekte	EDV-Geräte, Drucker	200 - 700

Tabelle 3-3: Veröffentlichte Werte zur Produktivität bei der Software-Entwicklung

Wenn die Produktivität zwischen 200 und 700 LOC pro Mann-Monat schwanken kann, dann tun wir gut daran, vor Projektbeginn zu erkundigen, welcher Wert wohl für unsere Applikation richtig sein könnte.

Der wohl häufigste Fehler über alle Software-Projekte hinweg ist ein zu optimistischer Zeitplan. Ein gewisser gesunder Optimismus scheint allen Entwicklern eigen zu sein. Das darf aber nicht dazu führen, dass der Zeitplan unrealistisch wird. Verspricht das Management hier zu viel, wird sich das rächen. Es müssen später Produkte oder Tätigkeiten gestrichen werden, und mehr als einmal sind es die Entwickler, die wegen einer falschen Planung leiden müssen. Es werden Überstunden angesetzt, das Wochenende wird gestrichen und der Jahresurlaub kann nicht angetreten werden. Deshalb sollte man hier im Vorfeld realistisch bleiben und nicht glauben, Wunder wirken zu können.

Voraussagen sind immer schwierig, und das gilt besonders für die Zukunft. Deswegen kann selbst ein Projektmanager mit jahrelanger Erfahrung nicht mit Sicherheit sagen, wie lange die Entwicklung einer bestimmten Software dauern wird. In Abbildung 3-10 ist gezeigt, in welchem Rahmen wir uns bewegen.

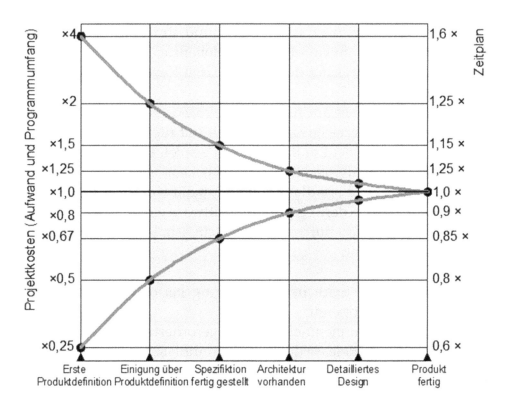

Abbildung 3-10: Mögliche Abweichungen bei der Schätzung des Projekts [33]

Wir können also ganz am Anfang des Projekts, wenn der Kunde uns erst vage Vorstellungen über die Forderungen an die Software vermitteln kann, bei unserer Schätzung von Kosten und Aufwand noch mit einem Faktor von 4 rechnen. Wenn wir uns mit dem Kunden nach einigen Wochen oder Monaten intensiver Arbeit auf eine Spezifikation haben einigen können, liegt dieser Faktor immerhin noch bei 2. Jetzt beginnt die eigentliche Entwicklung mit den Entwurfstätigkeiten. Nachdem die Architektur der Software vorliegt, verringert sich unser Faktor auf immerhin den Wert 1,25.

Beim Zeitplan müssen wir ganz am Anfang der Definitionsphase damit rechnen, unseren Zeitplan um den Faktor 1,6 zu überschreiten oder um 0,6 unterschreiten zu können. Die Aufwandsschätzung bei Software ist also beileibe keine exakte Wissenschaft, aber eine mit einer gewissen Unsicherheit behaftete Zahl ist weit besser als gar kein numerischer Wert.

Je mehr wir allerdings über die Software lernen, desto besser werden auch unsere Fähigkeiten, den Aufwand abzuschätzen. Deswegen sollten wir nicht in den Fehler verfallen, am Projektbeginn ein Budget aufzustellen und einen Zeitplan zu erstellen und ihn dann zu vergessen. Vielmehr müssen wir an verschiedenen Meilensteinen im Projektverlauf unseren Plan immer wieder dem veränderten Kenntnisstand anpassen, ihn also revidieren.

Die Planungssicherheit am Anfang des Projekts ist recht gering. Wenn wir fragen, wie erfolgreiche Unternehmen mit dieser Unsicherheit umgehen, so finden wir bei Loral ein gutes Beispiel. Dieses Unternehmen, das aus IBMs Federal Systems Division hervor gegangen ist und die Software für das Space Shuttle produziert, plant einfach einen Buffer für unvorhergesehene Forderungen an die Software ein.

Ist dieser zeitliche Buffer aufgebracht, hat der Kunde zwei Möglichkeiten. Er kann

- entweder eine zeitliche Verzögerung bei der Auslieferung der Software akzeptieren,
- oder muss es hinnehmen, dass die geforderte Funktion erst in das nachfolgende Release der Software einfließen wird.

Diese Lösung ist vernünftig und macht das Risiko für beide Seiten überschaubar. Der Zeitplan ist bei jeder Software-Entwicklung ein Problem. Es ist allerdings nicht unlösbar.

In Tabelle 3-4 sind die Werte aufgelistet, die sich aus Abbildung 3-10 ergeben.

Phase	Aufwand und Programmumfang		Zeitplan	
	Opti-mistisch	Pessi-mistisch	Opti-mistisch	Opti-mistisch
Erste Produktdefinition	0,25	4,0	0,60	1,60
Einigung über Produkt-definition	0,50	2,0	0,80	1,25
Spezifikation liegt vor	0,67	1,5	0,85	1,15

Architektur vorhanden	0,80	1,25	0,90	1,10
Detailliertes Design vorhanden	0,90	1,10	0,95	1,05

Tabelle 3-4: Faktoren zur Berechnung des Aufwands [33]

Wenn der gesteckte Zeitplan eng ist, dann taucht schnell das Schlagwort *Outsourcing* auf. Natürlich ist die Frage legitim, ob nicht ein Teil der Entwicklungsarbeiten durch Unterauftragnehmer erledigt werden kann. Aber dabei wird allzu oft lediglich die Entlastung der eigenen Mitarbeiter gesehen. Man geht davon aus, dass der Unterauftragnehmer einen ähnlichen Prozess wie das eigene Unternehmen anwenden wird und bei der abgelieferten Software mit einer vergleichbaren Qualität zu rechnen ist. Aber woher wissen wir, dass diese Annahmen stimmen?

In der Tat sollten wir besser davon ausgehen, dass wir nicht wissen, wie der Unterauftragnehmer Software erstellt und welche Qualität die gelieferten Produkte haben werden. Wir gehen also Risiken ein, wenn wir Outsourcing betreiben. Diese könnten in den folgenden Faktoren liegen.

- Der Unterauftragnehmer arbeitet nach einer unklaren Spezifikation, und daher haben wir keinen Maßstab, um die Vollständigkeit und Qualität der gelieferten Produkte zu beurteilen.
- Der Unterauftragnehmer könnte, etwa durch einen Personalwechsel, in zeitlichen Verzug geraten.
- Der Unterauftragnehmer liefert ein Programm oder Module ab, die nur unzureichend getestet sind.
- Der Unterauftragnehmer wird insolvent, und es gelingt uns nicht, aus der Konkursmasse den Quellcode zu bekommen.

Wenn wir uns darauf einlassen, einen Teil der Arbeit durch Dritte erledigen zu lassen, müssen wir den Prozess beim Auftragnehmer verstehen, Kontrollen einbauen und im eigenen Unternehmen einen Teil der Zeit des Managements darauf verwenden, den Unterauftragnehmer zu überwachen. Ob dann unterm Strich noch ein Vorteil für uns herauskommt, muss im Einzelfall überprüft werden.

In einigen Fällen scheitern Projekte einfach daran, dass nie ein Qualitätsmanagement [14, 28] installiert wurde. Man ist davon ausgegangen, dass jeden Tag Sonnenschein herrschen würde und das Projekt niemals in schwieriges Fahrwasser kommen würde. Es ist aber gerade die Aufgabe des Qualitätsmanagements, auf die Produkt-Qualität zu achten und frühzeitig auf Risiken hinzuweisen.

In den USA hört man gelegentlich den Ausdruck *Fuzzy Front End*. Damit ist gemeint, dass am Beginn des Projekts viele Mitarbeiter einfach nicht wissen, wo es lang gehen soll. Die Anforderungen an die Software sind nicht klar, über grundlegende Vorgehensweisen herrscht Streit und die Mannschaft ist nicht vollständig. Es ist nichts dagegen zu sagen, dass am Anfang eines Projekts noch eine Reihe von Unklarheiten bestehen. Das ist wohl unvermeidlich. Gefährlich wird es allerdings dann, wenn zu Beginn eines Projekts, das sich über vier Jahre hinziehen soll, in den ersten Monaten der Eindruck herrscht, dass Zeit im Überfluss vorhanden wäre und man sich überhaupt keine Sorgen wegen Terminen zu machen brauche.

Was in den ersten Monaten an Zeit verschwendet wird, kann später fast niemals mehr eingeholt werden. Alle Kalkulationen und Schätzungen zur Software beruhen darauf, dass auch am Beginn des Projekts mit vollen Kräften gearbeitet wird. Wer das versäumt, geht ein nicht unbeträchtliches Risiko ein.

Eine ähnliche Haltung nimmt das Management ein, wenn zu Beginn des Projekts die Ressourcen nicht ausreichend überwacht werden. Man geht davon, dass zeitliche Verzögerungen später wieder eingeholt werden können. Dieser Glaube ist vielfach reines Wunschdenken. Mit fortschreitendem Projekt werden die Probleme eher größer, nicht kleiner.

Ein weiteres Risiko stellen übersehene Aufgaben dar. Mir ist zum Beispiel ein Fall bekannt, in dem keine Software zum Test der Hardware vorgesehen war. Das Management ging offenbar davon aus, dass man die gerade erst entwickelte Hardware mit der genauso unerprobten operationellen Software „verheiraten" würde, und es würde wie durch ein Wunder alles ins Lot kommen. Dabei weiß jeder Fachmann, dass man gut daran tut, zunächst die Hardware zu prüfen, bevor man sie mit der Software kombiniert.

In diesem Fall war die Software-Gruppe gezwungen, schnell ein paar primitive Testprogramme zu erstellen, um die Funktionsfähigkeit der Hardware überprüfen zu können. Geplant war diese Aktivität aber nicht, und der Gruppenleiter der Software-Entwicklungsgruppe war über diese zwei Wochen Zeitverlust gar nicht glücklich.

Besser ist es also, bei der Ausarbeitung des Angebots alles zu berücksichtigen, was man an Aufwand benötigt. Dies gilt auch dann, wenn der

Auftraggeber nicht bei allen Produkten auf einer Auslieferung besteht. Falls man eine Aufgabe erledigen muss, ist dafür auch Zeit einzuplanen.

Die Designphase ist vielleicht der kreativste Teil der Entwicklungstätigkeiten, weil dort eine funktionelle Spezifikation in ein Design umgesetzt werden soll, das die Aufgabe mit dem geringstem Verbrauch an Ressourcen lösen kann. Wird allerdings das Design vernachlässigt, werden keine Alternativen diskutiert, dann zeigen sich oft in späteren Phasen Schwächen. Letztlich fallen dann dort Tätigkeiten an, die in der Designphase versäumt wurden. Unter dem Strich gewinnt man nichts.

Es gibt Manager, die sind angesichts der vor ihnen liegenden Aufgabe so nervös und unsicher, dass sie ihr Heil allein im Kodieren suchen. Sie werden unruhig, wenn nicht alle Programmierer vor ihren Terminals oder PCs sitzen und eifrig auf der Tastatur herum hacken. Natürlich wird auf diese Weise Code produziert, aber nach Monaten stellt sich meistens heraus, dass jeder Entwickler einen anderen Entwurf im Kopf hatte. Ein dokumentiertes Design hat es nie gegeben, und folglich passen die Module eines Programmierers nicht zu den Modulen seines Kollegen.

Die Folge sind hektische Änderungen, die viel Zeit verschlingen. Ob damit allerdings das Projekt noch zu retten ist, darf man bezweifeln. Wartbar wird eine solche Software wohl niemals werden.

Gegen Mitte eines Projekts realisiert das Management bei vielen Projekten, dass der Zeitplan nur unter den größten Schwierigkeiten einzuhalten sein wird. Das Resultat sind oftmals Kürzungen bei Aktivitäten, die man nicht als essentiell betrachtet. Wenn etwa der Integrationstest von vier Wochen auf vier Tage gekürzt wird, dann sendet das ein eindeutiges Signal an die Mitarbeiter: Das Management hat die Produktqualität abgeschrieben. Das Ergebnis besteht oftmals in einem Vertrauensverlust der Mitarbeiter und der inneren Kündigung. Während früher nicht auf die Uhr geschaut wurde, gilt nun strikt ein Acht-Stunden-Tag. Wenn das Management keinen Wert auf Qualität legt, warum sollten dann die Mitarbeiter ihre Freizeit opfern?

Beim Test der Software besteht die beste Strategie darin, Fehler so früh wie möglich zu finden, wenn wir so nicht überhaupt vermeiden können. Diese Forderung ergibt sich einfach aus der Tatsache, dass die Beseitigung eines Fehlers umso billiger ist, je früher er gefunden wird. Fehler, die erst der Kunde findet, können für das Unternehmen sehr teuer werden.

Auch bei den Tests kann gekürzt werden, und unter Umständen fällt das zunächst einmal gar nicht groß auf. Wenn auf den Test der Module und Komponenten verzichtet wird und als einziger Test ein Systemtest verbleibt, dann hat das zur Folge, dass alle Fehler erst dort aufgedeckt werden. Mit anderen Worten: Was unter normalen Umständen im Modul- und Komponententest aufgedeckt worden wäre, taucht jetzt erst ganz am Ende der Entwicklung auf. Dementsprechend steigt der Aufwand zur Fehlerbeseitigung.

Bei großen Projekten ist jeder Entwickler nur für einen Bruchteil des Gesamtprodukts verantwortlich. Seine Module müssen mit den Modulen von Kollegen kombiniert werden. Es entstehen Komponenten und daraus am Ende ein ausführbares Programm. Natürlich ist dieser Prozess nicht ohne Probleme. Häufig wird es an den Schnittstellen zu Fehlern kommen.

Bei einigen Projekten besteht eine Tendenz, relativ früh im Entwicklungsverlauf einen Versuch zu unternehmen, ein lauffähiges Programm zu Stande zu bringen. Dies scheitert oft daran, dass die Komponenten für eine Integration noch lange nicht reif sind.

Der Prozess birgt also, ebenso wie das Software-Produkt selbst, eine Reihe von Risiken. Wenden wir uns abschließend den Werkzeugen zu.

3.2.4 Technologie und Werkzeuge

Mediocre people with good tools and languages will still develop mediocre systems, but good people, even when burdened with poor tools and mediocre languages, can turn out damn good software.

Ed Yourdon

Frederic Brooks hat Mitte der 1990er Jahre einen Artikel veröffentlicht, in dem er darauf hinwies, dass Werkzeuge keine Allheilmittel sind. Im amerikanischen Sprachgebrauch verwendete er den Ausdruck *Silver Bullet*. Es gibt keine magische Kugel aus Silber, die wie durch ein Wunder alle unsere Probleme mit der Produktivität der Entwickler auf einen Schlag lösen könnte.

Die Wirklichkeit ist weit nüchterner. Wie sich die Produktivität nach der Anschaffung eines Werkzeugs entwickelt, zeigt Abbildung 3-11.

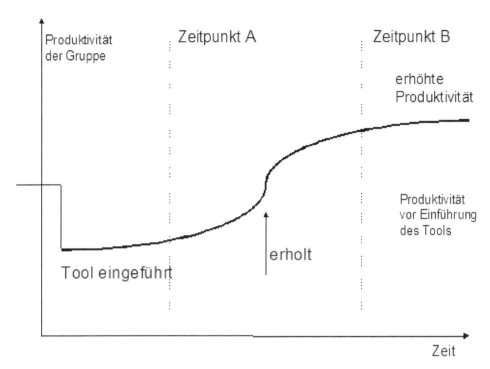

Abbildung 3-11: Beeinflussung der Produktivität durch ein Tool

Wenn für eine Projektgruppe ein Tool angeschafft wird, sinkt ihre Produktivität zunächst einmal. Das ergibt sich einfach aus der Tatsache, dass die Entwickler zunächst einmal Zeit aufwenden müssen, um sich mit dem Werkzeug und seinen Eigenschaften vertraut zu machen. Wenn wir also zum Zeitpunkt A die Produktivität des Teams messen würden, müssten wir einen Abfall gegenüber dem vorherigen Wert feststellen.

Sind die Mitglieder des Teams erst mit dem Tool vertraut und machen sie bei ihrer Arbeit tatsächlich davon Gebrauch, dann steigt die Produktivität wieder. Nach Wochen oder Monaten könnten wir somit wirklich eine erhöhte Produktivität messen.

Die Frage ist natürlich, wie hoch der Produktivitätsgewinn durch den Einsatz eines Werkzeugs sein mag. Projektmanager neigen dazu, neue Tools anzuschaffen, weil das einer der Faktoren ist, den sie selbst beeinflussen können. Allerdings wird der Einfluss von Tools oftmals überschätzt, und der Produktivitätsgewinn ist weit geringer, als der Anbieter uns glauben machen will.

Weiterhin kommt es darauf an, wann das Tool tatsächlich zur Verfügung steht und im Projekt eingesetzt werden kann. Falls es um ein Tool für das Design geht, sollten die Entwickler noch am Ende der Phase

Analyse der Anforderungen im Gebrauch des Tools geschult werden, damit sie es unmittelbar einsetzen können. Eine zu frühe Schulung verpufft in ihrer Wirkung rasch, eine zu späte Schulung macht allerdings auch keinen Sinn.

Völlig falsch ist es, mitten im Strom die Kutsche zu wechseln. Wenn das Management so verzweifelt ist, dass es mitten in der Implementierungsphase durch den Einsatz eines neuen Werkzeugs das Projekt retten will, so stiftet es dadurch nur mehr Verwirrung.

Ich bin kein Gegner von Tools. Ganz zu Anfang der Programmentwicklung in unserer Branche haben wir durch den Einsatz eines Tools eine Produktivitätssteigerung um den Faktor 3 oder 4 erreicht. Das geschah durch den Übergang von Assembler zu höheren Programmiersprachen. Ein weiterer Quantensprung in der Entwicklung durch den Einsatz von Tools ist bisher leider ausgeblieben.

Es macht sogar Sinn, im Rahmen eines Unternehmens neue Tools gerade bei den Projekten einzusetzen, deren Zeitplan weniger kritisch ist. Dort fällt es nicht so stark ins Gewicht, wenn die Erwartungen nicht vollständig erfüllt werden.

Kommen wir damit zu einem Werkzeug, das bei keinem größeren Projekt fehlen sollte. Schließlich ist zu erwarten, dass wir Hunderte oder Tausende vom Software-Modulen schaffen werden.

Was passieren kann, wenn man nicht genau weiß, aus welchen Teilen ein System eigentlich besteht, zeigt das folgende Beispiel.

Fall 3-2: Apollo 13 – Zum Mond und zurück [45, 46]

Nach der erfolgreichen Mondlandung ließ das Interesse der Öffentlichkeit an der bemannten Raumfahrt stark nach. Apollo 13 sollte im April 1970 eine weitere Landung auf unserem Trabanten machen. Apollo besteht aus drei Modulen: Das Mondlandegefährt Aquarius war lediglich dazu bestimmt, die Landung auf der Oberfläche des Monds zu ermöglichen. Es war ausgesprochen leicht und zerbrechlich, weil es lediglich die geringe Schwerkraft des irdischen Monds aushalten musste.

Weiterhin gab es ein Service Modul. Die Kommandokapsel, in der sich die Astronauten auf dem Flug zum Mond aufhielten, war zwischen diesen zwei Modulen angeordnet. 56 Stunden nach dem Start begann die Katastrophe. James Lovell beschrieb später die Ereignisse so: „Wir hörten einen lauten Knall. Fred Haise hatte gerade an einem Ventil gedreht, und das war normalerweise zu hören. Swigert und ich dachten zuerst, Haise hätte einen Scherz mit uns gemacht. Ein Blick auf den verblüfften Ausdruck auf seinem Gesicht belehrte uns aber eines Besseren."

Die Krise hatte fünf Minuten früher begonnen, als eine Warnlampe anzeigte, dass der Druck im Sauerstofftank des Service Modul zu gering war. Swigert wurde von Mission Control in Houston angewiesen, den Druck im Tank zu erhöhen. Er legte vier Schalter um. Dadurch wurde in den Sauerstofftanks die Heizung aktiviert. Sechzehn Sekunden später gab es einen Funken in einem der Tanks, der eine Explosion auslöste. Im Service Modul brannte es. Ein Control Panel flog davon, und Swigert bemerkte einen massiven Spannungsabfall in einem der elektrischen Systeme. Er wandte sich mit diesen Worten an Mission Control: „Okay, Houston, we've had a problem."

In Houston war man sich zuerst überhaupt nicht sicher, ob es ein Problem gab. Man vermutete zunächst eine falsche Anzeige. Die Astronauten vor Ort waren da anderer Meinung. Sie hatten die Explosion gehört.

Der Ausfall eines großen Teils der Stromversorgung führte zu massiven Problemen. Es musste Energie gespart werden, und das betraf auch die Heizung. Die Temperatur in der Raumkapsel sank auf unter 15 Grad Celsius.

Die Lösung bestand letztlich darin, das Lunar Modul zu nutzen. Die Astronauten umrundeten den Mond und kehrten zur Erde zurück. Die Berechnungen für den Wiedereintritt wurden in Houston durchgeführt. An Bord wurde jeder Fetzen Papier gebraucht, um die Kommandos für die Zündung der Bremsraketen beim Eintritt die Erdatmosphäre aufzuschreiben. Die Besatzung von Apollo 13 entkam dem Tod. Aber es war knapp.

Die Ursache für die Explosion lag letztlich in einer Folge von Vorfällen. Von Beginn des Apollo-Programms an hatten die Monteure in Cape Canaveral Schwierigkeiten, den Tank nach Tests zu entleeren. Sie mussten die interne Heizung anstellen, um den Sauerstoff von den Tankinnenwänden zu entfernen. Diese Prozedur konnte bis zu acht Stunden dauern.

Deshalb wurde für die Module im Block 2 die Spannung von 28 auf 56 Volt erhöht. Dazu war eine spezielle extern angebrachte Halterung notwendig. Die NASA und North American, der Hauptauftragnehmer, ordneten beim Unterauftragnehmer Beech Aircraft, dem Hersteller des Tanks, an, in allen Tanks für Block 2 ein Thermostat einzubauen, das für 56 V ausgelegt war.

Beech führte die Order nicht aus, und das Projektbüro bemerkte diese Unterlassung nicht. Apollo 13, und eine Reihe weiterer Missionen, flogen mit dem Schalter für 28 V.

Bei Apollo 7 bis 12 wurde beim Entleeren der Tanks nach Tests der verbleibende Sauerstoff durch Stickstoff aus dem Behälter gedrückt. Es war niemals notwendig, die Heizung anzustellen. Deswegen funktionierten die Tanks bei diesen Missionen einwandfrei.

Bei Apollo 13 dagegen wurde die Heizung gebraucht, um die letzten Reste von Sauerstoff aus dem Tank zu vertreiben. Als der Schalter mit 56 Volt beaufschlagt wurde, schmolz er durch die zu hohe Spannung. Dadurch wurde er permanent geschlossen. Die Heizung lief acht Stunden lang. Die Temperatur in den Windungen der Heizung stieg auf über 430 Grad Celsius an, das die Drähte umgebende Teflon schmolz, und die Drähte waren ungeschützt.

Die Monteure hatten lediglich Instrumente, die bis 60 Grad Celsius anzeigten. Deswegen bemerkten sie die hohen Temperaturen im Tank nicht. Vor dem Start wurden die Tanks gefüllt. Die Drähte waren jetzt von flüssigem Sauerstoff umgeben. Es bestand zunächst keine Gefahr. Noch floss kein Strom.

Auf dem Weg zum Mond verringerte sich der flüssige Sauerstoff mit der Zeit. Nach 56 Stunden der Mission bekam Swigert aus Houston den Befehl: „Schalten Sie die Heizung im Tank ein, um mehr Druck zu erzeugen."

Die Katastrophe nahm ihren Anfang...

Wenn die NASA gewusst hätte, was in ihrer Raumkapsel war, wäre dieser Unfall niemals aufgetreten. Wenn Konfigurationskontrolle strikt durchgeführt worden wäre, hätte die nicht erfüllte Order an Beech Aircraft auffallen müssen.

Zwar handelte es sich in diesem Fall um falsche Hardware, aber bei Software ist die Situation eher schlimmer. Es handelt sich um ein immaterielles Produkt, das durch äußere Kennzeichen nicht zu identifizieren ist. Zwei Varianten eines Moduls unterscheiden sich oft lediglich durch ein paar Zeilen Code, und deswegen fallen Fehler unter Umständen lange Zeit nicht auf.

Aus diesem Grunde ist Konfigurationskontrolle bei Software eine Notwendigkeit. Ohne ein Werkzeug für diesen Zweck weiß das Team unter Umständen gar nicht, welchen Status die Software zu einem bestimmten Zeitpunkt besitzt.

4 Das Risikomodell

Risk management is project management for adults.

Tim Lister

Es gibt eine Reihe von Ansätzen, um Risiken in den Griff zu bekommen. Gemeinsam ist allen diesen Modellen, dass die Risiken zunächst einmal identifiziert werden müssen. Wenn sie nicht bekannt sind, können wir auch nichts gegen sie unternehmen.

Fast noch schlimmer ist der Zustand, bei dem Risiken den Projektmitarbeitern und Teilen des Managements bekannt sind, sie aber nicht diskutiert werden. Das kann viele Gründe haben, aber auf jeden Fall können die mit Risiken verbundenen potentiellen Schäden und Verluste nur bekämpft werden, wenn die Risiken auf den Tisch kommen und besprochen werden.

In Abbildung 4-1 wird das Risikomodell vorgestellt, das wir hier in erster Linie verwenden wollen. Es zeichnet sich gegenüber anderen Modellen durch seine Ausrichtung auf die Erstellung von Software aus.

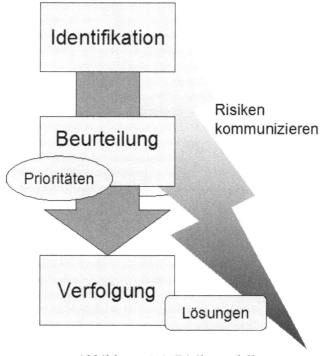

Abbildung 4-1: Risikomodell

Der erste Schritt ist immer das Identifizieren der Risiken. Darauf folgt in einem zweiten Schritt ihre Beurteilung, Bewertung und das Setzen von Prioritäten. Schließlich werden nicht alle Risiken gleich schwer wiegen. Im dritten Schritt wird es darum gehen, die Risiken im Projektverlauf zu verfolgen. Es ist nicht zu erwarten, dass jedes Risiko im Verlauf eines mehrjährigen Projekts gleichbleiben wird. Wir müssen mit Änderungen rechnen. Das gilt sowohl für die Eintrittswahrscheinlichkeit als auch die Höhe des potentiellen Schadens.

Wir gehen bei der Verfolgung von Risiken in der Regel von einem Projekt aus. Das muss allerdings nicht zwingend so sein. In einem Unternehmen können sich zum Beispiel die Geschäftsführer jedes Quartal einmal treffen, um die Risiken des Unternehmens zu diskutieren und zu besprechen. Unser Modell ist auch in dieser Situation anwendbar.

Über alle Phasen des Modells hinweg müssen wir Risiken unbedingt kommunizieren. Das gilt sowohl im Verhältnis zum Kunden als auch gegenüber eigenen Mitarbeitern. Nur wenn es uns gelingt, das Bewusstsein für vorhandene Risiken zu schärfen, können wir hoffen, sie wirksam zu bekämpfen.

Wenden wir uns damit dem ersten Schritt bei der Bekämpfung von Risiken zu.

4.1 Identifikation

In the search for truth there are certain questions that are not important. Of what material is the world constructed? Are there limits or not to the universe? What is the ideal form of organisation for human society? If a man were to postpone his search and practice for Enlightenment until such questions were solved, he would die before he would find the path.

Buddha

Es mag in manchen Organisationen recht ungewöhnlich sein, offen auf Risiken hinzuweisen. Der erste Mitarbeiter, der in einer amerikanischen Firma in den 1980er Jahren auf das Jahr-2000-Problem hinzuweisen wagte, wurde prompt gefeuert. Auf der anderen Seite gibt es bereits jetzt in dem meisten Unternehmen der Software-Industrie Mitarbeiter, die bei ihren Kollegen nicht immer populär sind: Die Tester.

Wenn ein Tester einem Kollegen in der Entwicklung von einem Fehler in dessen Programmcode berichtet, ist dieser darüber nicht gerade glücklich. Aber sehen wir es einmal von einer anderen Seite. Durch das Aufdecken des Fehlers in diesem Stadium der Entwicklung entstehen der Firma vielleicht Kosten von 500 Euro. Wird der Fehler erst gefunden, wenn die Software beim Kunden im Einsatz ist, können daraus leicht 5 000 Euro werden.

Aus der Sicht der Firmenleitung hat der Tester in diesem Augenblick also rund 4 500 Euro eingespart. So ähnlich müssen wir das mit den Risiken auch sehen. Diejenigen Risiken, die wir früh identifizieren und bekämpfen, werden uns später im Projektverlauf weit weniger Schwierigkeiten verursachen.

Im Übrigen gibt es seit alters her den Advocatus Diaboli. Papst Leo X führte diesen Anwalt des Teufels zu Beginn des 15. Jahrhunderts ein, um bei einer vorgeschlagenen Heiligsprechung durch den Heiligen Stuhl das Wunder kritisch zu hinterfragen. Wenn eine so alte Institution wie die katholische Kirche sich des Advocatus Diaboli bedient, warum sollten wir bei der Software-Entwicklung nicht in diese Rolle schlüpfen können?

Um die Risiken identifizieren zu können, sollten wir systematisch vorgehen. Wir können uns dabei einer ganzen Reihe von Techniken bedienen.

4.1.1 Techniken

Eine bekannte Technik zur Findung neuer Ideen wird *Brainstorming* genannt. Wir können dieses Verfahren natürlich auch verwenden, um damit Risiken zu finden. Wie funktioniert dieses Wetterleuchten im Gehirn?

Die Idee [47] geht zurück auf Walt Disney, der sie bereits im Jahr 1928 für den Film *Steamboat Willie* verwendete. Eine Brainstorming Session hat zwei Teile, die kreativen und analytische Phase. Im kreativen Teil sollen von der Gruppe Ideen produziert werden, negative Kritik ist ausdrücklich verboten. Als Hilfsmittel braucht man feste Karten aus

Karton (Lochkarten sind ausgezeichnet), etwas größere Karten für die Themen, eine Pinwand, Reisnägel und Klebeband. Während des Brainstormings sind Unterbrechungen von außen zu verhindern.

Der Moderator hat die Aufgabe, das Thema der Sitzung bekannt zu geben und negative Kritik im Keim zu ersticken. Die Teilnehmer produzieren ihre Ideen zum Thema, eine Idee pro Lochkarte, schreiben es auf und lesen es laut vor. Der Moderator heftet die Karte gleich anschließend unter das Thema an die Pinwand. Zusätzliche Ideen zu den Anregungen anderer Gruppenmitglieder sind erlaubt und sogar erwünscht. Der Moderator darf folgendes nicht tun:

- Negative Bemerkungen der Art 'das funktioniert bei uns doch nicht' zulassen.
- Selbst offensichtliche Interessen bei der Problemlösung haben
- Eine ausufernde Diskussion zu einer geäußerten Idee eines Teilnehmers zulassen oder ermuntern.

Ganz im Gegenteil sollte der Moderator die Gruppe in Schwung bringen, sie zu weiteren Ideen ermuntern und auch offensichtliche Schnapsideen oder Schüsse ins Blaue ohne Kritik annehmen. Das Ziel der kreativen Phase ist Quantität, nicht Qualität der Vorschläge. Doch bald folgt der zweite Teil, das Sortieren und Klassifizieren der Ideen.

In dieser Phase ist die Kritik der Teilnehmer erlaubt, jedoch nicht am Anfang. Zunächst sichtet die Gruppe alle Karten an der Pinwand. Dann werden die Karten nach bestimmten Kategorien, die von der Gruppe genannt werden, sortiert. Der Inhalt jeder Karte wird dabei gelesen, diskutiert und in eine bestimmte Kategorie eingeteilt. Es liegt in der Natur des Verfahrens, dass manche Vorschläge gleich oder ähnlich sein können. Trotzdem ist die dahinter liegende Vorstellung des Autors oft originell. Sie sollte ausgelotet werden.

Die Gruppe bestimmt letztlich, welche Ideen beibehalten und welche verworfen werden. Was am Schluss der Sitzung an der Pinwand steht, gehört allen.

Es gibt eine Reihe von Varianten der Methode. So ist es zum Beispiel auch möglich, dass die Vorschläge in einer zweiten Runde von einer kleinen Gruppe von Mitarbeitern unter der Leitung des Moderators ausgewertet, geordnet und auf ihre Verwertbarkeit hin untersucht werden.

Manche Mitarbeiter mögen sich scheuen, Risiken auszusprechen. In diesem Fall können wir eine Variante der Methode einsetzen, bei der die Ideen zu den Risiken aufgeschrieben werden. Ein Teilnehmer fängt an und bringt einen Gedanken zu Papier. Dann gibt er das Blatt an den nächsten Teilnehmer weiter. Der liest die Bemerkung durch, fügt etwas hinzu oder äußert eine neue Idee. Das Blatt Papier geht reihum, bis sich alle Teilnehmer geäußert haben.

Eine weitere Variante von Brainstorming ist der Einsatz von *Buzz Groups*. Dazu bildet man kleine Gruppe von Mitarbeitern, die mit der Ideensuche zu einem bestimmten Thema betraut werden. Sie ziehen sich in eine Ecke des Raums zurück und diskutieren dort Risiken, die ihnen zu ihrem Aufgabengebiet einfallen. Später werden die gefundenen Ideen in der größeren Gruppe diskutiert und gegebenenfalls ergänzt.

Im Altertum gab es in Griechenland eine Reihe von Orakeln. Das berühmteste war das in Delphi gelegene. Nach ihm ist die Delphi-Methode [48, 49] benannt. Nehmen wir an, dass wir eine Applikation haben, bei der zwischen verschiedenen Arten von Schnee unterschieden werden muss. Für viele Zeitgenossen mag Schnee gleich Schnee sein, aber wenn wir genauer hinsehen, liegen zwischen matschigen Schnee, der fast flüssiges Wasser ist, und gerade gefallenen Neuschnee Welten. Uns ist bekannt, dass es drei Experten für Schnee gibt. Einer wohnt in Novosibirsk, einer hat sich in Florida zur Ruhe gesetzt, und der Dritte ist ein Eskimo und hat seine Hütte in der Nähe von Fairbanks in Alaska. Wir können wegen der Kosten nicht alle drei zu einem Treffen einladen, aber die Anwendung der Delphi-Methode ist möglich. Wir gehen so vor:

- Wir formulieren das Problem schriftlich und bitten jeden der Experten um eine Stellungnahme.
- Wenn die Antworten vorliegen, bilden wir daraus eine Mehrheitsmeinung, weisen aber auch auf abweichende Kommentare und Meinungen hin. Wir formulieren weiterführende Fragen und schicken das Material an die Experten zur Bearbeitung.
- In der dritten Phase werten wir die per Post erhaltenen Ergebnisse aus und schließen die Studie ab.

Natürlich eignet sich diese Methode auch, um Risiken zu identifizieren zu können und die damit verbundenen Gefahren zu erkunden.

Eine Möglichkeit zum Identifizieren von Risiken besteht auch durch den Einsatz von Interviews. Diese können auch mit einem einzelnen

Experten durchgeführt werden und bieten so die Möglichkeit, Punkte anzusprechen, zu denen sich der Fachmann im größeren Kreis vielleicht nicht äußern will.

Eine gerade in den letzten Jahren populär gewordene Kreativitätstechnik sind Mind Maps. Sie haben den Vorteil, dass sie eine graphische Darstellung von Risiken [34] erlauben.

Nehmen wir an, die Firma SOFTCRAFT hat davon erfahren, dass das neu geschaffene Ministerium für Homeland Security in den USA plant, alle Passagiermaschinen, die Flughäfen in den USA anfliegen, mit einem so genannten T-Knopf auszustatten. T steht dabei für Terroristen. Dieser Knopf soll vom Piloten einer Verkehrsmaschine gedrückt werden können, falls Terroristen an Bord sind. Diese Aktion ist nicht umzukehren. Nach dem Drücken des Knopfes soll automatisch eine Nachricht an alle Fluglotsen gesendet werden, die einen speziellen Code zu diesem Notfall, die eindeutige Identifikation der Maschine sowie ihre derzeitige Position enthält.

Eine erste Bestandsaufnahme ergibt, dass für die SOFTCRAFT mit diesem Projekt die folgenden Risiken verbunden sind.

1. Drei Studenten haben im Rahmen ihrer Abschlussarbeit an der Technischen Fachhochschule Arkadia ein Programm zum T-Knopf geschrieben. Es ist in C und wurde an einer Cessna 421 ausprobiert.

2. Die drei ursprünglichen Entwickler haben in ihrer Freude über den erfolgreichen Abschluss beschlossen, das nächste Jahr auf Weltreise zu gehen. Ihr derzeitiger Aufenthalt ist unbekannt.

3. Wir besitzen zwar einen Ausdruck des Quellcodes, aber die Frage der Rechte ist ungeklärt.

4. Wir wissen, dass wir für unsere Mitarbeiter eine Clearance der US-Behörden brauchen würden, wenn wir uns an der Ausschreibung des Ministeriums für Homeland Security beteiligen wollen. Es ist unklar, ob das für Deutsche möglich ist und wie lange es dauern würde, eine solche Genehmigung zu erhalten.

5. Uns ist bekannt, dass Boeing für die Subsysteme in seinen Flugzeugen als Programmiersprache Ada vorschreibt. Unsere Entwickler haben keinerlei Erfahrung mit Ada.

6. Wir wissen nichts über die Konkurrenz diesseits und jenseits des Atlantiks.

7. Der Zeitplan dürfte eng sein, weil die terroristische Bedrohung anhält.

8. Wir haben erfahren, dass der Funkspruch auf keinen Fall gestört werden darf. Deswegen muss dazu Frequency Hopping eingesetzt werden. Diese Technologie ist uns völlig neu.

Wenn wir diese Situation mit Hilfe einer Mind Map darstellen wollen, ergibt sich Abbildung 4-2.

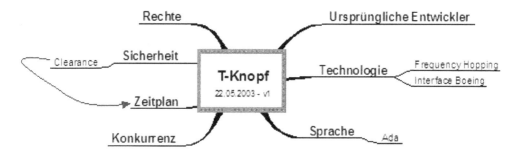

Abbildung 4-2: Mind Map zum T-Knopf

Das sind vermutlich nicht alle Risiken, die bei diesem Projekt auftreten werden. Aber für den Anfang sind es schon genug. Wir hätten bei der ersten Analyse des Projekts T-Knopf auch die Technik der sechs denkenden Hüte [50] anwenden können. Diese von Edward de Bono begründete Methode geht davon aus, dass viele Probleme nicht richtig angepackt werden, weil das menschliche Denken zur Konfusion neigt. Deswegen werden bei Anwendung dieser Methode sechs Hüte verwendet, die durch ihre verschiedenen Farben einen bestimmten Aspekt betonen. Wichtig ist es, dass sowohl ihrer Grundhaltung nach eher pessimistisch oder optimistisch eingestellte Mitbürger jeden Hut einmal aufsetzen.

Die sechs Hüte sind durch die folgenden Farben und die damit verbundenen Haltungen geprägt:

- **Weißer Hut:** Dieser Hut symbolisiert Neutralität und objektives Vorgehen. Wichtig sind in erster Linie objektive Fakten und Zahlen.
- Der **rote Hut** steht für Ärger, Wut und ausgelebte Emotionen. Wer diesen Hut auf hat, betrachtet die Sache, indem er oder sie seine Gefühle einbringt.

- Der **schwarze Hut** steht für Nüchternheit und Ernst. Wer ihn auf hat, drückt Vorsicht und Sorgfalt aus. Es wird auf die Schwachstellen einer neuen Idee und das damit verbundene Risiko hingewiesen.
- Der Träger des **gelben Huts** hat eine positive Grundhaltung. Der Hut steht für Optimismus, Lebensfreude, Hoffnung und positives Denken.
- Der **grüne Hut** symbolisiert die Natur. Damit verbunden sind Wachstum, Kreativität, neue Ideen und Fruchtbarkeit.
- **Blauer Hut:** Der Träger dieses Huts achtet auf die Kontrolle und den ordentlichen Ablauf der Sitzung. Er steht für den Prozess der Ideenfindung und deren Einordnung.

Die verschiedenfarbigen Hüte haben auch die Funktion, einen Kollegen kritisieren zu können, ohne ihn direkt anzugreifen. Man kann zum Beispiel formulieren: „Wenn Sie jetzt für einen Moment ihren schwarzen Hut ablegen und zum gelben Hut greifen würden…"

Der schwarze Hut bringt ausdrücklich die Risiken in den Prozess ein. Deswegen wollen wir uns näher mit ihm befassen. Alle Aktionen liegen in der Zukunft, und deswegen fragt der Träger des schwarzen Huts, was passieren könnte. Dazu gehören Fragen dieser Art:

- Was wird geschehen, wenn wir das tun?
- Ist es akzeptabel?
- Haben wir die notwendigen Ressourcen?
- Wie wird sich das Publikum zu diesem Produkt stellen?
- Wie wird sich die Konkurrenz verhalten?
- Was kann schief gehen?
- Mit welchen Problemen müssen wir rechnen?
- Können wir einen Gewinn machen?

Immer nur einen Hut zu tragen kann zur Gewohnheit werden und dem Träger schaden. Deswegen sollten wir uns darüber im Klaren sein, dass es durchaus zulässig ist, gelegentlich den Advocatus Diaboli zu spielen. Gleichzeitig sollten wir aber durch unser Verhalten zeigen, dass wir sehr wohl wissen, wie schwierig und zeitaufwändig es ist, etwas Neues zu schaffen.

Verlassen wir damit die Kreativitätstechniken und wenden uns den Risiken im Detail zu.

4.1.2 Analyse der Annahmen

Oft verbergen sich Risiken hinter bestimmten Annahmen. Wir nehmen diese Annahmen im Alltagsleben hin, ohne sie groß zu hinterfragen. So gehen die meisten Autofahrer davon aus, dass sie die Fahrt in die Ferien überleben werden. Wie hoch die Zahl der Verkehrstoten auf Deutschlands Straßen ist, bringen sie vor der Reise nicht in Erfahrung.

Im Bereich der Software kommen zu optimistische Annahmen vor allem aus zwei Gründen zu Stande:

- Entwickler sind von Haus aus Optimisten und scheuen sich, gegenüber Dritten auf durchaus vorhandene Risiken hinzuweisen. Wenn sie das tun würden, müssten sie ziemlich weit ausholen. Deswegen schweigen sie lieber.
- Andere Beteiligte verstehen wenig von der Entwicklung von Software. Das gilt für den Kunden, die Anwender, Finanziers, Aktionäre, Banker und Buchhalter. Für sie ist die Erstellung von Software fast eine Geheimwissenschaft, und sie scheuen sich, detaillierte Fragen zu stellen.

Zusammen sorgen diese zwei Gruppen dafür, dass Risiken nicht erkannt und identifiziert werden. Natürlich ist diese Haltung grundfalsch. Risiken können nur erkannt werden, wenn gewisse Annahmen in Frage gestellt werden.

Eine Technik besteht darin, unsere Annahmen an der Erfahrung zu messen. Dabei können wir sowohl unsere eigene Erfahrung als auch die dritter als Maßstab nehmen. Wenn die Konkurrenz für ein vergleichbares Projekt drei Jahre gebraucht hat, warum sollten wir es dann in zwei Jahren schaffen können? Wenn die Produktivität für eine bestimmte Applikation bei rund 250 LOC/MM liegt, wieso sind unsere Leute dann von 180 LOC/MM ausgegangen?

Annahmen dieser Art sind so häufig, dass sie uns fast selbstverständlich über die Lippen gehen. Hier ein paar davon:

1. Beim Einsatz wieder verwendbarer Software müssen wir keine

Entwicklungszeit ansetzen.

2. Die Hardware wird zum vereinbarten Termin ausgeliefert werden.
3. Der Prototyp spiegelt alle Eigenschaften des fertigen Produkts wider.
4. Der Umfang der Software wurde exakt geschätzt.

Im ersten Fall können wir davon ausgehen, dass für die Anpassung wieder verwendbarer Software gewisse Arbeiten anfallen werden, die uns Zeit kosten und deswegen im Zeitplan auftauchen sollten. Im zweiten Fall muss einfach darüber nachgedacht werden, was passieren soll, falls die Hardware doch zu spät ausgeliefert wird.

Im dritten Fall sollten wir daran denken, dass ein Prototyp immer nur ein Modell des fertigen Produkts sein kann. Gewisse Funktionen werden einfach fehlen, und daraus können Risiken erwachsen. Im vierten Fall sollten wir fragen, auf Grund welcher Daten oder Annahmen der Programmumfang ermittelt wurde.

Im zweiten Teil der Analyse der Annahmen sollten wir einfach Murphy's Law berücksichtigen. Es sagt: "If anything can go wrong, it will." Wir müssen also untersuchen, was passiert, wenn wirklich der schlimmste Fall eintritt. Also zum Beispiel das Flugzeug abstürzt, das die speziell für uns entwickelten Application Specific Integrated Circuits (ASICs) an Bord hat. Oder unser wichtigster Mitarbeiter von einem Lastwagen überfahren wird.

4.1.3 Technologische Treiber

"What are we going to do?" said Baby Tiger to Mama Tiger in the jungle. "Here comes a hunter, and he has five rifles, three special sighting scopes, and a device to allow him to see in the dark!"

"Hush!", answered Mama Tiger and she taught her cub how to sneak up from behind and pounce.

The hunter was never heard of again.

All of which goes to prove that technology may be fine, but it will never be a substitute for a good basic education.

Parker Publishing

In vielen Projekten sind Annahmen versteckt, die auf der Verfügbarkeit bestimmter Technologien oder Verfahren beruhen. So könnte zum Beispiel die US-Regierung einen Hochleistungsrechner nicht für den Export frei geben. Solche Restriktionen gelten unter Umständen auch für höhere Programmiersprachen.

In unserem Projekt T-Knopf sollten wir fragen, ob der bei Frequency Hopping verwendete Algorithmus frei verfügbar ist. Algorithmen können durch Patente geschützt werden. Werden wir diesen Algorithmus verwenden können, und wie hoch wären die Gebühren für das Patent?

Andere Hürden im Bereich der Technologie könnten sein:

- Verfügbarkeit und Leistungsfähigkeit bestimmter nicht-flüchtiger Speicherbausteine (Static Random Access Memory)
- Rechtzeitige Fertigstellung von ASICs
- Bei Anwendungen im Weltraum: Verfügbarkeit von Bauteilen, die resistent gegen Strahlung sind.
- Verfügbarkeit eines Massenspeichers, der ohne bewegliche Teile auskommt.
- Bei Flash-Speicher: Zahl der Zugriffe auf den Speicher, bevor das Teil ausfällt.
- Lebensdauer eines Bauteils
- Zuverlässigkeit und Meantime to Failure

Was zu den kritischen Parametern gehört, muss im Einzelfall projektspezifisch erfragt werden. Dabei sollten wir nicht zu optimistisch sein. Wenn wir ein Chip einsetzen, dass von zwei Herstellern im kalifornischen Silicon Valley und einem Anbieter in Japan gefertigt wird, dann ist davon auszugehen, dass Kalifornien durch Erdbeben stark gefährdet ist. Die dort gelegenen Fertigungsstätten könnten also untergehen. Wenn uns nun noch die Fabrik in Japan abbrennt, stehen wir ohne Lieferanten da.

Riskant im Bereich der Software kann auch der Einsatz einer neuen Programmiersprache werden, weil damit noch keine Erfahrungen vorliegen. Wenn dadurch der Zeitplan stark geprägt ist, handeln wir uns damit ein hohes Risiko ein.

Allerdings wirkt sich in unserer Branche die Technologie nicht nur in einer Richtung aus. Die Schnelligkeit des technologischen Fortschritts zeigt sich auch in häufigen Produktabkündigungen. Wenn unser Gerät für eine Lebenszeit von zwanzig Jahren konstruiert werden soll, müssen wir damit rechnen, dass viele elektronische Bauteile nicht über diesen Zeitraum zur Verfügung stehen werden.

4.1.4 De-Komposition

Manche Aufgaben und Sachverhalte lassen sich schwer abschätzen, weil die gewählten Begriffe so gewählt wurden, dass sie in Bezug auf das eingegangene Risiko nichts aussagen. Dann müssen wir versuchen, hinter den Vorhang zu blicken und ein Risiko zu identifizieren, wo andere offenbar nichts gefunden haben. De-Komposition meint, eine Aufgabe aufzubrechen. Wir wollen versuchen, das Risiko beurteilbar zu machen, indem wir auf die Details schauen.

Oft verbergen sich hinter gut klingenden Begriffen, Schlagworten oder Allgemeinplätzen Risiken. Wir sehen sie erst, wenn wir diese Begriffe hinterfragen. Hier wären die folgenden Beispiele zu nennen:

- Dateneingabe
- Auftrag für Subunternehmer
- Datenbank
- Benutzerschnittstelle

Dateneingabe kann viel bedeuten, von der Eingabe eines einzelnen Buchstabens in einem Zeitraum von 24 Stunden bis zur Überwachung eines Funknetzes in Echtzeit. Hier ist nach der Frequenz der Eingabe sowie dem Datenvolumen zu fragen. Beide Parameter haben Auswirkungen auf die Konstruktion der Schnittstelle.

Einen Auftrag an Dritte zu vergeben birgt Risiken. Hier sollten wir in Erfahrung bringen, um welche Aufgaben es sich handelt und wie kritisch diese Teilaufgaben für den Erfolg des Projekts sind.

Bei der Datenbank sind ebenfalls Fragen angebracht. Wie sind die Daten in der Datenbank organisiert? Wie schnell muss der Zugriff erfolgen, und bestehen Anforderungen bezüglich des Zugriffs zu bestimmten Zeiten und der Zuverlässigkeit des Mediums, auf dem diese

Datenbank liegt?

Die Benutzerschnittstelle ist ein weites Feld. Auf jeden Fall werden an moderne grafische Oberflächen [43] hohe Anforderungen gestellt. Werden dadurch besondere Risiken geschaffen?

Bei grafischen Benutzeroberflächen liegt das Problem gelegentlich bereits in der Spezifikation. Wenn dort ein recht vager Ausdruck wie „benutzerfreundlich" zu finden ist, so wird das der eine Anwender als Tastatur und Bildschirm auslegen. Der anspruchsvolle Anwender wird dagegen davon ausgehen, dass er mit dem Computer reden kann wie mit einem menschlichen Wesen.

Risiken entstehen ferner durch nicht erkannte Abhängigkeiten. So kann zum Beispiel der Start einer bestimmten Testtätigkeit davon abhängen, dass ein Unterauftragnehmer einen Signalgenerator liefert. Dies wird möglicherweise aber aus dem Zeitplan nicht hervorgehen, kann aber das gesamte Projekt verzögern. Abhilfe kann hier geschaffen werden, indem die Zeitpläne mit ihren Abhängigkeiten bis ins letzte Detail ausgearbeitet werden.

Manche Hindernisse werden selbst in großen Firmen nicht immer erkannt. Wenn etwa ein wichtiges Bauteil durch den Zoll muss, so taucht die dafür erforderliche Zeit selten in den Plänen auf. Aber Behörden haben nicht gerade den Ruf, bei ihren Arbeitszeiten sehr flexibel zu sein.

Das letzte Risiko in dieser Kategorie entsteht oft dadurch, dass die Ersteller von Dokumenten selbst keine genauen Informationen besitzen. Das gilt besonders bei neuer Technologie, für die noch keine Erfahrungswerte vorliegen. Ein anderer Grund könnte in Uneinigkeit unter den Stakeholders oder Auftraggebern des Systems liegen.

Hier sind die folgenden Beispiele zu nennen:

- **Aufgabe der Software oder des Systems:** Der Zweck wird lediglich recht vage beschrieben, etwa als „Unterstützung der strategischen Planung", „optimierte Personalplanung" oder „Minderung der Leistung bei Ausfall eines Teilsystems."
- Keine oder unzureichende Angaben zum **Gesamtlebenszyklus des Produkts:** Die Lebensdauer des Produkts, also vom Beginn der Entwicklung bis zur Außerdienststellung oder Wiederverwertung, wird nicht genannt, und es wird keine Zeitspanne angegeben. Ferner sind die Schnittstellen zwischen Entwicklung, Betrieb und Außerdienststellung schwach beschrieben, und die jeweils Verantwortlichen für eine Phase

sind mit ihren Aufgaben nicht klar genannt.

- **Fehlende Angaben zur Leistung:** Es wird nicht angegeben, welche Leistung zum Beispiel der Prozessor haben soll oder wie groß der Speicher sein muss. Es kann sich auch um den Datendurchsatz an einer Schnittstelle handeln.
- **Fehlerbehandlung:** Es gibt keine Forderungen zur Behandlung von Fehlern und dem Verhalten des Systems im Fehlerfall.

Wenn die Auftraggeber der Software sich nicht darüber im Klaren sind, was sie tun soll, dann geht der Auftragnehmer ein hohes Risiko ein. Denn wenn nicht einmal der Kunde weiß, warum er gerade diese Software braucht, warum sollte er dann dafür bezahlen?

Denken wir bei der Lebensdauer an einen Fernmeldesatelliten, der im Erdorbit hoch über dem Äquator [41] steht. Solche Geräte erreichen inzwischen eine Lebensdauer von fünfzehn Jahren. Das ist in Bezug auf die Bauteile und Komponenten eine sehr lange Zeit, denn in der Automobilindustrie rechnen wir lediglich mit zehn bis zwölf Jahren. Wenn also ein Satellitenbauer diese Lebenserwartung des Geräts gegenüber dem Kunden garantieren soll, muss er wissen, welche Risiken durch bestimmte Bauteile auf ihn zukommen.

Fehlende Leistungsangaben führen später oft zum Ärger, weil beim Akzeptanztest der Kunde jede vage Formulierung in der Spezifikation zu seinen Gunsten auslegen wird. Für den Auftragnehmer entstehen dadurch Risiken.

Fehler in ihrem Eintreten nicht zu berücksichtigen kann teuer werden, wie die Explosion der ARIANE 5 bei ihrem Jungfernflug zeigt. Fehler sind bei einem komplexen technischen System fast unvermeidlich. Sie einfach zu vernachlässigen, ist ein Fehler und muss als Risiko eingestuft werden.

In der Regel gehen wir bei Risiken davon aus, dass sie unabhängig voneinander sind. Lassen Sie mich das an einem Beispiel demonstrieren. Ein Verkehrsflugzeug hat mindestens zwei verschiedene Systeme, um die Kontrolloberflächen zu bewegen: Elektromotoren und eine hydraulische Steuerung. Wenn also beim Landeanflug ein Elektromotor ausfallen sollte, kann der Pilot die Landeklappen mit Hilfe der Hydraulik ausfahren.

Soweit die Theorie. Werfen wir allerdings einen Blick auf den Bauplan des Flugzeugs, so würde uns auffallen, dass die Steuerleitungen für beide Systeme an genau der gleichen Stelle aus dem Rumpf zum Flügel führen. Werden sie also an dieser Stelle unterbrochen, fallen beide Systeme gleichzeitig aus.

Zwar sind diese beiden Systeme nicht eng gekoppelt, aber auf der anderen Seite auch nicht vollkommen unabhängig voneinander. Gekoppelte Systeme bringen neue Risiken ein, weil durch den Ausfall eines Systems ein zweites beeinträchtigt sein kann.

Im Bereich der Software kann so ein Fall darin liegen, dass für die Umrechnung von Gallonen in Liter dasselbe Unterprogramm verantwortlich ist. Es wird von einer Reihe von anderen Modulen aufgerufen. Ist darin der Umrechnungsfaktor falsch angegeben, wirkt sich das auf alle Module und Komponenten aus, die diese Routine einsetzen.

Noch stärker ist die Kopplung bei einer globalen Variablen. Das mag keine sehr geschickte Programmierung sein, aber es soll schon vorgekommen sein. Hat diese Variable einen falschen Wert und wird sie im Laufe der Programmausführung korrumpiert, kann das Auswirkungen auf alle Teile des Programms haben.

Durch Kopplung handeln wir uns also neue Risiken ein, und manchmal sind wir uns dessen überhaupt nicht bewusst. Nehmen wir an, die Besatzung eines Verkehrsflugzeugs der Lufthansa war am Vorabend in Kairo in einem Lokal. Pilot und Kopilot haben Fisch gegessen. Der Flieger hat zwei Piloten, um beim Ausfall eines Piloten in der Form des zweiten Flugzeugführers jederzeit Ersatz stellen zu können. Was passiert aber, wenn auf dem Flug nach Frankfurt beide durch eine Fischvergiftung so krank sind, dass sie ihren Dienst nicht mehr tun können?

Weitere Beispiele dieser Art können sich wie folgt darstellen:

- Gerade erst frisch von der Hochschule gekommener Informatiker wird in einem Projekt tätig, in dem eine für das Unternehmen neue höhere Programmiersprache eingesetzt wird.
- Der Kunde hat keine klaren Vorstellungen über den Zweck der Software, besteht aber auf einem sehr ehrgeizigen Zeitplan.
- Software in einer für das Unternehmen neuen höheren Programmiersprache wird für einen Prozessor entwickelt, der ebenfalls neu auf dem Markt gekommen ist.
- Eine Schnittstelle ist noch nicht stabil, und die Software dafür kommt von einem Unterauftragnehmer, mit dem das Unternehmen keine Erfahrung hat.

Was können wir daraus lernen? – Wenn zwei kleine Risiken zusammenkommen, kann daraus durch Kopplung ein Risiko entstehen, das nicht mehr tragbar ist. Eine Strategie zur Lösung des Problems könnte darin bestehen, eines der Risiken zu verlagern.

4.2 Beurteilung und Bewertung

The Master Shipwright of the yard where the same is to be performed to transmit to the Board not only a Model of such ships as to their Dimensions, but how they propose to finish them as well within board as without so that we may inspect thereto and either dignify our approval of what shall be so proposed or order such alteration to be made there as shall be judged necessary...
W. G. Perrin, Admirality Orders of June 1716

Durch Leistungsanforderungen an die Software oder das System können Risiken entstehen. Wenn etwa in der Spezifikation eine Forderung enthalten ist, nach der das Computersystem auf jede Anfrage innerhalb einer Sekunde antworten muss, dann entsteht dadurch ein Risiko für den Auftragnehmer.

Zunächst ist zu bemerken, dass diese Forderung von der Software allein nicht erfüllt werden kann. Die Fähigkeit zur Erfüllung der Forderung hängt ganz entscheidend von der Hardware ab. Weiterhin muss genau angegeben werden, unter welchen Bedingungen der Computer diese Forderung erfüllen können muss. Wir benötigen also Angaben zur Konfiguration des Rechners sowie zur Zahl der gleichzeitig tätigen Benutzer. Je genauer die Angeben in der Spezifikation sind, desto leichter wird es später fallen, die Forderung nach dem Bau des Systems zu verifizieren.

Bei der Analyse des Risikos hilft uns das zu Beginn des Projekts natürlich nicht weiter. Wir müssen Techniken und Methoden finden, um das durch Leistungsanforderungen eingebrachte Risiko identifizieren und bestimmen zu können. Hier wären die folgenden Techniken zu nennen:

- Bau eines Prototypen
- Einsatz der Simulation
- Benchmarks durchführen

- Instrumentierung der Software zur Durchführung von
  Messungen

Falls Risiken dieser Art bestehen, dann ist der Risikomanagementplan das geeignete Instrument, um solche Maßnahmen zwingend vorzuschreiben. Natürlich werden daraus Änderungen im Software-Entwicklungsplan resultieren. Der Bau eines Prototypen erfolgt am besten im Rahmen des Entwurfs, und die Simulation und das Durchführen von Benchmarks würde ich ebenfalls dieser Phase zuordnen.

Die Instrumentierung von Modulen der Software fällt in die Implementierungsphase und dient dazu, Messwerte zu erhalten, die etwas über den tatsächlichen Verbrauch an Ressourcen aussagen. Meistens wird es um die Rechenzeit auf einem Prozessor gehen. Es kommt allerdings auch der Durchsatz an einer Schnittstelle als Messwert in Betracht.

In diese Phase fällt auch die Bewertung der Risiken durch den Zeitplan und die Kosten. Hierzu können Programme eingesetzt werden, die den Zeitverbrauch und die Kosten unter verschiedenen Annahmen bestimmen. Als wichtigste Kostentreiber im Bereich des Software-Produkts wären zu nennen:

1. Geforderte Zuverlässigkeit der Software
2. Umfang der Datenbasis, Frequenz der Daten
3. Komplexität des Programms

An ein Programm für den Autopiloten eines Verkehrsflugzeugs werden im Bereich der Zuverlässigkeit höhere Anforderungen gestellt als an ein Spiel für Kinder. Der Umfang der zu bearbeitenden Daten treibt die Kosten in die Höhe, und das gilt in gleicher Weise, wenn die Software sehr komplex ist. Je größer ein Programm, desto komplexer wird es in der Regel sein.

Im Bereich des Computers oder Systems sind die folgenden Kostentreiber zu berücksichtigen:

1. Forderungen an die Ausführungszeit von Operationen
2. Größe des Speichers
3. Verfügbarkeit des Rechners

Harte Anforderungen an die Ausführungszeit von Operationen werden im Bereich der Echtzeitsysteme gestellt. Hier kann das System scheitern, wenn eine bestimmte Aufgabe nicht innerhalb der vorgegebenen Zeit durchgeführt wird. Die Größe des Speichers (Memory) spielt ebenfalls eine Rolle, und auch die Verfügbarkeit des Rechners kann eine Forderung darstellen. Denken wir an einen Computer in der Vermittlungszentrale einer Telefongesellschaft. In diesem Fall müssen wie eine hundertprozentige Verfügbarkeit fordern.

Risiken entstehen auch durch die zur Verfügung stehenden Mitarbeiter, deren Kenntnisse und Fähigkeiten. Hier können wir die folgenden Parameter aufführen:

1. Fähigkeiten der Entwickler
2. Erfahrungen im Bereich der Applikation
3. Erfahrungen mit dem eingesetzten Rechner
4. Erfahrungen mit der verwendeten höheren Programmiersprache

Schließlich gibt es Attribute, die weitgehend durch das Projekt bestimmt werden können. Hier wären zu nennen:

1. Einsatz moderner Methoden
2. Verfügbarkeit und Einsatz von Tools
3. Anforderungen durch den Zeitplan

Der Projektmanager wird oftmals feststellen, dass ihm sowohl die Entwicklungsumgebung als auch das Zielsystem für die Software vorgegeben ist. Auch im Bereich der Mitarbeiter sind seine Optionen begrenzt, weil er einen festen Stamm von Entwicklern vorfinden wird. Beeinflussen kann er höchstens den Einkauf von Werkzeugen. Er ist dann versucht, durch diesen einen Faktor den Zeitplan in seinem Sinne zu beeinflussen.

Das mag ein gangbarer Weg sein, aber dabei ist zu bedenken, dass Tools nur ein Parameter unter vielen anderen sind. Deswegen sollte dieser eine Parameter in seinen Auswirkungen nicht überschätzt werden.

Eine weitere Möglichkeit der Analyse von Risiken besteht durch die Untersuchung der Entscheidungsfindung. Wir treffen im täglichen Leben dauernd Entscheidungen. Das Design des Opel Astra gefällt uns besser als des VW Golf. Die eine Seife duftet angenehmer als die der Konkurrenz, und von der einen Milchtüte lächelt uns eine Kuh an, während die andere einfach blau ist. Besser fundiert wären unsere

Entscheidungen natürlich, wenn wir statt unseres Gefühls noch einen Testbericht hätten, aus dem hervor geht, dass der Astra besser auf der Straße liegt als der VW Golf und zudem im Verbrauch niedrigere Werte vorweisen kann.

Wichtig ist neben der Entscheidung an sich also noch eine nachvollziehbare Begründung dafür. Das können wir mit der Entscheidungsanalyse erreichen. Nehmen wir an, wir benötigen ein Datenbanksystem zur Speicherung und Verwaltung großer Mengen an Daten. Allerdings tut es eine Lösung von der Stange nicht, weil es sich um geografische Daten handelt, wie man sie zum Beispiel für Landkarten braucht.

Um dieses Problem zu lösen, müssen wir zunächst entscheiden, ob wir selbst eine völlig neue Datenbank erstellen oder eine vorhandene erwerben und modifizieren wollen. Als dritte Option kommt die Wiederverwendung von Software in Frage. Später werden im Rahmen des Designs noch weitere Entscheidungen zu treffen sein. In Abbildung 4-3 ist der Weg zur Entscheidungsfindung aufgezeigt.

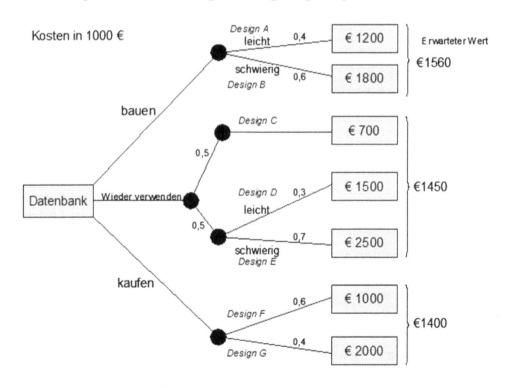

Abbildung 4-3: Entscheidungsbaum [51]

In diesem Entscheidungsbaum sind die Wege mit Wahrscheinlichkeiten belegt. So gehen wir davon aus, dass uns das Design A mit einer Wahrscheinlichkeit von 0,4 leicht fallen wird, wenn wir uns für das Selbermachen entscheiden. In diesem Fall kommen wir zu Kosten von 1,2 Millionen Euro. Wählen wir dagegen das Design B, das uns mit einer Wahrscheinlichkeit von 0,6 schwerfallen wird, so resultieren daraus Aufwendungen von 1,8 Millionen Euro.

Die erwarteten Kosten, wenn wir uns für bauen entscheiden sollten, können nach der folgenden Gleichung ermittelt werden:

$$R_{bauen} = 0,4 \times 1,2 + 0,6 \times 1,8 = 1,56 \text{ [Millionen Euro]}$$

Dem geringsten Risiko setzen wir uns aus, wenn wir uns für die Option „kaufen" entscheiden. In diesem Fall ergibt sich ein Wert von 1,4 Millionen Euro. Wie ein Spreadsheet kann ein Entscheidungsbaum dazu benutzt werden, verschiedene Möglichkeit durchzuspielen, ohne jemals eine Zeile Quellcode anzurühren.

4.3 Prioritäten ermitteln

The important thing is not to stop questioning.
Albert Einstein

Gelegentlich sind wir in der Lage, die Wahrscheinlichkeit des Eintritts eines Risikos direkt zu berechnen. Das gilt etwa in der Nachrichtentechnik bei der Fehlerrate, wenn die fehlerhaft übertragenen Bits in einer Funkstrecke ermittelt werden können. So ein Fall ist allerdings nicht die Regel. Meistens müssen wir die Wahrscheinlichkeit für den Eintritt eines Risikos einfach schätzen.

Die besten Experten zur Abschätzung des Risikos sitzen meistens bereits in unserem Entwicklungsteams. Leider ist es schwer, von ihnen einen numerischen Wert zu erhalten. Davor scheuen sich auf Grund ihrer Persönlichkeit viele Entwickler. Man hilft sich dann mit einem Trick. Wenn man den Mitarbeitern Aussagen entlocken kann, die Worte wie „ich glaube" oder „ich bin fast sicher" enthalten, dann lassen sich diese Statements mit der Abbildung 4-4 in numerische Werte umwandeln.

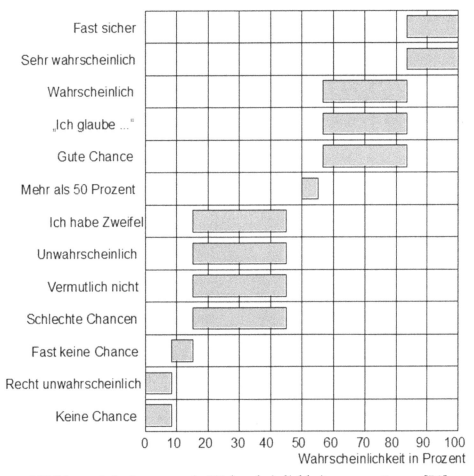

Abbildung 4-4: Aussagen in Wahrscheinlichkeiten ummünzen [51]

Natürlich sollten in dieses Schema auch Aussagen eingeordnet werden, die durch den Dialekt eingefärbt sind. Denken wir etwa an den Ausdruck „gute Karten haben." Bleiben wir gleich beim Glücksspiel. Wir können auch eine Wette benutzen, um zu einer Abschätzung der Wahrscheinlichkeit zu kommen. Nehmen wir an, ein Vorgesetzter bietet seinem Projektmanager die folgende Wette an: Durch den Einsatz von Ada werden wir die Software nicht später ausliefern.

- Wenn wir den Zeitplan einhalten, gewinnen Sie 100 Euro.
- Wenn wir den Zeitplan überschreiten, verlieren Sie 200 Euro.

Wenn der Projektmanager diese Wette anzunehmen bereit ist, bedeutet das, dass durch den Einsatz von Ada die Wahrscheinlichkeit einer Verzögerung weniger als 33 Prozent beträgt. Falls er sich weigert, schätzt er diese Wahrscheinlichkeit höher ein.

Durch das Spielen mit verschiedenen Geldbeträgen kann man ermitteln, wie hoch eine Person das Risiko tatsächlich einschätzt. Wenn der Projektmanager zufällig bereits Millionär sein sollte, würden ihm der Verlust von 200 Euro vermutlich nicht viel bedeuten. In diesem Fall sollte man höhere Beträge wählen.

Im Übrigen sind Wetten gar nicht so ungewöhnlich. Wenn die Mitarbeiter anstatt eines höheren Gehalts bei einem Start-up-Unternehmen Aktienoptionen wählen, gehen sie im Grunde eine Wette ein.

Die Höhe eines Risikos ergibt sich in der Regel aus dem Verlust, der bei Eintritt des Risikos zu verzeichnen ist. Wir sollten allerdings nicht vergessen, dass nicht jeder Schaden materieller Natur sein muss. Wenn ein Unternehmen mit einem Software-Projekt scheitert, kann dadurch über dieses einzelne Projekt hinaus Schaden erwachsen. Wenn andere Kunden davon hören und deswegen ihre Aufträge stornieren, kann sich der Schaden potentiell vergrößern.

Nicht außer Acht lassen sollten wir auch, dass in den USA die Produkthaftung zu hohen Schadenersatzforderungen führen kann. Dies wird durch Sammelklagen erleichtert. Hinzu kommt, dass Anwälte in den USA auf Provisionsbasis arbeiten dürfen. Ein Kläger geht also kein hohes Prozesskostenrisiko ein, wenn er sich zur Klage entschließt.

Ein Beispiel dieser Art stellt der folgende Fall dar.

Fall 4-1: Eine universell gültige Norm? [52]

Ende der 1990er Jahre kam in den USA ein Fall vor Gericht, der exemplarisch die Bedeutung der Qualitätsnorm ISO 9001 aufzeigt. Ein Mann war zu Schaden gekommen, weil eine kürzlich erworbene Couch unter seinem Gewicht zusammenbrach. Dabei wurde das Knie des Mannes, das sich durch eine Operation noch im Heilungsprozess befand, erneut geschädigt. Der Geschädigte nahm sich einen Anwalt und zog vor Gericht.

Der Verkäufer der Couch versuchte zunächst, die Verantwortung auf den Hersteller des Sitzmöbels abzuwälzen. Er behauptete, die Anleitung des Herstellers zum Zusammenbau der Couch sei unvollständig und verwirrend. Der Anwalt des Klägers brachte vor, dass der Hersteller des Möbelstücks ANSI/ASQ Q9001 ignoriert habe und der Verkäufer weder die Inspektion des Möbelstücks noch die Schulung seiner Mitarbeiter dokumentiert habe.

Bei der Vernehmung von Zeugen wurden die Angeklagten vom Anwalt des Klägers mit detaillierten Fragen traktiert, die sich auf Klauseln der ISO 9001 bezogen. Es ging um Kontrolle des Entwurfsprozesses, Schulung, Inspektion und Test. Weil die Angeklagten sich nicht in der Lage sahen, auf die Fragen des Anwalts ausreichende Antworten zu geben, wurde der Streit schließlich außergerichtlich beigelegt. Der Kläger erhielt insgesamt 55 000 US$ als Entschädigung vom Hersteller und Verkäufer der Couch.

Bemerkenswert an dem Fall ist, dass weder der Hersteller noch der Verkäufer der Couch nach ISO 9001 zertifiziert waren. Trotzdem wurde beiden vorgeworfen, den Inhalt der Norm ignoriert zu haben. Es bleibt fraglich, ob der Richter sich der Argumentation des Anwalts des Klägers angeschlossen hätte, wenn der Streit vor Gericht entschieden worden wäre. Die Beklagten zogen es offensichtlich vor, sich mit dem Kunden außergerichtlich zu einigen, als vor Gericht für den Schaden gerade zu stehen.

Wenn wir mit einer gewissen Wahrscheinlichkeit mit dem Eintreten eines Schadens durch ein Risiko rechnen, dann ergibt sich unser Ausgesetztsein (Exposure) durch die Multiplikation der Wahrscheinlichkeit mit der Schadenshöhe.

Eine Möglichkeit, unser Risiko zu senken, besteht in dessen Abwendung. Wir können versuchen, das Risiko einfach zu vermeiden. Diese Strategie wenden wir im täglichen Leben dauernd an. Wem der Kampf auf den Straßen zu stressig ist, der benutzt eben öffentliche Verkehrsmittel. Wer befürchtet, nachts auf der Straße überfallen zu werden, der bleibt um diese Zeit zu Hause.

Risikovermeidung als Strategie ist nur in beschränktem Umfang einsetzbar, weil wir es im geschäftlichen Leben nicht vermeiden können, Risiken einzugehen. Wir können zum Beispiel einen Auftrag selten ablehnen, weil uns das damit verbundene Risiko zu hoch erscheint. Das gilt umso mehr, wenn die Auftragslage des Unternehmens schlecht ist.

Was wir auf dieser Ebene nicht tun können, gilt allerdings nicht für bestimmte Teilrisiken. Wenn uns zum Beispiel der Kunde drängt, C# als höhere Programmiersprache einzusetzen, wir aber keine Erfahrung damit haben, können wir durchaus versuchen, dieses Risiko zu vermeiden. Wir schlagen dem Kunden als Alternative C++ vor. Wenn er darauf eingeht, haben wir ein Risiko vermieden.

Bei Programmiersprachen können wir gewisse Risiken durch konstruktive Maßnahmen vermeiden. Wir wissen, dass durch zu tief geschachtelte Schleifen ein Modul oder Programm sehr komplex und damit undurchschaubar wird. Deswegen begrenzen wir die Schachtelungstiefe im Rahmen einer Vereinbarung auf fünf.

Bei neuen Werkzeugen warten wir, bis das dritte Release auf dem Markt, weil uns die Erfahrung gelehrt hat, dass das erste Release eines bestimmten Herstellers von Fehlern wimmelt. Unsere Rechner stellen wir nicht in den Keller, weil sie da bei Hochwasser überschwemmt werden könnten.

Wenn wir ein Risiko nicht vermeiden können, müssen wir versuchen, es zu reduzieren. Bei unserem Projekt T-Knopf könnten wir daran denken, einen Partner aus den USA herein zu nehmen. Wenn wir eine gemeinsame Tochterfirma gründen und unseren Partner mit fünfzig Prozent beteiligen, reduzieren wir unser Risiko auf die Hälfte.

Im öffentlichen Sektor wird oft versucht, dem Staat ein Risiko zuzuschieben, das eine Kapitalgesellschaft nicht tragen kann oder will. So scheiterte im Mai 2003 [53] der Versuch, den Flughafen Berlin-Brandenburg International durch ein Konsortium einer Baufirma und eines Immobilienverwalters bauen zu lassen. Hinter vorgehaltener Hand ließen die beteiligten Politiker wissen, dass die Investoren versucht hätten, ihnen alle Risiken des Betriebs zuzuschieben.

Manchmal ist dieser Versuch erfolgreich. Das Passagierflugzeug Concorde, das im Sommer 2003 außer Dienst gestellt wurde, war von Anfang an nicht wirtschaftlich zu betreiben. Die Fluggesellschaften hatten niemals eine Chance, damit im regulären Flugbetrieb einen Gewinn zu erzielen. Es war ein reines Prestigeprojekt der Franzosen, und der französische und britische Steuerzahler durfte die Rechnung begleichen.

Bei dem Projekt T-Knopf können wir unser Risiko reduzieren, indem wir den vorhandenen Quellcode in C nicht direkt einsetzen, aber in Ada ähnliche Module erstellen. Die Idee hinter dem Code ist durch Copyright nicht geschützt, nur die konkrete Ausprägung in tangibler Form.

Eine weitere Möglichkeit zur Reduzierung des Risikos besteht darin, durch gezielte Maßnahmen eine Verringerung zu erreichen. Das wird natürlich Geld kosten, aber unterm Strich könnte es dennoch Sinn machen. Nehmen wir an, wir benötigen zur Konstruktion eines Funktelefons der neuen Generation ein ASIC. Dieses Bauteil ist hoch komplex, befindet sich im Stadium eines Prototyps, wird aber für den Integrationstest mit der Software gebraucht. Der Hersteller hat uns die Auslieferung zu einem bestimmten Termin fest zugesagt. Wir wissen aus Erfahrung, dass das erste Silicon selten vollkommen ohne Fehler ist. Die Auslieferung des ASIC und der Integrationstest liegen auf dem kritischen Pfad unseres Zeitplans. Wenn das Bauteil nicht rechtzeitig kommt, kann die Produktion im Oktober nicht anlaufen. Dadurch würde uns das wichtige Weihnachtsgeschäft mit hoher Wahrscheinlichkeit entgehen.

Als Alternative bietet sich an, die Funktionen des ASIC mit anderen Bauteilen zu realisieren, etwa Field Programmable Gate Arrays (FPGAs). Zwar brauchen wir dafür mehr Platz, aber für den Integrationstest würde eine solche Leiterplatte ausreichen. Wir gehen von den folgenden Werten aus.

- Entgangener Gewinn durch Weihnachtsgeschäft: €800 000.
- Aufwendungen für Leiterplatte für den Integrationstest: €27 000.

In diesem Fall ist klar ersichtlich, dass der zusätzliche Aufwand den Einsatz lohnt. Generell können wir den Einsatz und die Reduzierung des Risikos in so einem Fall mit der folgenden Gleichung berechnen.

$$R_R = (R_{zuvor} - R_{danach}) / C$$

wobei
R_R: Reduzierung des Risikos
R_{zuvor}: Eingegangenes Risiko vor der Maßnahme zur Risikominderung
R_{danach}: Eingegangenes Risiko nach der Maßnahme zur Risikominderung
C:: Kosten zur Minderung des Risikos

Der Wert R_R gibt Auskunft darüber, wie weit Maßnahmen zur Reduzierung des Risikos kosteneffektiv sind. Deswegen kann die obige Formel auch benutzt werden, um verschiedene Maßnahmen zur Reduzierung des Risikos miteinander zu vergleichen.

Eine im Bereich der Finanzwelt recht beliebte Methode zur Reduzierung des Risikos besteht in dessen Verteilung. So kauft ein Anleger zum Beispiel nicht einzelne Aktien, sondern beteiligt sich an einem Investmentfond. Durch die vielen verschiedenen Aktien in diesem Fond, der vielerlei Branchen abdeckt, ist er gegen einen Kursverfall bei einer einzelnen Aktiengesellschaft gut abgesichert. Eine ähnliche Strategie können wir anwenden, wenn es in unserem Unternehmen um die Datensicherung geht. Wir bewahren jeweils eine Kopie der gesicherten Daten

- im Gebäude der Firma im Safe auf;
- im Tresor der Hausbank;
- und im Privathaus des Geschäftsführers.

In unserem Betriebsgebäude kann es brennen, und selbst auf die Bank kann ein Flugzeug stürzen. Durch die Aufbewahrung an drei geografisch verschiedenen Orten haben wir allerdings unser Risiko so verteilt, dass es gegen Null tendiert.

Eine Möglichkeit, die nicht unerwähnt bleiben darf, ist schlicht die Akzeptanz [54] eines Risikos. Das praktizieren zum Beispiel Staaten, wenn es nach dem Anschlag auf das World Trade Center (WTC) um die Versicherung von Flugzeugen geht. In den ersten Tagen und Wochen nach diesem Attentat fand sich keine Versicherung, die bereit gewesen wäre, den Fluggesellschaften einen Versicherungsschutz anzubieten. Deswegen akzeptierten die meisten Regierungen der westlichen Welt das Risiko, um den internationalen Flugverkehr aufrecht zu erhalten.

Ähnlich verhalten sich Regierungen, wenn es darum geht, auf dem Mond zu landen oder eine Sonde zur Venus oder zum Mars zu schicken. Auch hier ist das Risiko so groß, dass sich privatwirtschaftlich organisierte Unternehmen nicht trauen würden, das Risiko zu schultern. Allerdings ist generell zu beobachten, dass die US-Regierung sich früher und schneller aus solchen Bereichen zurückzieht, als das die europäischen Regierungen tun. Bei Trägerraketen herrscht in den USA Wettbewerb, während die europäische Ariane [55] weiterhin vom Steuerzahler finanziert werden muss.

Gelegentlich nehmen auch große Unternehmen wie die Bundesbahn ein Risiko lieber auf sich, als es zu versichern. Sie haben sich wahrscheinlich ausgerechnet, dass bei ihrer finanziellen Potenz das Akzeptieren des Risikos billiger ist als der Erwerb einer Police.

Eine Methode, die wir auch unter dem Gesichtspunkt des Findens von Prioritäten betrachten können, ist die Bestimmung der so genannten Qualitätsfaktoren oder Qualitätsattribute. Qualität wird zwar von vielen gefordert, in der praktischen Ausprägung ist sie aber vielfach schwer greifbar. Deswegen hat man sie in die in Abbildung 4-5 gezeigten Faktoren herunter gebrochen.

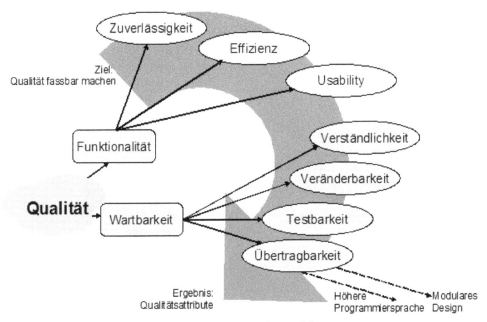

Abbildung 4-5: Qualitätsfaktoren

Die Qualitätsfaktoren werden zunächst nach den beiden Gesichtspunkten Funktionalität und Wartung gegliedert und dann weiter aufgeteilt. Unter der Funktionalität finden wir die Forderung nach Zuverlässigkeit, Effizienz und Benutzerfreundlichkeit (Useability). Unter der Wartbarkeit werden Eigenschaften der Software wie Verständlichkeit, Veränderbarkeit, Testbarkeit und Übertragbarkeit verlangt.

Es ist sinnvoll, der zu schaffenden Software solche Attribute zuzuordnen. Wir müssen uns allerdings bereits jetzt darüber im Klaren sein, dass sich die Qualitätsattribute zumindest teilweise widersprechen können. Stellen wir uns vor, für eine bestimmte Applikation wird die höchste Effizienz gefordert. Das führt zur Verwendung von Assembler. Damit ergibt sich eine Minderung der beiden Faktoren Veränderbarkeit und Übertragbarkeit. Die Veränderbarkeit ist deswegen beeinträchtigt, weil Assembler schwer verständlich ist und aus diesem Grund Schwierigkeiten in der Wartungsphase vorprogrammiert sind. Die Übertragbarkeit geht verloren, weil der Code in Assembler nur auf einem ganz bestimmten Prozessor einsetzbar ist.

Es stellt sich also die Frage, wie wir vorgehen wollen. Die Forderung nach höchster Effizienz ist bei einem System in Echtzeit, etwa einem Controller im Automobilbau, durchaus angemessen. Ein billiger Prozessor fällt bei den dort vorkommenden hohen Stückzahlen durchaus ins Gewicht. Die Arbeitszeit des Entwicklers dagegen wird auf so viele Einheiten verteilt, dass sie am Schluss in der Kalkulation kaum mehr auszumachen ist. Sehen wir uns die Alternativen an (siehe Abbildung 4-6).

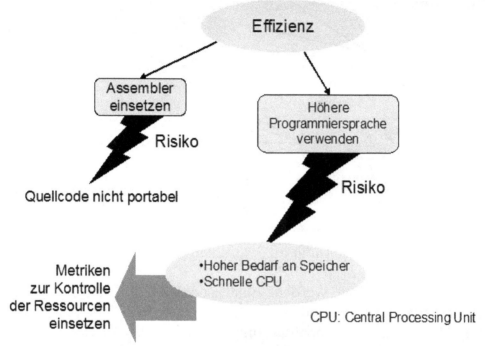

Abbildung 4-6: Qualitätsfaktoren und Risiko

Falls wir uns für den Einsatz von Assembler entscheiden, wird unser Quellcode nicht portabel sein, weil wir den Befehlssatz eines ganz bestimmten Mikroprozessors verwenden müssen. Der Vorteil ist, dass wir sehr effizienten ausführbaren Code erreichen können.

Die Alternative besteht im Einsatz einer höheren Programmiersprache, etwa C. In diesem Fall ist durchaus zu erwarten, dass unser Code langsamer in der Ausführung ist und 20 bis 30 Prozent mehr Platz im Hauptspeicher benötigen wird. Wir könnten diesen Nachteil durch einen schnelleren Prozessor ausgleichen, aber das kostet wiederum Geld. Auf jeden Fall gehen wir Risiken ein, wenn wir uns für C entscheiden.

Um diese Risiken im Projektverlauf kontrollieren zu können, setzen wir

Metriken ein. Das bedeutet, dass wir im ersten Schritt ein Budget an Speicherplatz und Rechenzeit für alle Module vorgeben. Später kontrollieren wir, ob diese Vorgaben eingehalten werden.

Was haben wir damit erreicht? – Wir verfolgen das Ziel der Effizienz weiter, vernachlässigen darüber allerdings die Attribute Portabilität und Veränderbarkeit keineswegs. Damit uns der Code nicht aus dem Ruder läuft, setzen wir zur Kontrolle des Verbrauchs an Ressourcen Metriken ein.

Damit haben wir die Methoden und Techniken kennen gelernt, um mit Risiken umgehen zu können. Jetzt wäre es an der Zeit, für ein konkretes Projekt den Risikomanagementplan zu erstellen. Wir wollen diese Tätigkeit allerdings zurückstellen und diesen Plan im Bereich der Kommunikation behandeln.

Wir haben bisher die Risiken identifiziert, sie beurteilt und teilweise auch bewertet. Das sind alles Tätigkeiten, die zu Beginn eines Projekts anfallen. Die Risikokontrolle und das Suchen nach Lösungen sind dagegen Aktivitäten, die uns während des gesamten Projekts begleiten werden.

4.4 Verfolgung der Risiken

Das Projekt T-Knopf ist für SOFTCRAFT mit erheblichen Risiken verbunden, verspricht andererseits wegen des Marktvolumens einen ansehnlichen Gewinn. Um die Risiken zu senken und beherrschbar zu machen, setzt die Geschäftsleitung des Unternehmens in erster Linie auf eine bewährte Strategie: Informationen kaufen. Dies ist in der Mind Map in Abbildung 4-7 zu sehen.

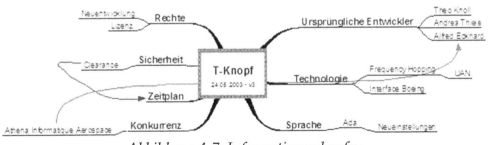

Abbildung 4-7: Informationen kaufen

Diese Strategie nimmt verschiedene Ausprägungen an. Einer der Geschäftsführer der SOFTCRAFT, nämlich Fritz Knoll, hat den Quellcode für T-Knopf ursprünglich von seinem Neffen Theo Knoll bekommen. Damit fing das Projekt an. Theo wollte nach dem Studium seine Tante in Australien besuchen, ist allerdings in Adelaide nie angekommen. Um den Informationsstand zu verbessern, werden die folgenden Maßnahmen eingeleitet.

- Ein Detektiv wird beauftragt, nach Theo Knoll und seinen Kommilitonen Andrea Thiele und Alfred Eckhard zu suchen.
- Um die Frage zu klären, wer die Rechte an dem Quellcode und den Algorithmen des Programms in C besitzt, wird von SOFTCRAFT ein fachkundiger Anwalt eingeschaltet.
- Weil im Unternehmen niemand Erfahrung mit Ada hat, werden zwei Entwickler eingestellt, die bisher in der Rüstungsindustrie tätig waren und diese Programmiersprache bereits beherrschen.

Der Detektiv findet nach ein paar Wochen heraus, dass Theo Knoll mit seiner Freundin Andrea Thiele in Indien den Dalai Lama besucht hat und jetzt auf dem Weg nach Deutschland ist. Interessanter ist die Geschichte von Alfred Eckhard. Der junge Mann hat nämlich keine Weltreise angetreten, wie er seinen Kommilitonen glauben ließ, sondern ist sofort bei Athena Informatique Aerospace in Toulouse eingetreten. Dieses Unternehmen arbeitet fast ausschließlich für Airbus, und deswegen liegt der Schluss nahe, dass SOFTCRAFT damit einen Konkurrenten gefunden hat.

Als Theo Knoll und seine Freundin zurück sind, werden sie von SOFTCRAFT als Entwickler eingestellt. Um sich zusätzlich abzusichern, lässt sich das Unternehmen eine Lizenz für den ursprünglichen Code in C einräumen. Nachdem das Team komplett ist, kann die Entwicklung jetzt ernsthaft beginnen.

Als eine weitere Strategie wird die Verlagerung des Risikos eingesetzt. In der Geschäftsführung der SOFTCRAFT hat man eingesehen, dass es nicht möglich ist, das notwendige Wissen zum Thema Frequency Hopping schnell genug zu erwerben. Deswegen wird mit diesem Teil des Projekts eine Firma in Huntsville, Alabama, betraut. Sie arbeitet als Unterauftragnehmer (UAN) für SOFTCRAFT.

Auf der Suche nach weiteren Risiken taucht die Frage auf, wie die

Schnittstelle zum Global Positioning System aussieht. In der für den Test eingesetzten Cessna 421 war ein bestimmtes System im Einsatz, aber bei Verkehrsflugzeugen könnte das anders aussehen. Deswegen kümmern sich zwei Mitarbeiter darum, welche Systeme bei den Baumustern von Boeing verwendet werden und wie die Schnittstellen dort aussehen. Wir befassen uns damit mit Elementen eines Risikos, gehen also mehr ins Detail.

SOFTCRAFT könnte auch ein Risiko vermeiden, indem sich die Firma nur auf Flugzeuge von Boeing konzentriert und dem Wettbewerb mit Athena Informatique Aerospace (AIA) in Toulouse aus dem Weg geht. Das macht dann Sinn, wenn so gut wie sicher ist, dass AIA den Auftrag von Airbus bekommen wird.

Etwas anders würde es hingegen aussehen, wenn SOFTCRAFT erfährt, dass die gesamten Instrumente in Cockpit vom US-amerikanischen Hersteller Honeywell stammen. Wenn die Subsysteme in den Flugzeugen von Boeing und Airbus weitgehend identisch sind, sollte sich SOFTCRAFT am Wettbewerb beteiligen, weil dadurch ein weit größerer Marktanteil winkt.

Das Risiko mit der Clearance durch US-Behörden hat SOFTCRAFT vermieden, indem es einen Unterauftragnehmer verwendet, dessen Mitarbeiter mit geheimen Daten umgehen dürfen. Jetzt ist nur noch darauf zu achten, dass die im Programm bei Frequency Hopping verwendeten Algorithmen frei von Rechten Dritter sind.

Damit sind die Planungen zum Management der Projektrisiken abgeschlossen. Wir können mit der Entwicklung fortschreiten und uns stärker mit möglichen Lösungen befassen.

4.5 Finden von Lösungen

Wise people seek solutions
The ignorant only cast blame

Lao Tzu

Beim Finden von Lösungen geht es darum, ein Risiko entweder ganz zu beseitigen oder in seinen Auswirkungen zu mindern. Manchmal kommen wir einer Lösung bereits dadurch nahe, dass wir das Risiko und seine Ursachen verstehen lernen. Tätigkeiten, die dem Finden von Lösungen dienen, können uns während des gesamten Entwicklungsprozesses begleiten.

Mit der Simulation bauen wir ein System, das die wichtigsten Eigenschaften der zu erstellenden Software oder des Systems bereits besitzt. Dadurch sind wir in der Lage, uns einen Eindruck zum Verhalten und zur Leistungsfähigkeit der Software oder des Systems zu verschaffen.

Falls beim zu bauenden System die Leistung eine wesentliche Rolle spielt, sollten wir Benchmark-Tests einsetzen, um die Leistung zu messen. Diese Messungen können sich dabei auch auf konkurrierende Produkte beziehen, mit denen unser Produkt später in Wettbewerb treten muss.

Beim Projekt T-Knopf ist die Leistung nicht das hervorstechende Merkmal des Systems. Der Umfang und das Volumen der zu übertragenden Daten ist begrenzt. Wichtig ist dagegen die dauernde Einsatzfähigkeit, eine hohe Zuverlässigkeit und die Sicherheit, dass niemand das System manipulieren kann. Weil wir uns auf Neuland vorwagen, erscheint bei diesem Projekt der Bau eines Prototypen angebracht.

Hans Leydecker, der andere Geschäftsführer der SOFTCRAFT, kennt aus dem Arbeitskreis für Systemsicherheit einen Manager namens Fred Deckstein. Dieser Bekannte ist bei Sun Tours, dem Betreiber einer Charterfluggesellschaft als Leiter der Sicherheit tätig. Nach zwei Vorbesprechungen erklärt sich die Leitung von Sun Tours bereit, den Prototypen des Warnsystems in einem ihrer Flugzeuge vom Typ B-737 ausprobieren zu lassen.

Während dieser Zeit legt das Ministerium für Homeland Security eine zweite Version der Anforderungen an das System vor. In der ersten Fassung des Dokuments war nur ein Knopf im Cockpit vorgesehen. Dies erschien nach den Kommentaren der Besatzungen zu wenig. Schließlich können die Piloten jetzt das Cockpit abschließen, und Entführer und Terroristen haben es damit schwerer, zu den Piloten vorzudringen. Aus diesem Grunde sollte auch eine Flugbegleiterin in der Kabine in der Lage sein, den Alarm auszulösen.

Weiterhin ist die Forderung nach einer eigenen Energieversorgung für das System hinzugekommen. Dies erscheint der Leitung der SOFTCRAFT vernünftig, weil gut ausgebildete Terroristen in der Lage sein könnten, bestimmte Schaltkreise im Cockpit eines Flugzeugs auszuschalten. Mit der eigenen Stromversorgung muss das System in der

Lage sein, mindestens zehn Minuten lang zu senden.

Bei einigen Projekten werden in dieser Phase auch Probleme im Kreis der Mitarbeiter zu lösen sein. Wenn zum Beispiel das Risiko besteht, dass uns ein Know-how-Träger verlässt, sollten wir ihm einen Mitarbeiter zuordnen, der bei Bedarf einspringen kann.

Falls es sich um relativ großes Projekt mit Dutzenden von Mitarbeitern geht, sollten wir uns überlegen, ob sich nicht eine Spezialisierung auf bestimmte Aufgabengebiete anbietet. Hierbei bieten sich die folgenden Tätigkeitsfelder an:

- Schnittstellen-Entwurf, Graphical User Interface (GUI).
- Dokumente erstellen, darunter auch Handbücher für die Anwender.
- Konfigurationsmanagement.
- Test, Verifikation und Validation.
- Einsetzung eines *Tool Smith,* also eines Mitarbeiters, der für die Werkzeuge, deren Installation, Einsatz und die Betreuung zuständig ist.

Nicht zuletzt fällt in diese Kategorie auch die Bestellung eines Mitarbeiters, der für das Risikomanagement zuständig ist. Bei größeren Projekten bietet sich das an, weil gewisse Spezialkenntnisse notwendig sind und unter Umständen ein Werkzeug zum Einsatz kommt.

Die Suche nach Lösungen begleitet ein Projekt, bis ein Risiko beseitigt ist, es für das Unternehmen oder die Anwender tragbar wurde oder es in eine andere Komponente des Systems transferiert wurde. Wir sollten uns allerdings davor hüten, Aufgaben der Software auf den Anwender zu transferieren. Das kann gewaltig schief gehen, wie das folgende Beispiel zeigt.

Fall 4-2: Nur keine Experimente

Im Oktober 1992 bricht im Rettungswesen der City of London, einer der größten Metropolen der Welt, ein Chaos aus. Wie konnte das geschehen? Nachdem bereits im Januar dieses Jahres der erste Teil eines neuen Computerprogramms zur Einsatzplanung der Rettungswagen in London installiert worden war, kommt am 28. Oktober 1992 der zweite und letzte Teil des Systems hinzu. Die angestrebte Verbesserung durch die neue Software liegt in der zentralen Koordination und der

Einsatzplanung dreier bisher getrennter Rettungsleitstellen. Im Laufe des Jahres hatte es mit der Software zum Preis von 1,5 Millionen britischen Pfunden immer wieder Probleme gegeben, doch am 28. Oktober bricht das Chaos aus.

Die Bediener des Systems in der Leitstelle waren durch die Forderungen des Computerprogramms, die ein manuelles Eingreifen erforderlich machten, einfach überfordert. Das System war zwar in der Lage, einfachere Operationen zu verarbeiten. Die schwierigeren Aufgaben überließ es dagegen den Menschen. Es druckte einfach eine entsprechende Meldung aus. Die Papierfahne am Drucker wurde im Laufe der Stunden immer länger, weil die Bediener mit der Bearbeitung nicht nachkamen. Ein Ausweichsystem stand nicht zur Verfügung. Man muss sich vergegenwärtigen, dass in der Londoner Rettungsleitstelle bis zu 2 500 Anrufe am Tag eingehen. Die installierte Software erlaubte es nicht, wichtige Notfälle von weniger wichtigen Problemen zu trennen.

Am Ende suchten die Retter bei Papier und Bleistift Zuflucht und beendeten damit ein 36 Stunden lang andauerndes Durcheinander höchsten Grades.

Durch den Einsatz dieser Software ohne ausreichenden Test unter realistischen Bedingungen erlitten viele Patienten schwere Qualen. In manchen Fällen konnten die Sanitäter in den Ambulanzen nur noch feststellen: Helfer endlich da, Patient tot.

Dieser Fall macht deutlich, dass die Entwickler eines Systems keinesfalls Aufgaben auf die Bediener verlagern können, ohne zuvor deren Arbeitsbelastung untersucht zu haben. Das gilt für dieses Rettungsleitsystem genauso wie für das Cockpit eines Verkehrsflugzeugs.

4.6 Überwachung

Has anything escaped me? I trust that there is nothing of consequences which I have overlooked?
        Dr. Watson

Im Verlauf des Entwicklungsprozesses wird eine ganze Reihe von

Reviews eingeplant, um dem Kunden eine Möglichkeit zum Einblick in den Fortschritt der Arbeiten zu erlauben. Wie bei der Zahl der Phasen kommt es nicht darauf an, ob wir ein Vorgehensmodell mit fünf oder sieben Phasen wählen. Wichtig ist vielmehr, eine Phase durch ein Review eindeutig abzuschließen und damit innerhalb der Entwicklung deutlich einen Meilenstein zu setzen.

In der Regel werden wir, wenn wir von der Entwicklung eines Systems ausgehen, die folgenden Reviews finden:

- System Requirements Review (SRR): Diese Review wird am Ende der Analyse der Anforderungen für das geplante System veranstaltet. Aus den Anforderungen an das System können die Forderungen für das Subsystem Software abgeleitet werden.
- Software Specification Review (SSR): Dieses Review dient dazu, die Software-Anforderungen vor ihrer Freigabe zu prüfen und die Zustimmung des Kunden einzuholen.
- Preliminary Design Review (PDR): Das Review am Ende des Grobentwurfs der Software.
- Critical Design Review (CDR): Das Review unmittelbar vor dem Beginn des Kodierens.
- In-process Review (IPR): Ein Review während der Implementierungsphase.

Diese Reviews sind in grafischer Form in Abbildung 4-8 dargestellt.

Die beiden ersten Reviews dienen dazu, die Anforderungen an das System und die Software einer letzten Prüfung zu unterziehen und die Einwilligung des Kunden einzuholen. Mit der Spezifikation liegt ein Dokument vor, auf das sich Kunde und Auftragnehmer geeinigt haben. Es bildet in der Folge die Grundlage für die Entwicklung der Software.

Das PDR hat den Zweck, den Grobentwurf der Software zu überprüfen, während das CDR das letzte Review vor der relativ lang andauernden Phase der Implementierung darstellt. Gerade weil die Kodierung der Software bei großen Projekten schon einmal zwölf, achtzehn Monate oder länger andauern kann und der Kunde während dieses langen Zeitraums keinen Einblick in den Entwicklungsfortschritt hätte, plant man noch das IPR ein. Abgeschlossen wird die Entwicklung mit dem Akzeptanztest. Das ist rein technisch betrachtet immer ein Systemtest.

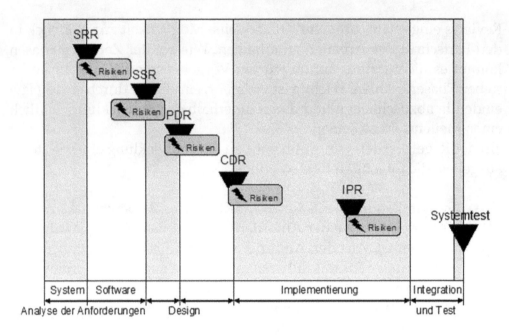

Abbildung 4-8: Reviews im Entwicklungsprozess

Weil wir bereits eine Struktur besitzen, um den Verlauf der Software-Entwicklung zu gliedern, bietet es sich an, bei jedem Review auch die Risiken zu untersuchen. Dies muss nicht notwendigerweise mit allen Entwicklern geschehen, aber maßgebliche Manager des Kunden und des Auftragnehmers sollten an diesen Reviews teilnehmen.

Damit kann es gelingen, die Risiken an den Meilensteinen der Entwicklung unter die Lupe zu nehmen und ihren jeweiligen Status zu dokumentieren. Lassen Sie mich diesen Ansatz an der Agenda [56] des Preliminary Designs Reviews aufzeigen.

Agenda für das Review vorstellen

Einführung: Hintergrunde des Projekts, Ziele

Überblick zum Entwurf

Wesentliche Einflussgrößen für das Design: Speicherbedarf, Schnelligkeit der Verarbeitung, Leistung, Zuverlässigkeit der Software und des Systems, Programmiersprache, Hardware, Einschränkungen

Abwägungen und Entscheidungen auf Grund der obigen
Bedingungen, Ergebnisse von Studien
Wieder verwendete Komponenten und Module
Design-Alternativen, Gründe für die Auswahl eines Designs
Vorstellung ausgewählter Subsysteme, interne und externe
Schnittstellen, Unterschiede zu bereits im Einsatz befindlichen
Systemen

Einsatz des Systems

Szenarien für den Einsatz
Leistungsfähigkeit des Systems
Fehlerbehandlung, Wiederanlauf nach einem Fehlerfall

Subsysteme der Software

Herleitung des Designs aus den Software-Anforderungen

Teststrategie

Finden von Testdaten
Treiber und Simulatoren
Betrachtungen wegen des Einsatzes von Ada

Beurteilung des Design-Teams

Technische Probleme
Ausstehende Prototypen

Software-Entwicklungsplan

Umfang der Software, Meilensteine der Entwicklung

Betrachtung der Risiken

Sonstige offene Punkte

Ich habe mit Absicht das PDR als Beispiel gewählt, weil auf der einen
Seite zu diesem Zeitpunkt zwischen Kunden und Auftragnehmer über

die Spezifikation endgültig Klarheit bestehen sollte. Auf der anderen Seite liegt das Design zu diesem Zeitpunkt in groben Zügen fest. Wir müssen verstehen, dass wir hier an einer Bruchlinie stehen: In der Spezifikation sind die Anforderungen an die Software aus funktioneller Sicht formuliert worden. Dabei handelt es sich um das *was*. Beim Design geht es dagegen um das *wie*, also die Umsetzung der Forderungen in eine Form, die im nächsten oder übernächsten Schritt der Computer verstehen können soll.

Ich könnte mir vorstellen, dass bei einem konkreten Projekt die folgenden Risiken vorhanden sind:

1. Anzahl der Änderungen in der Spezifikation ist erschreckend hoch, das Management des Auftraggebers macht Auswirkungen auf das Budget und den Zeitplan geltend.
2. Es gibt für das Projekt keine eindeutige Schnittstelle beim Kunden, es reden zu viele Leute mit. Teilweise sind die Forderungen widersprüchlich.
3. Beim Kunden und den Anwendern herrschen Zweifel darüber, ob nicht doch das vom Entwicklungsteam als Alternative vorgestellte Design besser wäre.
4. Das Qualitätsmanagement hat nur einen Mitarbeiter mit der Hälfte seiner Zeit dem Projekt zugeordnet.
5. Der Leiter des Entwicklungsteams hat den Ansatz zum Test vorgestellt: Gibt es kein Testteam oder wenigstens einen für den Test zuständigen Mitarbeiter? Sind Entwickler überhaupt gute Tester?
6. Das Graphical User Interface (GUI), das als Prototype vorgestellt werden sollte, ist nicht termingerecht fertig geworden.

Der erste Punkt dürfte typisch für eine ganze Reihe von Projekten sein. Der Kunde versucht weiterhin, neue Funktionen in der Spezifikation unterzubringen. Das Management des Auftragnehmers steuert allerdings dagegen und spricht davon, dass das nicht so weiter gehen kann. Zusätzliche Funktionen müssen Auswirkungen auf das Budget und den Zeitplan haben.

Der zweite Punkt hängt mit dem ersten zusammen und sollte durch organisatorische Maßnahmen auf der Seite des Kunden gelöst werden. Über das richtige Design kann man natürlich lange streiten. Wichtig ist allerdings zum Zeitpunkt des PDR, dass sich beide Seiten auf ein Design verständigen. Es wäre viel zu teuer, weiterhin zwei oder mehr Entwürfe zu bearbeiten.

Die Punkte 4 und 5 offenbaren fehlende Mitarbeiter mit speziellen Kenntnissen, während der Punkt 6 auf ein Risiko beim Entwurf der Mensch-Maschine-Schnittstelle verweist. Wir haben also eine Reihe von Risiken identifiziert, die wir in den nächsten Wochen und Monaten weiterverfolgen müssen. Die höchste Priorität würde ich dem ersten Risiko geben, weil damit die höchsten Aufwendungen verbunden sind.

Aus den Risiken sollte eine Liste entstehen, in denen sie nach ihren Prioritäten geordnet sind. Je nach Größe des Projekts spricht man dann wie bei der Hitparade von den Top-5 oder Top-10. In unserem Beispiel wollen wir uns vorläufig mit den 5 wichtigsten Risiken begnügen. Unsere Liste stellt sich so dar:

Rang	Risiko	Wochen in der Liste	Rang in der Vor-woche
1	Zahl der Änderungen in der Spezifikation zu hoch	4	1
2	Keine Eindeutige Schnittstelle zum Kunden bezüglich der Spezifikation.	neu	-
3	GUI zu spät.	3	2
4	Kein Spezialist für Test vorhanden.	neu	-
5	QM zu schwach besetzt.	neu	-

Tabelle 4-1: Top-5-Liste der wichtigsten Risiken

Diese Liste muss im Verlauf des Projekts gepflegt werden. Wenn ein Risiko sehr lange auf Platz 1 verbleibt, deutet das darauf hin, dass es schwierig zu lösen ist. Allerdings kann es sich manchmal auch um politische Streitigkeiten handeln, die auf der Arbeitsebene nicht zu lösen sind und durch die Firmenleitung bearbeitet werden sollten.

Manche Projekte dauern mehrere Jahre an, und deswegen ist es nicht sinnvoll, davon auszugehen, dass sich Risiken nicht ändern würden. Während wir am Anfang des Projekts Java vielleicht als ein Risiko eingestuft hatten, ändert sich unsere Meinung, je mehr Erfahrung wir mit der Programmiersprache gewinnen. Deswegen ist im Projektverlauf ein Re-Assessment der Risiken notwendig.

Wie oft die Risiken durch das Management behandelt werden sollten, hängt von der Größe des Projekts ab. Wöchentlich oder monatlich sind vernünftige Termine. Der Risikomanager sollte darauf achten, dass diese festen Termine zuverlässig eingehalten werden.

4.7 Risiken kommunizieren

Business operates on commitments, and commitments require plans.
Watts S. Humphrey

Nichts ist schlimmer für ein Projekt als Mitarbeiter und Manager, die sich der Risiken bewusst sind, aber nicht wagen, offen darüber zu reden. Ein solches Verhalten führt oft zum Scheitern des Projekts, weil man nur entschlossen anpacken kann, was man als Problem erkannt hat.

Ein Risikomanagementplan ist deswegen ein wichtiges Mittel der Kommunikation, weil in ihm die Risiken dokumentiert werden. Was in schriftlicher Form vorliegt, kann später nicht einfach übergangen werden. Zudem kann der Plan dazu dienen, die Überwachungsmechanismen im Projektverlauf fest zu verankern. Ich denke hier zum Beispiel an die wöchentliche Diskussion der Risiken.

Der Risikomanagementplan sollte auf die folgenden Themen eingehen:

- Ziele des Projekts und des Plans
- Zusammenhang mit anderen Plänen: Software-Entwicklungsplan, QM-Plan
- Referenzierte Dokumente
- Identifikation von Risiken
- Bewertung von Risiken: Finanziell, technisch, organisatorisch
- Bearbeitung von Risiken im Projektverlauf
- Falls zutreffend: Ressourcen und Werkzeuge
- Zeitplan

Dies kann nur eine grobe Gliederung für den Aufbau des Plans sein. Eine Mustervorlage befindet sich im Anhang.

Grundsätzlich ist es natürlich möglich, die Risiken eines Projekts im Rahmen eines anderen Plans abzuhandeln. Dafür würden sich der Entwicklungsplan, der Projektmanagementplan oder der QM-Plan anbieten. Es besteht bei dieser Vorgehensweise allerdings die Gefahr, dass Risiken verheimlicht oder nicht in ihrem vollen Schadenspotential dargestellt werden. Diese Gefahr würde ich besonders dann sehen, wenn Risiken im Entwicklungsplan behandelt werden sollten.

Hinzu kommt, dass zur Betrachtung von Risiken doch gewisse spezielle Fachkenntnisse verlangt werden. Diese sind weder in der Entwicklung noch im Qualitätsmanagement vorhanden. Deswegen ist bei größeren Projekten die Ernennung eines Beauftragten für das Risikomanagement anzuraten.

Dem steht nicht entgegen, dass der Risikomanagementplan stark auf anderen Plänen beruht und sie gegebenenfalls referenziert. Gerade der Entwicklungsplan mit seinem Zeitplan und den Reviews im Projektverlauf ist eine unentbehrliche Grundlage zur Erstellung des Risikomanagementplans.

Wir können nun unser erstes Modell für die Behandlung von Risiken im Projekt noch verfeinern und etwas mehr Dynamik einbringen. Nach dieser Änderung stellt sich das Modell dar wie in Abbildung 4-10 gezeigt.

Dieses Modell enthält drei große Blöcke. Im ersten Block identifizieren wir Risiken, beurteilen und bewerten sie. Durch die andauernde Kontrolle im Projektverlauf weisen wir darauf hin, dass die Risiken im Verlauf des Entwicklungsprojekts so lange verfolgt und beobachtet werden müssen, bis eine Lösung gefunden wurde. Und schließlich bildet die Kommunikation den dritten Block: Nur wenn Risiken bekannt gemacht werden, können wir sie wirksam bekämpfen.

Bei einigen Projekten ist es bereits üblich, nach deren Abschluss ein so genanntes Post-mortem abzuhalten. Bei diesem Treffen geht es darum, das Projekt noch einmal Revue passieren zu lassen und sich die eigenen Erfolge, aber auch der gemachten Fehler, bewusst zu machen. Ein Punkt im Rahmen dieser Veranstaltung sollten auch die eingegangenen Risiken und ihre Behandlung darstellen.

Der Zweck des Post-mortem liegt darin, aus Fehlern zu lernen, um es beim nächsten Mal besser machen zu können, aber auch gemachte Erfahrungen anderen Projekten zu vermitteln.

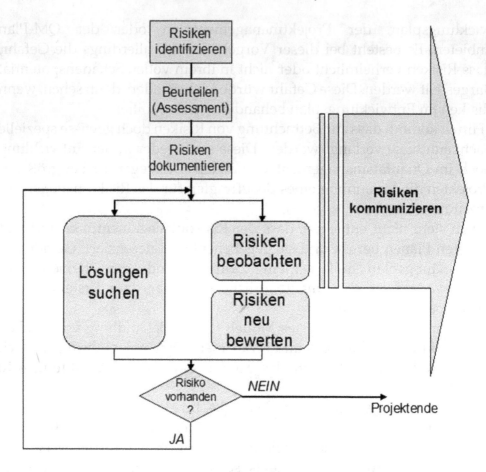

Abbildung 4-9: Risikomodell

Damit haben wir ein Risikomodell erarbeitet, das für Software-Entwicklungsprojekte recht gut passen sollte.

5 Alternative Risikomodelle

The methodology used should be based on the choice of the latest and best, and not based on ignorance. It should also be laced liberally with the old and dependable.

Harlan Mills

Es gibt inzwischen eine Reihe von Modellen zur Behandlung von Risiken. Nicht alle sind speziell auf die Entwicklung von Software ausgerichtet. Aber sie könnten deswegen trotzdem für unsere Zwecke geeignet sein und Einzelheiten enthalten, die zu übernehmen es sich lohnt. Wir wollen uns zunächst mit einem auf Software zugeschnittenen Modell befassen.

5.1 Das Risikomodell des Software Engineering Institute

If you do not actively attack risks, they will actively attack you.

Tom Gilb

Das Software Engineering Institute der Carnegie Mellon University ist in erster Linie wegen des Capability Maturity Model (CMM) bekannt geworden. Dieses fünfstufige Modell [58] zeigt Unternehmen einen Weg auf, um ihre Prozesse zur Erstellung von Software zu verbessern. Im Rahmen dieses Modells musste der Blick natürlich früher oder später auch auf die mit der Software-Entwicklung verbundenen Risiken fallen.

 Das Modell des Software Engineering Institute (SEI) gliedert Risiken in drei Stufen: Klasse, Element und Attribut. Zur Ermittlung der Risiken wird auf Fragebögen gesetzt. Die Aktivitäten zur Erkennung und Behandlung der Risiken sind in Abbildung 5-1 dargestellt.

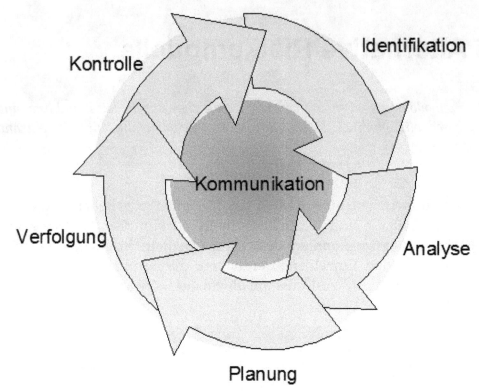

Abbildung 5-1: Risikomodell des SEI [57]

Die fünf hauptsächlichen Tätigkeiten des Modells können wie folgt definiert werden.

1. **Identifikation:** Bevor Risiken durch das Management behandelt werden können, müssen sie zuerst erkannt werden. Die Identifikation hat den Zweck, Risiken zu finden, bevor sie zu Problemen werden können, die das Projekt im negativen Sinn beeinflussen.

2. **Analyse:** In der Analyse werden die mit einem Risiko verbundenen Daten so aufbereitet, dass daraus Informationen werden, die eine Entscheidung ermöglichen. Durch die Analyse wird der Projektmanager in die Lage versetzt, zwischen Risiken unterschiedlicher Wichtigkeit zu unterscheiden und die „richtigen" Risiken anzugehen.

3. **Planung:** Durch die Planung werden Informationen in kurz- und mittelfristig wirksame Aktionen umgesetzt. Dazu gehört die Behandlung individueller Risiken, das Setzen von Prioritäten und die Erstellung eines Risikomanagementplans. Der Umgang

mit einem Risiko kann in vielerlei Form erfolgen, darunter Akzeptanz, Vermeidung oder weiteres Studium des Risikos. Das Wichtigste dabei ist, immer die Auswirkungen eines Risikos zu einem späteren Zeitpunkt im Sinn zu behalten.

4. **Verfolgung der Risiken:** Hier geht es darum, die einzelnen Risiken im Projektverlauf zu verfolgen. Dazu gehören auch die Lösungen oder Lösungsversuche. Zur Verfolgung von Risiken können Metriken eingesetzt werden.

5. **Kontrolle:** Die Tätigkeit hat den Zweck, Abweichungen von geplanten Tätigkeiten erkennen zu können und darauf zu reagieren. Diese Tätigkeit fügt sich nahtlos in die übrigen Aufgaben des Projektmanagers ein.

6. **Kommunikation:** Wichtig ist es, die mit dem Projekt verbundenen Risiken zu vermitteln. Dazu gehört Hartnäckigkeit und ein Blick für kritische Punkte des Projekts. Ohne effektive Kommunikation kann Risikomanagement nicht erfolgreich sein. Dabei darf sich die Vermittlung der Risiken nicht auf die Arbeitsebene beschränken, sondern muss immer auch das Management einschließen. Betroffen ist sowohl der Auftragnehmer als auch der Kunde.

Bei der Anwendung des Modell zur Risikobehandlung geht man beim SEI von den folgenden Voraussetzungen aus:

- Viele Risiken sind den Mitarbeitern in der Software-Entwicklung bekannt, werden aber nicht genannt.
- Zur Identifikation von Risiken ist eine strukturierte Methode notwendig, die wiederholbar ist.
- Zur effektiven Identifikation müssen alle Bereiche der Entwicklung und verwandter Gebiete untersucht werden.
- Der Prozess zum Aufspüren von Risiken muss so angelegt werden, dass auch ungewöhnliche und widersprüchliche Meinungen erfasst werden können.
- Die Zahl oder die Natur der mit einem Projekt verbundenen Risiken erlaubt allein kein Urteil über den Erfolg des Projekts.

Der letzte Punkt ist allein schon deshalb richtig, weil sonst ein Projekt ohne Risikomanagement immer besser da stehen würde als ein solches, bei dem Risikomanagement aktiv betrieben wird.

Es darf auch nicht vergessen werden, dass sich mancher Mitarbeiter in dem ein oder anderen Projekt zunächst scheuen wird, ein Risiko zu nennen, weil er nicht in den Ruf eines Spielverderbers geraten will. Befragungen und Interviews sollten daher so angelegt werden, dass jeder Entwickler frei seine Meinung äußern kann. Die Risiken sollten so dokumentiert werden, dass später nicht erkennbar ist, wer auf ein bestimmtes Risiko zuerst hingewiesen hat.

In Abbildung 5-2 wird die Gliederung der Risiken nach diesem Modell aufgezeigt.

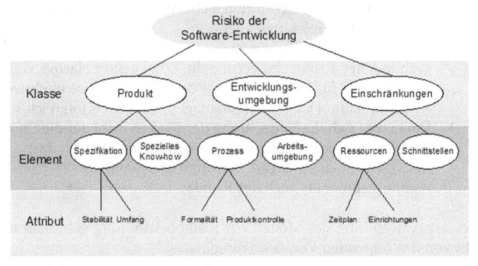

Abbildung 5-2: Gliederung der Risiken beim Modell des SEI [57]

Auf der obersten Ebene dieses Modells finden wir drei Klassen: Das Software-Produkt, die Software-Entwicklungsumgebung (SEU) sowie Einschränkungen für das Projekt. Diese drei Klassen werden dann in Elemente und Attribute herunter gebrochen. Beim Produkt folgt das Modell mehr oder minder einem traditionellen Phasenmodell. Bei der SEU werden die folgenden Elemente genannt:

- Entwicklungsprozess
- Werkzeuge
- Kontrolle durch das Management
- Methoden des Managements, darunter auch Konfigurationsmanagement und Qualitätsmanagement.
- Entwicklungsumgebung, dabei auch Kommunikation und Moral

der Mitarbeiter.

Bei der Klasse Einschränkungen wird auf die Ressourcen des Projekts (oder ihr Fehlen), auf die Vertragsbedingungen und auf Schnittstellen aller Art verwiesen. Der Hinweis auf den Vertrag ist nicht ganz unwichtig. Gerade im US-Geschäft ist das oftmals ein sehr umfangreiches Dokument. Wer sich da nicht auskennt, unterschreibt möglicherweise eine Klausel, die später im Projektverlauf zu Schwierigkeiten führen kann.

Um die Risiken zu finden, werden Interviews durchgeführt. Dazu werden vorbereitete Fragebögen eingesetzt.

Die Methode des SEI ist klar gegliedert und strukturiert. Durch die vorliegenden Fragebögen kommt eine Organisation schnell auf die Beine. Allerdings ist der vorgegebene Rahmen des Modells recht starr. Durch die Fragebögen könnte man in Versuchung geraten zu glauben, dass alle Risiken erfasst sind, wenn man die Fragebögen durchgegangen ist. Es besteht die Gefahr, dass neue und bisher nicht bekannte Risiken nicht erkannt werden, weil sie durch den Einsatz der Methode unter den Tisch fallen.

Zu den Erfahrungen beim Einsatz des Modells ist zu bemerken, dass die Zahl der Mitarbeiter pro Interview mit im Durchschnitt fünf Personen als zu hoch eingestuft wurde. Es sollte eher die Zahl der Interviews gesteigert werden, nicht die Zahl der Teilnehmer. Wenn bei den Interviews ein Manager zugegen war, führte das regelmäßig dazu, dass die Mitarbeiter weniger Bedenken äußerten und vielfach nicht offen zu reden wagten. Weil die Anwesenheit von Vorgesetzten das Finden von Risiken behindert, sollten Interviews dieser Art vermieden werden. Auf der anderen Seite spricht nichts dagegen, Manager in getrennten Sitzungen zu interviewen.

Diese Methode eignet sich deshalb besonders für Unternehmen, die beim Risikomanagement schnell auf die Beine kommen wollen, ohne erst ein eigenes System dafür aufzubauen. Sie nehmen dabei in Kauf, einen Anzug von der Stange zu erwerben, der ihnen nicht besonders gut passen mag.

5.2 Der Weg des Institute of Electrical and Electronics Engineers

Der IEEE, die größte Vereinigung von Ingenieuren auf der Welt, hat ebenfalls einen Standard zur Behandlung von Risiken vorgeschlagen. Er ist nicht speziell auf Software ausgerichtet und in seinen Grundzügen in Abbildung 5-3 dargestellt.

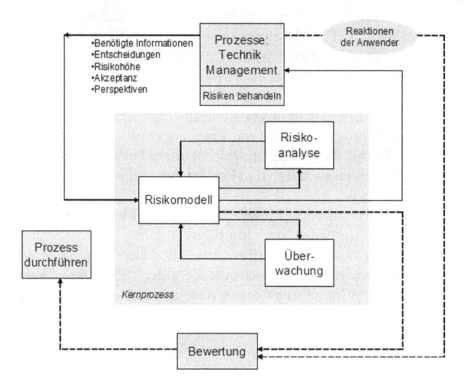

Abbildung 5-3: Modell des IEEE-Standard 1540

Dieser Standard wendet sich zunächst der Frage zu, wie Risikomanagement in einem Unternehmen oder eine Organisation eingeführt werden soll. Zur Einführung des Risikomanagements werden die folgenden Vorschläge gemacht:

- Etablieren der Firmenpolitik in Bezug auf Risikomanagement
- Durchführung des Risikomanagements, einschließlich Techniken, Methoden und Werkzeuge

- Koordination der Tätigkeiten mit anderen Disziplinen, Schnittstellen
- Kommunikation von Risiken
- Etablierung des Prozesses zum Risikomanagement
- Zuordnung von Mitarbeitern
- Bereitstellung von Ressourcen
- Bewertung des Risikomanagements

Zum Risikomodell werden die folgenden Punkte angeführt:

- Kontext des Risikomanagements
- Wer sind die Stakeholders, und welche Ansichten vertreten sie?
- Wie groß ist die Besorgnis wegen der Risiken?
- Welche Ziele, Annahmen und Einschränkungen sind vorhanden?
- Wie hoch ist die Bereitschaft, ein Risiko einfach zu akzeptieren?
- Herausarbeitung und Pflege des Risikoprofils
- Überwachung der Risiken

Zum Thema Risikoanalyse werden die Tätigkeiten Identifikation, Ermittlung der Eintrittswahrscheinlichkeit sowie Abschätzung des möglichen Schadens genannt. Ferner wird auf mögliche Interaktionen verschiedener Risiken hingewiesen. Bei der Behandlung der Risiken wird ein Aktionsplan, das Erkennen möglicher Hinweise zum Eintritt eines Risikos sowie Alternativen bei Schadenseintritt verwiesen.
 Zur Überwachung der Risiken sind die folgenden Tätigkeiten notwendig:

- Darauf achten, ob bei akzeptierten Risiken keine Abweichungen in unerwarteter Art und Weise auftreten.
- Kommunikation der Situation bei den Risiken: Management, Stakeholders, Kunde
- Nach neuen Risiken Ausschau halten

Die Behandlung der Risiken wird nach IEEE 1540 als ein Teil des Managementprozesses gesehen. Dazu gehört die Entscheidung, ob ein Risiko akzeptiert werden kann oder nicht. Das Management entscheidet über die Behandlung von Risiken, zugewiesene Ressourcen und die Verantwortlichkeit für ein Risiko.

5.3 Ein australischer Standard

In Australien existiert seit einigen Jahren der Standard AS/NZS 4360, der in der Fachwelt weltweit Anerkennung gefunden hat. Diese Norm wird zusammen mit dem entsprechenden Gremium in Neuseeland heraus gegeben.

Nach einer Reihe von Definitionen im Teil 1 weist der Standard die Verantwortung für die Behandlung von Risiken und das Formulieren einer Politik dazu der Geschäftsleitung eines Unternehmens zu. Ähnlich wie bei DIN EN ISO 2001 [14, 28] wird in AS/NZS 4360 deutlich gesagt, dass zunächst alle Aktionen vom Top Management ausgehen müssen. Natürlich kann sich das Management dazu Helfer suchen, etwa in der Gestalt eines Risikomanagement-Beauftragten.

Das System zur Behandlung von Risiken muss in regelmäßigen Abständen von der Geschäftsleitung überprüft werden. Auch hier sind die Ähnlichkeiten zu DIN EN ISO 9001 unverkennbar. Deshalb kann man über eine Kombination solcher Reviews nachdenken.

Die Vorgehensweise und die Hauptelemente des Systems nach AS/NZS 4360 sind in Abbildung 5-4 dargestellt.

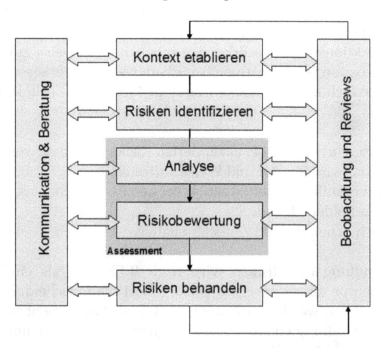

Abbildung 5-4: System nach AS/NZS 4360

Zu den einzelnen Elementen lassen sich die folgenden Erklärungen geben:

- **Kontext etablieren:** In diesem Schritt wird das Risikomanagement in den organisatorischen Rahmen gestellt. Es werden Kriterien gefunden, nach denen Risiken beurteilt werden sollen. Die Vorgehensweise bei der Analyse wird festgelegt.
- **Risiken identifizieren:** In diesem Schritt werden die Risiken gefunden und identifiziert, die später analysiert werden sollen.
- **Analyse:** Die vorhandenen Kontrollmechanismen der Firma für Risiken werden identifiziert. Jedes Risiko wird in Bezug auf den möglichen Schaden und seine Eintrittswahrscheinlichkeit untersucht. Der Schaden und die Eintrittswahrscheinlichkeit können kombiniert werden, um ein Risiko numerisch zu bestimmen.
- **Risikobewertung:** Die Höhe jedes eingegangenen Risikos wird mit vorher etablierten Kriterien verglichen. Dadurch wird es möglich, Prioritäten zu setzen und gegenüber dem Management Empfehlungen auszusprechen. Falls ein Risiko relativ gering ist, kann es unter Umständen akzeptiert werden und bedarf keiner weiteren Behandlung.
- **Risiken behandeln:** Risiken niedriger Priorität werden akzeptiert und im Projektverlauf weiter beobachtet. Alle anderen Risiken werden in den Risikomanagementplan aufgenommen. Die notwendigen Maßnahmen werden dort aufgeführt.
- **Kommunikation und Beratung:** Während des gesamten Prozesses wird die Kommunikation mit dem eigenen Management, dem Kunden und anderen Stakeholders aufrechterhalten.
- **Beobachtung und Reviews:** Der Prozess zur Identifikation und zur Behandlung von Risiken selbst wird periodisch überprüft, um ihn auf seine Angemessenheit hin beurteilen und gegebenenfalls Änderungen einbringen zu können.

Bei der Identifikation von Risiken wird auf die folgenden Quellen verwiesen:

1. Aufzeichnungen aus früheren Projekten

2. Die eigene Erfahrung
3. Industrielle Praxis und die Erfahrungen Dritter
4. Ergebnisse der Marktforschung
5. Publizierte Literatur
6. Berichte über Experimente und Prototypen
7. Modelle, etwa aus dem Bereich der Wirtschaft oder Ingenieurwissenschaften
8. Das Wissen und Know-how von Spezialisten und Experten

Bei den Techniken zur Behandlung von Risiken rät der Standard zum Einsatz strukturierter Interviews, Gruppensitzungen im Kreis von Experten, dem Einsatz von Computern zur Simulation und der Verwendung von Fehlerbäumen.

Weil sich AS/NZS 4360 nicht auf die durch Software entstehenden Risiken beschränkt, sind die Quellen für Risiken weit gespannt. Hier wären zu nennen:

- Risiken aus kommerzieller Tätigkeit und durch Verträge.
- Wirtschaftliche Entwicklungen, etwa Wechselkursrisiken oder bedingt durch die politischen Verhältnisse in einem bestimmten Land.
- Menschliches Verhalten, sowohl innerhalb als auch außerhalb der eigenen Organisation.
- Natürliche Ereignisse: Flut, Erdbeben, Vulkanausbrüche.
- Politische Veränderungen, etwa durch neue Gesetze oder Verordnungen.
- Technologische Risiken innerhalb und außerhalb der eigenen Organisation.

Eine andere Klassifizierung der Risiken benutzt das folgende Schema:

- Krankheiten, Seuchen und Epidemien: Dies bezieht sich auf Menschen, Tiere und Pflanzen.
- Wirtschaftliche Risiken: Schwankungen der Wechselkurse, Zinshöhe, Marktanteil.
- Umwelt: Lärm, Vergiftung, Verseuchung.
- Finanzielle Risiken: Vertragliche Vereinbarungen, falsche Verwendung von Geldern, Unterschlagung, Strafen durch Behörden, Vertragsstrafen.

- Risiken durch menschliches Handeln: Aufruhr, Streik, Sabotage, Fehler.
- Gefahren durch die Natur: Klima, Erdbeben, Buschfeuer, Vulkanausbrüche.
- Arbeitssicherheit: Nicht ausreichende Sicherheitsvorschriften.
- Risiken durch Produkthaftung: Nicht ausreichende Tests, unzureichendes Qualitätsmanagement.
- Risiken wegen falscher Beratung: Fahrlässigkeit, Designfehler.
- Schaden am Eigentum: Feuer, Wasserschäden, menschliches Versagen.
- Vernachlässigen der Sicherheit: Vandalismus, Diebstahl, Verrat von Betriebsgeheimnissen, unberechtigter Zutritt.
- Technologische Risiken: Abhängigkeit von einem bestimmten Zulieferer oder einer Technologie.

Obwohl eine Reihe von Risiken auf die Entwicklung von Software nicht zutreffen mag, ist diese Liste doch erschreckend lang. Es könnte sich durchaus lohnen zu ergründen, wie weit ein Unternehmen gegen die darin aufgeführten Risiken abgesichert ist.

Falls eines Tages ein internationaler Standard zum Risikomanagement erstellt wird, so hat AS/NZS 4360 gute Chancen, dafür als Vorlage zu dienen.

Risikomodelle sind Vorlagen. Sie können für unser Unternehmen passen – oder auch nicht. In jedem Fall haben sich die Fachleute viel Mühe gegeben, ein möglichst gutes Modell zu erarbeiten. Deswegen werden wir wohl in den meisten Fällen den dort gemachten Vorschlägen zustimmen. Falls für unser Unternehmen Anpassungen oder Erweiterungen notwendig sind, müssen wir diese an geeigneter Stelle vornehmen.

6 Risikokontrolle durch Metriken

Get your facts first ... then you can distort them as much as you like.
Mark Twain

Wir haben erkannt, dass wir in unseren Tagen kaum noch mit Projekten zu tun haben werden, bei denen der Nutzen auf den ersten Blich allen einleuchtet, bei denen wir mit allgemeiner Zustimmung rechnen können. Vielmehr müssen wir zunehmend Projekte starten, die zwar bei Erfolg große Gewinne und eine Ausweitung des Marktanteils versprechen. Aber wir müssen dazu Risiken eingehen. Das ist unvermeidlich.

Wenn allerdings allerlei Wagnisse auf unserem Weg in die Zukunft liegen, dann wollen wir ihnen wenigstens nicht unvorbereitet gegenübertreten. Wann immer möglich wollen wir auf dieser Reise mit den bestmöglichen Instrumenten arbeiten. Wir werden uns nicht mit vagen Aussagen zum Projektfortschritt zufriedengeben, sondern werden wo immer möglich auf konkreten und nachprüfbaren Zahlen bestehen. Wir wollen *Management by the Numbers* betreiben.

Wir werden uns dabei zunächst fragen, wie wir den klassischen Risiken Paroli bieten können. Später werden wir uns einzelnen Phasen der Entwicklung zuwenden. Immer fragen wir zuerst nach qualitativen Gegenmaßnahmen und wenig später konkret nach einer Messung, einer Metrik der Software.

6.1 Klassische Risiken

Wise men learn by other men's mistakes, fools by their own.
H. G. Wells

Unternehmen sind verschieden. Während sich das eine in vertrautem Terrain bewegen mag, stößt das andere mit einer Applikation in unvertrautes Gelände vor. Das Risiko mag in einer neuen Programmiersprache, einer neuen Methode beim Design oder in neu auf den Markt gekommener Hardware liegen.

Auch die Kunden sind verschieden. Während es sich bei dem einen Kunden um eine Organisation handeln mag, die bereits Hunderte von Systemen mit Hardware auf den Weg gebracht hat, geht ein anderer Kunde vielleicht das erste Mal ein Wagnis mit einem Software-Projekt ein. Entsprechend muss der Auftragnehmer Ressourcen zuordnen.

Nicht bei allen Projekten werden alle in Tabelle 6-1 aufgeführten klassischen Risiken zutreffen. Es lohnt sich dennoch, bei Projektbeginn diese Liste als Richtschnur zu nehmen und zu fragen, ob ein Risiko eintreten könnte. Wir behalten das gewohnte Schema bei, beginnen mit den durch Menschen verursachten Wagnissen, widmen uns dann dem Software-Produkt und dem Prozess ihrer Erstellung und beschließen den Reigen mit den Werkzeugen.

Risiko	Maßnahme oder Metrik
Menschen	
Mangelnde Motivation	Kündigungen: Projekt vs. Firmendurchschnitt
Mangelnde Fähigkeiten der Mitarbeiter, fehlendes Know-how	Aufwendungen für Fortbildung, Anteil der Ingenieure am Personal, Einsatz von Beratern
Heldenhafte Anstrengungen	Kontrolle der Anwesenheitszeiten Walking-around
„Der faule Apfel"	Peer Reviews Kontrolle der Module
Mangelnde Kontrolle durch das Management	Meilensteine, Reviews Abfluss von Mitteln Fertigstellung von Produkten Zahl der Software Trouble Reports (STRs), Restfehler
Konflikte zwischen Entwicklern und dem Kunden bzw. den Anwendern	Kontakte kanalisieren Änderungsstatistik Reviews, Win/win-Modell einsetzen
Unerfüllbare Erwartungen	Win/win-Modell Standard der Industrie
Anwender nicht berücksichtigt	Interviews mit Anwendern

	Platz im SCCB Prototyping, GUI Test Website
No Management buy-in, kein Sponsor	Projekt streichen
Stakeholder	Code of Ethics
Politik, Ränke, Intrigen	Fakten einsetzen
Wunschdenken	Zahlen der Industrie
Adding manpower	Rayleigh-Kurve
Büro, Arbeitsumgebung	Rechner pro Mitarbeiter Bildschirme pro Mitarbeiter Quadratmeter Bürofläche pro Mitarbeiter Versammlungsräume pro Mitarbeiter Aufwendungen pro Mitarbeiter
Produkt	
Gold Plating (Spezifikation)	Vergleich mit anderen Projekten Durchschnitt der Industrie
Gold Plating (Design)	Vergleich mit Spezifikation (Tracking) Kosten
Feature Creep	Zahl der Änderungen in der Spezifikation Kosten, Zeitplan
Kollaps der Spezifikation	Review, Qualitätsmanagement
Fehlerträchtige Module	Fehler pro Modul Fehler pro LOC Zahl der Iterationen, Konfigurationsmanagement
Research	Management Produktivität untersuchen
Prozess	
Keine oder unzureichende Planung	Zahlen Industriedurchschnitt
Falscher Zeitplan	Plan im Projektverlauf anpassen, Zeitplan bei jedem Review überprüfen

	Produktivität ermitteln
	Buffer einplanen
Unterauftragnehmer (UAN) Outsourcing	Reviews, Entwicklungsplan, QM-Plan
	Turn-around Time
QM nicht ausreichend	Anteil QM am Projektaufwand
	Anteil Tester im Vergleich mit Entwicklern
Fuzzy Front End	Kontrolle des Mittelabflusses
	Mitarbeiter, geplant vs. tatsächlich
	Änderungen gegen die Spezifikation
Catch-up later	Produktivität
	Neuberechnung des Zeitplans
Vergessene Aufgaben	Vergleichbare Projekte
Schwächen im Design	Designphase im Vergleich der gesamten Entwicklung
	Mittelabfluss
	Rayleigh-Kurve
Heil im Kodieren suchen	Mittelabfluss
	Alle Software-Produkte untersuchen
Kürzungen gegen Mitte des Projekts	Verteilung der Tätigkeiten
	Mittelabfluss
Test unzureichend	Vergleich mit Industriestandard
Frühe Tests vernachlässigt	Fehler nach Testarten
Zu frühe Konvergenz	Fehlerzahl
	Anzahl der Änderungen
	Module unter Konfigurationskontrolle
Tools	
Tools anschaffen	Produktivität messen
Mitten im Strom die Kutsche wechseln	Management
Konfigurationskontrolle	Management
	Kunde

Tabelle 6-1: Klassische Risiken und mögliche Gegenmaßnahmen

Wie immer wollen wir bei den Risiken mit denen beginnen, die durch Menschen verursacht werden. Der Mensch steht im Mittelpunkt, und damit hier auch an erster Stelle.

6.1.1 Der Mensch als Ursache von Risiken

Lassen Sie uns mit den Menschen beginnen, den Mitarbeitern im Projekt. Menschen sind Individualisten, und für die Software-Entwickler, Designer, Tester und technischen Autoren trifft das noch in weit höherem Ausmaß zu als für den Durchschnitt der Bevölkerung. Betrachten wir dazu den folgenden Fall.

Fall 6-1: Schule der Tiere [61]

Eines Tages entschieden die Tiere, dass eine heroische Anstrengung nötig war, um den Herausforderungen der Neuen Zeit gewachsen zu sein. Deshalb gründeten sie eine Schule. Sie stellten einen Lehrplan zusammen, der Laufen, Klettern, Schwimmen und Fliegen enthielt. Um die Verwaltung zu erleichtern, mussten alle Tiere alle Fächer belegen.

Die Ente war ausgezeichnet im Schwimmen, sogar besser als der Lehrer, und schnitt auch im Fliegen gut ab, war aber ein ganz schlechter Läufer. Da sie im Laufen so schlechte Zensuren bekam, musste sie nach der Schule nachsitzen. Sie musste sogar das Schwimm-Training einschränken, um Laufen zu üben. Dies hielt so lange an, bis die Füße der Ente vom vielen Laufen ganz wund waren und sie im Schwimmen auf einen mittleren Platz zurückfiel. In der dieser Schule wurden durchschnittliche Leistungen allerdings akzeptiert, und deswegen machte sich niemand außer der Ente deswegen Sorgen.

Das Kaninchen dagegen begann als das Erste seiner Klasse im Laufen, erlitt aber wegen des Schwimm-Trainings einen Nervenzusammenbruch.

Das Eichhörnchen war im Fliegen ausgezeichnet. Das hielt allerdings nur so lange an, wie es vom Gipfel der Bäume aus starten konnte. Als der Lehrer es zwang, vom Boden aus zu starten, setzte bald die Frustration ein. Bald hatte es nur noch durchschnittliche Leistungen aufzuweisen.

Der Adler war ein Problemkind und musste bestraft werden. Er schlug die Klasse um Längen, wenn es darum ging, einen Baum zu erklettern, bestand aber darauf, seine eigene Methode einzusetzen.

Am Ende des Schuljahres war es ein etwas aus der Art geschlagener Aal, der die besten Leistungen zeigte. Er konnte sehr gut schwimmen, aber auch Laufen, Klettern und Fliegen.

Ein absurder Fall? – Oder hat die hier gezeigte Methode nicht eine gewisse Ähnlichkeit mit der Vorgehensweise in unseren Schulen? Wird Individualität nicht bestraft, werden Spitzenleistungen nicht weder gefördert noch belohnt?

Kein Mitarbeiter möchte sich unter Preis verkaufen, aber es ist oft nicht allein das Geld, das einen Arbeitsplatz attraktiv macht. Sehen wir uns dazu das folgende Beispiel an.

Fall 6-2: Mehr Geld? - Nein, danke!

Ein Manager bat einen sehr fähigen Mitarbeiter zur jährlichen Bewertung der Leistung in sein Büro. Er war sehr erstaunt, als der Programmierer die angebotene Gehaltserhöhung gar nicht wollte. Er erklärte, dass er zu Hause oft gute Ideen habe, dass sein langsames Wählmodem aber wirklich veraltet wäre. Könne die Firma ihm nicht eine zusätzliche Telefonleitung installieren lassen und ihm ein leistungsfähiges Modem zur Verfügung stellen?

Die Firma konnte. Im folgenden Jahr richteten sie ihm sogar ein kleines Büro in seiner Wohnung ein. Aber würde sich jeder Arbeitgeber so verhalten, oder ist das die große Ausnahme?

Mancher Mitarbeiter klettert auf hohe Berge im Himalaja, während ein anderer die Weite der Wüste liebt. Wenn ein Mitarbeiter drei Monate Urlaub benötigt, um quer durch die Sahara zu fahren, so ist das in großen Unternehmen meist nicht möglich. Hier eröffnet sich kleineren Firmen eine Chance, einen fähigen Mitarbeiter durch eine individuelle Urlaubsregelung an sich zu binden.

Das Management hat über das Gehalt hinaus durchaus Spielräume, um Mitarbeiter zu motivieren. Auf der negativen Seite der Bilanz zeigt sich mangelnde Motivation oft in der Kündigungsrate. Wir könnten zum Beispiel untersuchen, wie sich die Kündigungsquote in unseren Projekten im Vergleich mit dem Durchschnitt der Firma darstellt (siehe

Abbildung 6-1).

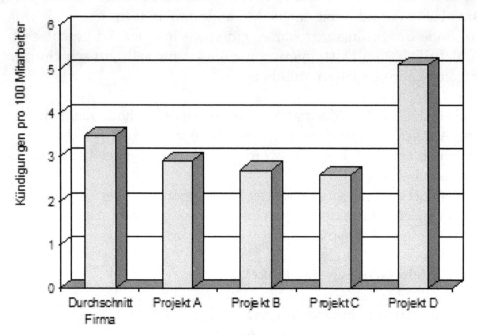

Abbildung 6-1: Kündigungsquote

Bei kleinen Projekten mit einem halben Dutzend Mitarbeitern fällt eine Kündigung schwer ins Gewicht, und deswegen kann uns eine solche Statistik auch in die Irre führen. Kündigen bei einem bestimmten Projektleiter allerdings immer wieder fähige Mitarbeiter, so ist dies ein deutliches Indiz für dessen mangelnde Integrationskraft oder Führungsqualitäten. Die Firmenleitung muss in so einem Fall tätig werden.

Eine gute Idee ist es auch, mit einem Mitarbeiter ein Interview durchzuführen, bevor er das Unternehmen verlässt. So ein Gespräch kann dazu dienen, gemachte Fehler in der Zukunft zu vermeiden. „Die wertvollen Güter gehen jeden Abend durch das Tor des Studios", sagt man in Hollywood. Das gilt in Firmen der Hochtechnologie in gleichem Maße. Gute Mitarbeiter ziehen zu lassen bedeutet immer auch einen Verlust an Know-how. Hinzu kommt der Aufwand, der für die Einarbeitung eines Nachfolgers anfällt. Gerade deswegen ist es wichtig, die vorhandenen Mitarbeiter zu motivieren. Und dabei ist bei der Suche nach individuellen Motiven eben ein detektivischer Spürsinn seitens der Geschäftsführung gefragt.

Dies gilt auch bei Mitarbeiterinnen. Angesichts der Kinder, die zum

Kindergarten gebracht und wieder abgeholt werden wollen, sind dabei individuell vereinbarte Arbeitszeiten und ein kleiner Firmenwagen oftmals mehr gefragt als ein hohes Gehalt. Das gilt besonders dann, wenn der Ehemann der Mitarbeiterin in einer hohen Steuerklasse veranlagt wird.

Verlassen wir damit die Motivation und wenden uns dem Thema Fort- und Weiterbildung zu. Wir leben in einer Branche, die durch häufigen Wandel geprägt ist. Deswegen ist lebenslanges Lernen ein Muss. Die Frage „Wie viel Zeit fällt pro Mitarbeiter im Jahr für Fortbildung an?" ist bei jedem Audit nach DIN EN ISO 9001 deshalb berechtigt. Betrachten wir dazu die Metrik in Abbildung 6-2.

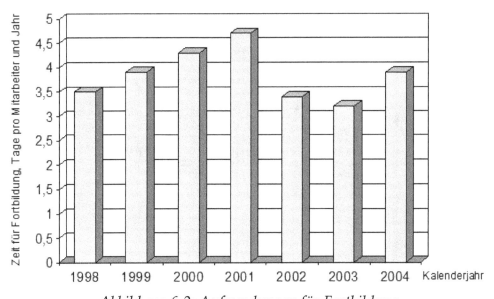

Abbildung 6-2: Aufwendungen für Fortbildung

Bei diesem Unternehmen liegt der Wert zwischen drei und fünf Tagen pro Mitarbeiter und Jahr. Eine Woche ist ein Spitzenwert, und das oben gezeigte Unternehmen dürfte im Mittelfeld liegen. Es ist verständlich, dass in wirtschaftlich schwierigen Zeiten die Aufwendungen für die Weiterbildung sinken. Allerdings sollten sie nicht so weit fallen, dass im nächsten Aufschwung den Mitarbeitern notwendige Kenntnisse und Fähigkeiten fehlen.

Interessant ist in Zusammenhang mit DIN EN ISO 9001 [14,28] auch die Frage, ob das Unternehmen die Fortbildung der Mitarbeiter systematisch betreibt, ob also ein System vorhanden ist. Ein gutes Zeichen ist ein verantwortlicher Mitarbeiter, der alle in diesem Zusammenhang vorkommenden Aktivitäten koordiniert.

Ein Kunde mag auch fragen, wie sich die Qualifikation der Mitarbeiter eines Unternehmens darstellt. Wenn es zum Beispiel darum geht, Embedded Software für die Automobilindustrie zu entwickeln, dann sollte der Auftragnehmer einen hohen Anteil an Fachleuten vorweisen können.

In Abbildung 6-3 ist für ein solches Unternehmen aufgezeigt, wie sich der Anteil der Ingenieure an der Gesamtzahl der Mitarbeiter entwickelt hat.

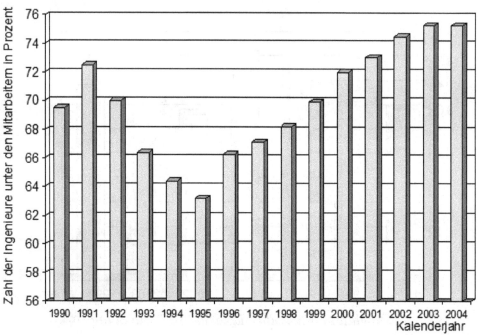

Abbildung 6-3: Qualifikation der Mitarbeiter

Interessant an dieser Metrik ist, dass sich Mitte der 1990er Jahre der Anteil der hoch qualifizierten Mitarbeiter bis auf 63 Prozent gesunken war. Dies war eine Folge des damals herrschenden Booms. Die Firmenleitung hatte damals versucht, den Mangel an geeigneten Fachpersonal durch Mitarbeiter aus dem Ausland zu mildern. In dem Maße, wie sich die wirtschaftliche Situation der Branche verschlechterte, wurden diese Mitarbeiter allerdings wieder abgebaut. Dadurch ist der Anteil der Mitarbeiter mit deutschem Pass wieder gestiegen, und die Qualifikation hat sich deutlich verbessert.

Es kann auch die Situation eintreten, in der eine Firma in ein völlig neues Gebiet vorstoßen muss. Nehmen wir an, die Firma SOFTCRAFT ist erfolgreich mit Embedded Software im Bereich der Automobiltechnik. Nun ergibt sich überraschend eine Chance, dieses Know-how auf das Gebiet der Medizintechnik zu transferieren. Konkret wird es darum gehen, Software für Herzschrittmacher zu entwickeln.

Das Risiko ist hoch, denn wenn die Software in diesem Fall versagt, kann ein Mensch sterben. Allerdings winken hohe Gewinne und ein Markt, in dem der Wettbewerb nicht sehr intensiv ist. Die mit der Zulassung von medizinischen Geräten verbundene Bürokratie, besonders in den USA, ist der Geschäftsleitung der SOFTCRAFT allerdings vorläufig ein Buch mit sieben Siegeln.

Das lässt sich alles lernen, aber wenn man schnell in einen Markt eindringen will, ist der Zukauf von Wissen und speziellem Know-how eine geeignete Strategie, um schnell auf die Beine zu kommen. Betrachten wir dazu die Metrik in Abbildung 6-4.

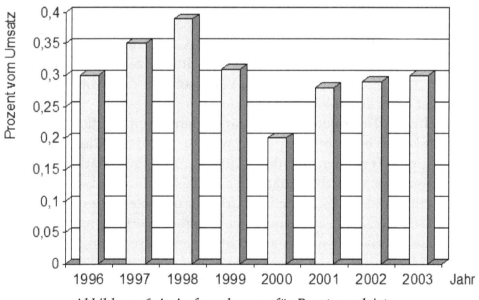

Abbildung 6-4: Aufwendungen für Beratungsleistung

Aus dieser Statistik ist abzulesen, dass das Unternehmen vor dem Jahr 2000 einen beträchtlichen Teil des Umsatzes für Beratung ausgegeben hat. Das könnte mit dem einmalig auftretenden Jahr-2000-Problem zu tun gehabt haben. Im Jahr 2000 hatten wir einen Tiefpunkt bei diesen externen Kosten, und in den Folgejahren stiegen die Aufwendungen wieder an.

Die Höhe dieser Aufwendungen ist ein Indiz dafür, in welchem Ausmaß die Firmenleitung externes Wissen nutzt. Allerdings muss diese Metrik immer in Zusammenhang mit Abbildung 6-2, also den Aufwendungen für die Weiterbildung der Mitarbeiter, gesehen werden. Manchmal ist es sinnvoll, dort eine Erhöhung anzustreben. In anderen Fällen drängt die Zeit, und es macht Sinn, durch den Einkauf von Beraterleistung schnell auf die Beine zu kommen.

In manchen Projekten glaubt der ein oder andere Mitarbeiter, durch heldenhafte Anstrengungen ließe sich der Erfolg herbeizwingen. Zwar sind Menschen für kurze Zeit zu Höchstleistungen fähig, wenn sie motiviert sind. Allerdings lassen sich solche Anstrengungen nie über lange Zeit durchhalten. Zudem sollte sich das Management keiner Täuschung hingeben: Anwesenheit in der Firma bedeutet nicht, dass besonders viel gearbeitet wird, noch dass die Leistung hoch ist.

Ein probates Mittel, um hier Abweichungen auf die Spur zu kommen, liegt für das Management einfach darin, in den Abendstunden durch die Büros und Labors zu schlendern. Wenn irgendwo ein einsamer Mitarbeiter an der Arbeit ist, sollte sich das Mitglied der Geschäftsführung erkundigen, woran er oder sie arbeitet. In manchen Fällen ist die Mehrarbeit gerechtfertigt, während bei anderer Gelegenheit der Mitarbeiter seine Familie ohne Grund vernachlässigt. Im Einzelfall ist diese Frage natürlich mit dem unmittelbaren Vorgesetzten des Mitarbeiters zu klären, der Mehrarbeit leistet.

Vor wichtigen Terminen kann verstärkt Mehrarbeit anfallen, weil sonst die Produkte nicht rechtzeitig fertig werden würden. Allerdings sollte vor wichtigen Terminen mit dem Kunden und Präsentationen darauf geachtet werden, dass die Mitarbeiter ausgeschlafen sind, wenn sie am Morgen zum Review erscheinen. Mitarbeiter mit roten Augen und einem Dreitagebart wecken beim Kunden nicht gerade Vertrauen.

Wenn das Management ein automatisiertes Abrechnungssystem mit Zeitkontrolle besitzt, dann können die dort gesammelten Daten leicht so aufbereitet werden, dass sie einzelnen Mitarbeitern und deren Projekt zuordenbar sind. Sehen wir uns dazu Abbildung 6-5 an.

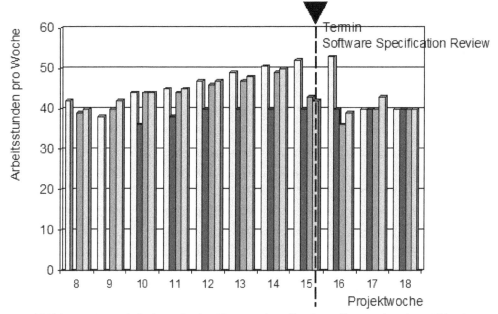

Abbildung 6-5: Arbeitszeit des Teams für die Erstellung der Spezifikation

In diesem Fall hat die Gruppe von vier Mitarbeitern, die für die Erstellung der Software-Anforderungen zuständig war, vor dem Software Specification Review (SSR) Mehrarbeit geleistet, um den Termin halten zu können. Dabei waren allerdings die Beiträge durchaus unterschiedlich hoch, weil einzelne Mitarbeiter Rücksicht auf ihre Familie nehmen mussten.

Insgesamt scheint mir in diesem Fall für das Management kein Grund zum Eingreifen zu bestehen, weil die Arbeitsbelastung der vier Mitarbeiter nach dem Review mit dem Kunden sofort gefallen ist. Sie haben drei Monate lang mit Hochdruck an einem Produkt gearbeitet, reduzieren dann aber ihre Arbeitslast auf ein vernünftiges Maß.

Kommen wir damit zu einem Problem, das in vielen Projekten vorhanden ist, aber oftmals nicht oder zu spät gelöst wird. In der angelsächsischen Fachliteratur spricht man oft vom „faulen Apfel." Gemeint ist ein Mitarbeiter, der sich offenbar gut ins Team einfügt, mit dem alle gut zurechtkommen, der gegenüber dem unmittelbaren Vorgesetzten immer gut gelaunt ist und offenbar keine Probleme hat. Dem ein oder anderen Teammitglied mag zwar auffallen, dass dieser Mitarbeiter Quellcode schreibt, den er selber kaum zu verstehen scheint. Oder dass er nichts dokumentiert und seine Tests so angelegt sind, dass der Code nicht vollständig abgedeckt ist.

In der Regel sind in einem Projekt alle so beschäftigt, dass der schwache Mitarbeiter, der eigentlich wegen seiner unzureichenden Leistung nicht dazu passt, lange Zeit unentdeckt bleibt. Das gilt auch für den unmittelbaren Vorgesetzten. Selbst wenn ihn ein anderer Mitarbeiter im Vertrauen auf die schwache Leistung aufmerksam macht, zögert der Teamleiter oft, zu handeln. Das hat einige Gründe:

1. Er fürchtet, keinen Ersatz zu bekommen.
2. Er glaubt, dass ein Ersatzmann zu lange brauchen würde, um sich einzuarbeiten.
3. Er argumentiert, dass 60 oder 70 Prozent der Teamleistung bei einem Mitarbeiter zu verkraften ist.
4. Er will gegenüber dem Team oder einem Vorgesetzten nicht zugeben, dass er sich in der Einschätzung eines Mitarbeiters getäuscht hat.

Der erste Grund kann nur unter extremen Umständen akzeptiert werden. Wenn eine Gruppe von Bergsteigern unterwegs zum Mount Everest ist, dann lässt sich im Himalaja wirklich kein anderer deutscher Bergsteiger auftreiben. Bei den meisten Projekten ist das allerdings nicht so. Es kann durchaus Ersatz beschafft werden.

Eine andere Möglichkeit für den Projektleiter besteht in dieser Situation darin, den Mitarbeiter im Team zu behalten, aber ihn mit einer anderen Aufgabe zu betrauen. Vielleicht versteht er nichts vom Design, könnte aber nützlich darin sein, den Test des Graphical User Interface (GUI) mit den Anwendern zu organisieren. Auf diese Weise geht die Erfahrung des Mitarbeiters dem Team nicht ganz verloren.

Der zweite Grund ist nicht zu leugnen. Allerdings ist zu bedenken, dass die Auswirkungen eines „faulen Apfels" immer schlimmer werden, je weiter das Projekt fortschreitet. Deswegen schiebt der erfahrene Projektleiter solche Entscheidungen nicht auf die lange Bank.

Das dritte Argument kann ich in einem Team, in dem jeder seine Höchstleistung bringen muss, nicht akzeptieren. Es würde die Motivation der anderen Teammitglieder beeinträchtigen, wenn ein Mann mitgeschleppt wird, der nicht seine volle Leistung bringt.

Der vierte Grund ist einfach menschlich, hilft dem Unternehmen aber nicht weiter. Wenn das Team Glück hat, greift die Firmenleitung ein und sorgt dafür, dass der Projektleiter handelt. Objektive Kriterien für die schwächere Leistung eines Mitarbeiters zu finden ist schwierig, aber nicht unmöglich. Betrachten wir dazu Abbildung **6-6.**

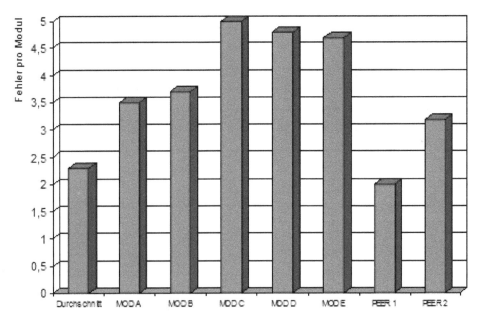

Abbildung 6-6: Fehlerhäufigkeit bestimmter Module

In diesem Fall haben wir die Module A bis E des Mitarbeiters, den wir für relativ unbegabt halten, mit dem Durchschnitt des Teams verglichen. Wir haben noch ein Übriges getan und zwei Module von Kollegen daneben gestellt. In allen drei Fällen zeigt sich, dass die Fehlerhäufigkeit der Module des betroffenen Mitarbeiters höher ist, als uns das lieb sein kann.

Der Grund für diese Schwäche kann viele Gründe haben. Vielleicht hat der Mitarbeiter Probleme in der Familie, geht möglicherweise gerade durch eine Scheidung. Vielleicht hat er nicht die richtige Ausbildung, oder er hat das Design nicht richtig verstanden. Ganz unabhängig vom Grund sollte der Mitarbeiter in diesem Fall mit einer anderen Aufgabe betraut werden.

Wir könnten einer solchen schwachen Leistung auch auf die Spur kommen, wenn wir untersuchen, wer die Module geschrieben hat, die mit der höchsten Versionsnummer in das fertige Produkt eingehen. Nicht immer wird sich dies in jeder Entwicklungsumgebung ermitteln lassen, aber manchmal ist das mit relativ bescheidenen Mitteln möglich. Sehen wir uns dazu Tabelle 6-2 an.

Modulname	Versionsstand	Ersteller
arctan	1.3	Gustav Meyer
alpha_x	1.4	Lorenz Fleming
aka_plan	1.1	Steffie Holler
...		
modula	1.5	Steffie Holler
maxx_1	1.2	Steffie Holler
max_abs	1.1	Steffie Holler
max_para	1.4	Lorenz Fleming
...		
point_A	1.4	Lorenz Fleming
point_col	1.4	Lorenz Fleming
point_mov	1.6	Lorenz Fleming
point_del	1.3	Lorenz Fleming
point_bl	1.5	Lorenz Fleming
...		
rad_v	1.1	Horst Lehmann
rad_z	1.3	Horst Lehmann
rad_zzz	1.0	Horst Lehmann
stab_1	1.1	Horst Lehmann
stub_11	1.1	Horst Lehmann
stub_12	1.1	Horst Lehmann
stub_13	1.1	Horst Lehmann
stab_last	1.1	Horst Lehmann
tol_zero	1.4	Lorenz Fleming
tol_ground	1.2	Lorenz Fleming
tol_start	1.5	Lorenz Fleming
tol_total	1.4	Lorenz Fleming

Tabelle 6-2: Liste fertiger und getesteter Module

Aus dieser Aufstellung ergibt sich, dass Lorenz Fleming deutlich länger als alle seine Kollegen braucht, um Module abzuliefern, die den Modultest bestehen. Es soll keineswegs behauptet werden, dass immer gleich der erste Versuch zum Erfolg führen muss. Aber in ihrer Tendenz ist die obige Liste eindeutig: Lorenz Fleming braucht am längsten, um ausgetestete und funktionierende Software-Module abzuliefern.

Auch im diesem Fall will ich gar nicht auf die Gründe eingehen. Es wird allerdings deutlich, dass der betroffene Mitarbeiter vielleicht nicht der beste Programmierer ist. Möglicherweise kann er dem Unternehmen in einer anderen Funktion nützlicher sein.

Wenden wir uns damit dem nächsten Risiko zu: Mangelnde Kontrolle durch das Management. Diesem Risiko begegnen wir in vielerlei Form. Ein Mittel, um dem zu begegnen, ist das Setzen klarer Meilensteine und das Durchführen von Reviews.

Oftmals sind es gerade die ersten Wochen und Monate eines Projekts, in dem die größten Fehler gemacht werden. Wenn das Ende des Projekts noch in weiter Ferne zu liegen scheint, ist man geneigt, alles in rosigem Licht zu sehen. Gerade deswegen sollten wir aufpassen und kontrollieren, ob der Plan eingehalten wird.

Ein wirksames Mittel dazu ist die Kontrolle der Mittelabflüsse. Wenn der Projektleiter ein Budget hat, wenn er Mittel abrufen kann, dann sollte er dies auch zeitgerecht tun. Betrachten wir dazu Abbildung 6-7.

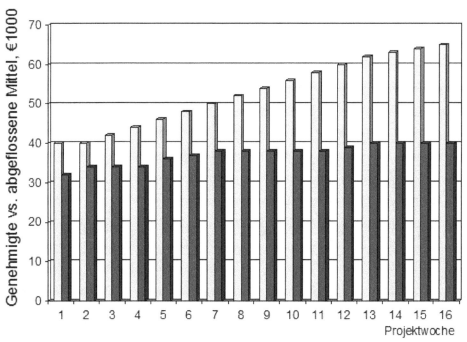

Abbildung 6-7: Verzögerter Abfluss finanzieller Mittel

In diesem Beispiel stehen dem Projektmanager mehr Mittel zur Verfügung, als er tatsächlich im Moment brauchen kann. Der Grund liegt darin, dass er am Projektanfang nicht schnell genug die Mitarbeiter mit den notwendigen Kenntnissen für eine bestimmte Applikation finden kann.

Der Projektmanager mag gute Gründe haben, warum er seine Truppe nicht schneller bilden kann. Für das obere Management muss bei einer solchen Entwicklung allerdings die Alarmglocke schrillen: Wie will der Projektmanager diesen Zeitverzug je wieder einholen?

Es mag objektiv gute Gründe geben, warum das Projektteam nicht schneller auf die Beine kommt. Es könnte daran liegen, dass neue Mitarbeiter mit speziellen Kenntnissen eingestellt werden müssen und anderswo lange Kündigungsfristen haben. Das befreit den Projektmanager allerdings nicht von seiner Pflicht, einen realistischen Zeitplan aufzustellen und ihn später auch einzuhalten.

Die Nichteinhaltung eines Plans oder einer anderen Vorgabe kann sich nicht nur bei den finanziellen Mitteln, sondern auch in einem Software-Produkt zeigen. Nehmen wir als Beispiel die Spezifikation. Wir haben errechnet, dass dieses Dokument nach dem Umfang des Projekts auf 160 bis 200 Seiten kommen müsste. Das Produkt entwickelt sich wie in Abbildung 6-8 gezeigt.

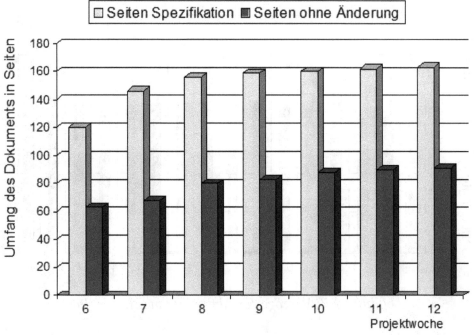

Abbildung 6-8: Wachsen der Software-Anforderungen

In diesem Fall scheint das mit der Aufgabe beauftragte Team mit der Aufgabe gut voran zu kommen. Natürlich wäre zu fragen, ob das Dokument trotz seiner 160 Seiten vollständig ist, oder ob nicht wichtige

Punkte vergessen wurden.

Um nicht ganz auf den Seitenumfang allein angewiesen zu sein, wurden in diesem Beispiel noch die Seiten hinzugenommen, die nicht mehr geändert wurden. Dies ist ein guter Indikator für die Stabilität des Dokuments.

Anstatt der Seiten könnten auch Worte oder Sätze als Maß verwendet werden. Mit einem herkömmlichen Editor lassen sich solche Messwerte leicht erfassen. Weitere Metriken im Bereich der Produkte könnten sein:

- Zahl der Änderungen in der Spezifikation pro Woche
- Zahl der vom Kunden veranlassten Änderungen in der Spezifikation pro Woche
- Zahl der von Entwicklern veranlassten Änderungen in der Spezifikation pro Woche
- Zahl der Änderungen im Design pro Woche
- Zahl der Änderungen in bestimmten Komponenten
- Zahl der Änderungen im Testplan pro Woche
- Software Trouble Reports pro Woche

Welcher Mittel sich das Management bedient, um Projekte kontrollieren zu können, mag von Unternehmen zu Unternehmen und von Projekt zu Projekt verschieden sein. Immer vor Augen halten sollte man sich in der Firmenleitung allerdings, dass mangelndes Management die Ursache für mehr gescheiterte Projekte darstellt als jeder andere Grund.

Ein Maß, über das in den wenigsten Firmen gesprochen wird, ist die Restfehlerrate. Schon gar nicht wird diese Zahl öffentlich bekannt gegeben. Sie ist allerdings ein ausgezeichnetes Mittel, um die Qualität ausgelieferter Software nach einem objektiven Kriterium beurteilen zu können. Betrachten wir dazu Abbildung 6-9.

In diesem Fall liegen die Produkte B und D über dem Durchschnitt des Unternehmens. Es mag gute Gründe für diese relativ hohen Werte bei der Restfehlerrate geben, etwa eine überhastete Produkteinführung. Auf jeden Fall müssen die Gründe für diese Abweichung nach oben gründlich untersucht werden.

Natürlich ist die Restfehlerrate auch für das Qualitätsmanagement eine Größe, mit der sich die Güte des Entwicklungsprozesses gut beurteilen lässt. Für den Kunden kann eine überdurchschnittlich niedrige Restfehlerrate einen Grund darstellen, die Software bei einem bestimmten Unternehmen zu kaufen, und nur bei diesem.

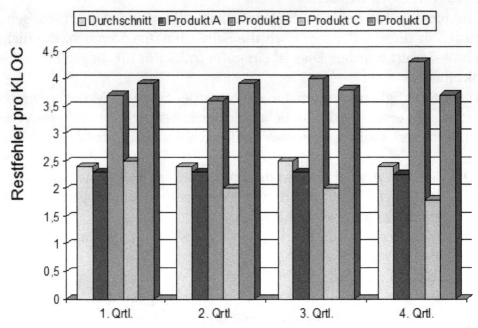

Abbildung 6-9: Restfehlerrate im Produktvergleich

Denken wir an Applikationen in der Luft- und Raumfahrt oder der medizinischen Technik. Wollen wir die Software für einen Herzschrittmacher wirklich bei einer Firma kaufen, wenn wir Zweifel haben, dass dieses Unternehmen fehlerfreie Software ausliefern kann?

Wenden wir uns damit dem Verhältnis zwischen Kunden und Auftragnehmer, beziehungsweise zwischen den Anwendern auf der einen und den Entwicklern der Software auf der anderen Seite zu. Dieses Verhältnis kann ausgezeichnet sein, wenn beide Seiten schon lange im Geschäft sind, sich gut kennen und als Partner verstehen.

Es kann allerdings auch dazu kommen, dass Spannungen entstehen. Und nicht zuletzt muss ein Computerprogramm eines Tages ausgeliefert werden. Betrachten wir dazu den folgenden Fall.

Fall 6-3: Jedem das Seine [45]

In den 1970er Jahren hatte die NASA Probleme, ihre Software aus dem Entwicklungslabor zu bekommen. Besonders schwierig war es mit den Programmen für die bemannte Mondmission, also das Apollo-Projekt. Das NASA-Hauptquartier in Washington beauftragte schließlich Chris Kraft, den Manager bei Mission Control in Houston damit, Bewegung in die Sache zu bringen.

Kraft beauftragte seinerseits einen seiner Mitarbeiter, Bill Tindall, damit, nach Boston zu fliegen und sich bei MIT umzusehen. Der eigentliche Auftragnehmer war das Draper Laboratory. Der legendäre Elektronikexperte Stark Draper selbst leitete die Entwicklung. Er empfing den Manager aus Houston mit offenen Armen, aber in der Sache selbst tat sich nicht viel.

Als Bill Tindall zurück in Houston war, ging er mit seinem Chef zum Mittagessen in die Kantine. Sie setzten sich zu den Astronauten Dave Scott, Rusty Schweickart und Dick Gordon an den Tisch. Das Gespräch drehte sich um das Geschäft, wie konnte es anders sein.

Für Chris Kraft brachte diese Fachsimpelei völlig neue Erkenntnisse. Die Astronauten brauchten dies und das. Die Software sollte es tun, und auch noch die andere Sache. Und die dritte Funktion war ebenfalls unentbehrlich.

Als sie die Mittagstafel verließen, war Kraft klar, dass die NASA von den Draper Labs verlangte, Software zu erstellen, die die Wünsche und Vorlieben aller Mitarbeiter erfüllen sollte. In begrenzter Zeit war das natürlich eine nicht zu erfüllende Aufgabe. Es war schlicht unmöglich.

Chris Kraft zog Konsequenzen. Er gründete ein *Software Control Board* (SCB). „Sie haben einen Monat", eröffnete er Tindall. „Nach dieser Zeit wird es keine Änderungen in der Software mehr geben. Es sei denn, ich ordne sie persönlich an."

Plötzlich fiel alles ins Lot. Innerhalb weniger Monate lieferte das Draper Lab die Software aus, auf die man in der Simulation und für das Training der Astronauten in Houston und in Cape Canaveral lange gewartet hatte.

Es ist durchaus erwünscht, wenn die Anwender Wünsche und Forderungen an die Funktionalität und Leistung der Software haben und sie äußern. Aber auf der anderen Seite verhält es sich bei diesem Produkt wie bei einer Tageszeitung. Irgendwann ist Redaktionsschluss, und was nachher kommt, hat keine Chance, am nächsten Morgen in der Zeitung zu stehen.

Bei der Software liegt dieser Zeitpunkt in der zweiten Hälfte der Phase Analyse der Anforderungen. Zu Beginn dieser Phase sollte das Management des Kunden die Anwender ermutigen, ihre Forderungen und Wünsche bekannt zu machen. Ist allerdings über den Inhalt der Spezifikation zwischen Kunden und Auftragnehmer Einigkeit erzielt worden, sollten Ergänzungen und Änderungen des Dokuments eher verhindert werden.

Das heißt auf der anderen Seite nicht, dass Änderungen der Spezifikation gänzlich ausgeschlossen werden können. Was als falsch oder widersprüchlich erkannt wurde, muss auch noch während der Designphase oder während der Entwicklung geändert werden können.

Eine Möglichkeit, um solche Änderungen in den Griff zu bekommen, ist die Einsetzung eines Software Control Board (SCB) oder Software Change Control Board (SCCB). Für dieses Gremium gelten die folgenden Grundregeln:

1. Es wird mit kompetenten Fachleuten besetzt.
2. Es hat die Befugnis, Entscheidungen zu treffen.
3. Es behandelt alle Änderungsanträge, Fehlermeldungen und Anliegen mit der gebotenen Schnelligkeit.
4. Es berücksichtigt die Anliegen des Kunden und des Auftragnehmers.
5. Es äußert sich zu dem Aufwand und den Kosten einer vorgeschlagenen Änderung.

Der erste Punkt ist wichtig, weil das SCCB keine Zeit damit verbringen kann, Mitglieder erst in die Materie einzuweihen. Es muss in der heißen Phase der Implementierung täglich über ein halbes Dutzend Änderungen in der Software entscheiden. Für die Kontrolle des Projekts ist der letzte Punkt der Liste entscheidend: Das Management weiß bei jeder Änderung, welche Ressourcen mit einer Änderung verbunden sind. Falls also eine vorgeschlagene Änderung viel Zeit in Anspruch nehmen würde, muss sorgfältig abgewogen werden, ob sich daraus ein Zeitverzug ergibt. Wenn das zutrifft und eine Verschiebung des Auslieferungstermins der Software nicht akzeptiert werden kann, ist unter Umständen die vorgeschlagene Änderung zu verwerfen. Das SCCB ist keinesfalls gezwungen, jeden Vorschlag anzunehmen.

Wenn die Anwender eine muntere und kreative Gruppe sind und die Entwickler auf der anderen Seite keinen Draht zu ihnen finden, bietet es sich an, alle Kontakte zwischen diesen beiden Gruppen zu kanalisieren. Dies ist in Abbildung 6-10 dargestellt.

Abbildung 6-10: Kanalisierung der Kommunikation zwischen Anwendern und Entwicklern

In diesem Fall sind es die Projektleiter auf Seiten des Kunden und des Auftragnehmers, über die alle Änderungswünsche und Forderungen an die Software laufen. Allerdings sollte diese Kanalisierung der Kommunikation nicht zu früh eingeleitet werden. Am Beginn der Analyse der Anforderungen ist es essentiell, dass die Ersteller der Spezifikation Anwender interviewen können, um aus ihrer Arbeitssituation ein Bild über die Anforderungen an die Software [34] gewinnen zu können.

Auch Reviews bieten eine Gelegenheit zum Austausch der Meinungen zwischen Vertretern des Kunden und des Auftragnehmers. Schwierig wird es allerdings, wenn der Kunde mit Vorstellungen kommt, die schlicht unrealistisch sind. Wenn der Auftragnehmer bei seiner Kalkulation auf dreieinhalb Jahre Projektlaufzeit gekommen ist, der Kunde das Programm aber in zwei Jahren haben will, dann gibt es keine Brücke über diesen Fjord.

Was gelegentlich hilft, ist völlige Offenheit auf Seiten des Auftragnehmers. Dazu gehört auch, einige Zahlen aus der eigenen Kalkulation bekannt zu geben. Betrachten wir hierzu Abbildung 6-11.

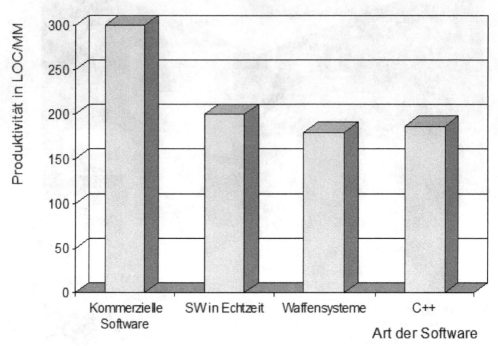

Abbildung 6-11: Produktivität bei der Software-Erstellung

Wenn es sich bei dem Projekt um Software für eine Echtzeit-Anwendung handelt und uns aus früheren Projekten bekannt ist, dass wir dabei auf eine Produktivität von rund 200 Lines of Code pro Monat kommen, dann wäre es unrealistisch, für das neue Projekt mit 100 oder 150 LOC/MM zu rechnen. Das sollte auch der Kunde einsehen.

Es hilft auch, in solchen Fällen auf Zahlen aus der Industrie zu verweisen. Wer Zahlen vorlegen kann, ist in einer Diskussion immer im Vorteil, weil sie sich anders als bloße Meinungen schwer widerlegen lassen.

Kommen wir damit zum nächsten der klassischen Risiken, den nicht berücksichtigten Anwendern. Hier kann durch die folgenden Maßnahmen des Managements Abhilfe geschaffen werden:

- Einbeziehung der Anwender bei der Erstellung der Spezifikation in der Form von Gesprächen und strukturierten Interviews.
- Vertretung im SCCB
- Einbeziehung der Anwender im Rahmen von Prototyping-Aktivitäten, zum Beispiel bei der grafischen Oberfläche.

- Teilnahme am Test einer Website.

Das Ziel aller solcher Tätigkeiten sollte es sein, das in den Köpfen der Anwender schlummernde Wissen zur Applikation für das Projekt nutzbar zu machen.

Schließlich gibt es noch das Projekt, das keinen Fürsprecher in der Firmenleitung hat und für dessen Durchführung auch keine Stakeholders zu finden sind. In diesem Fall lautet mein Rat einfach: Das Projekt einstellen, bevor noch weiter Geld verschwendet wird.

In der neuen Fassung der DIN EN ISO 9001 taucht an einigen Stellen der Begriff *Stakeholder* auf. Damit sind alle Personen und Gruppen gemeint, die im weitesten Sinne ein Interesse an einem Unternehmen oder Projekt haben.

Zu den Stakeholders können gehören:

1. Kunden.
2. Mitarbeiter und ihre Vertretung, zum Beispiel der Betriebsrat
3. Lieferanten und Unterauftragnehmer
4. Aktionäre, Inhaber mit einer stillen Beteiligung und andere Kapitalgeber
5. Gemeinde, Stadt und Staat

Diese Gruppen sind wichtig, weil sie in der einen oder anderen Weise Einfluss auf das Unternehmen ausüben werden. Wenn eine Firma etwa an die Börse in Frankfurt geht, weil sie das Wachstum durch fremdes Kapital finanzieren will, erwarten die Aktionäre einen Gewinn. Wird keine Dividende ausbezahlt, sinkt der Kurs. Hätte sich die Unternehmensleitung entschlossen, die Form einer Gesellschaft mit beschränkter Haftung (GmbH) beizubehalten, wären die Publizitätspflichten weit geringer. Andererseits ist es in dieser Form schwieriger, das Wachstum zu finanzieren.

Kunden und Lieferanten üben ebenfalls Einfluss aus, und nicht zuletzt beeinflusst der Staat ein Unternehmen, das sich in seinem Bereich ansiedelt. In Irland mögen die Bedingungen für Neugründungen günstiger sein, es gibt weit weniger Bürokratie, aber die wenigsten Firmen werden den Sprung über den Kanal wagen. Manches Unternehmen ist allerdings so erfolgreich, dass es in den USA vertreten sein muss. In diesem Fall wird es nicht ausbleiben, sich mit den politischen und gesellschaftlichen Bedingungen dort auseinander zu setzen. Das bedeutet auch, sich mit den Erwartungen der oben genannten fünf Parteien zu beschäftigen.

Die Art des Einflusses dieser dritten Parteien ist in Tabelle 6-3 dargestellt.

Art des Einflusses Interesse	Direkter Einfluss	Wirtschaftlich	Politisch
Kapital-beteiligung	Aktionäre oder Teilhaber	Inhaber, Beschäftigte und Mitarbeiter	Oftmals Kleinaktionäre, Minderheiten, Verbände
Wirt-schaftlich	Kapitalgeber, z.B. über Darlehen	Lieferanten, Partner, Kreditgeber, Banken, Kunden, Mitarbeiter, Konkurrenten	Rathaus, Bürgermeister, Stadtrat, Regierungen, Interessen-vertreter (Lobby), Gewerkschaften
Sonstiges Interesse	Aufsichtsräte, Lizenzgeber, Auditoren, Zertifizierer	Normungs-gremien	Landes-regierung, Bundes-regierung, Ver-bände, *Non-Government Organisations* (NGOs)

Tabelle 6-3: Stakeholder eines Unternehmens [28]

Stakeholders haben verschiedene Interessen. Während die Aktivisten des Naturschutzbundes vielleicht nur einen Froschteich retten wollen, der sich auf dem Gelände der Firma befindet, können Regierungen durch Gesetze, darunter besonders die Höhe der Steuern, erheblichen Einfluss auf das Unternehmen ausüben. Wir können uns in dieser Hinsicht jedoch Rat bei der Politik holen. Politiker wissen, dass es leichter ist, mit den Forderungen vieler Gruppen fertig zu werden, wenn das Bruttosozial-produkt wächst. Jeder wehrt sich, wenn ihm etwas weggenommen werden soll. Bei einem Zuwachs kann etwas verteilt werden.

Das gilt auch für ein Unternehmen: Von steigenden Umsätzen und Gewinnen profitieren alle Stakeholder. Der Umgang mit solchen fremden Interessen wird also in der Regel leichter, wenn das eigene Unternehmen erfolgreich ist.

In der Politik wird nicht immer fair gespielt, und das gilt auch, wenn im eigenen Unternehmen Ränke geschmiedet oder Intrigen gesponnen werden. Es gibt kein allgemein gültiges Rezept gegen solche Taktiken, aber in vielen Fällen hilft es, die Karten auf den Tisch zu legen und die Lage ungeschminkt darzustellen.

Ist ein Projekt in äußerst schwierigem Fahrwasser, dann reagiert das Management darauf manchmal, indem es dem Projektleiter plötzlich alle Ressourcen zur Verfügung stellt, mit denen es vorher monatelang geknausert hat. Er kann Mitarbeiter bekommen, so viel er will, und für Tools steht ein riesiger Etat zur Verfügung.

Leider kommen diese Maßnahmen in der Implementierungsphase zu spät. In diesem Stadium neue Mitarbeiter in großem Umfang einzugliedern, würde die vorhandenen Entwickler nur behindern. „Adding manpower to a late project makes it later", hat Fred Brooks in den 1960er Jahren bemerkt. Diese Aussage gilt noch immer.

Kommen wir damit zu den Risiken, die sich durch die Arbeitsbedingungen und die räumliche Umgebung im Büro ergeben. Mancher Vorgesetzte mag diese Bedingungen für nicht besonders wichtig halten. Tatsache ist jedoch, dass dieser Faktor mit der Veröffentlichung von DIN EN ISO 9001:2000 eine Aufwertung erfahren hat. Hinzu kommt die Tatsache, dass die Aufwendungen für die Umgebung in den meisten Projekten mit weniger als ein Prozent der Kosten zu Buche schlagen. Auf der anderen Seite können sich hier negative Einflüsse stark auf die Motivation der Mitarbeiter auswirken.

Eine Metrik im Bereich der Software-Entwicklungsumgebung wäre die Anzahl der PCs pro Mitarbeiter. Dies ist in Abbildung 6-12 dargestellt.

Wenn wir davon ausgehen, dass die Firma wegen Reparaturen den ein oder anderen PC zusätzlich vorhalten muss und Mitarbeiter im Vertrieb zusätzlich einen Laptop oder ein Notebook besitzen mögen, wird diese Kennziffer in den meisten Unternehmen über 1,0 liegen.

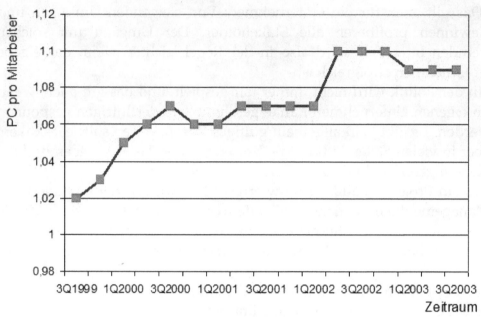

Abbildung 6-12: Ausstattung mit Geräten

Eine weitere Möglichkeit besteht darin, sich nicht auf die PCs selbst zu konzentrieren, sondern zu fragen, wie viele Bildschirme oder Displays pro Mitarbeiter zur Verfügung stehen. Eine solche Metrik zeigt Abbildung 6-13.

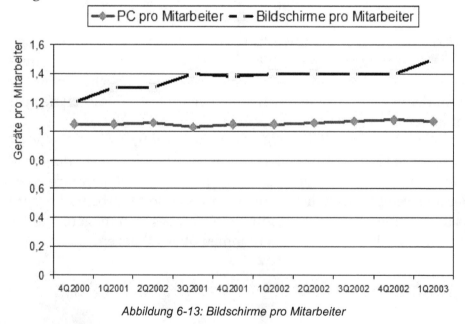

Abbildung 6-13: Bildschirme pro Mitarbeiter

Mancher mag einwenden, dass doch zu jedem PC genau ein Bildschirm gehört. Das ist in den meisten Fällen richtig, gilt aber nicht, wenn es um das Design grafischer Oberflächen geht. Bei solchen Entwürfen möchte der Entwickler sein Programm und das Ergebnis zur gleichen Zeit auf zwei Bildschirmen sehen können. Hat er nur einen Bildschirm, ist er gezwungen, dauernd hin- und her zuschalten. Das ist recht verwirrend, hält bei der Arbeit auf und erschwert die Fehlersuche.

Wenigstens der Teil der Mitarbeiter im kreativen Bereich sollten folglich in Unternehmen dieser Art zwei Bildschirme für ihren PC haben. Andere Möglichkeiten zu Metriken ergeben sich, wenn wir die folgenden Größen betrachten:

- Bürofläche pro Mitarbeiter in Quadratmeter
- Fläche an Versammlungsräumen pro Arbeitsgruppe
- Aufwendungen für Geräte pro Mitarbeiter und Jahr

Durch solche Metriken kann es gelingen, mit relativ bescheidenem Aufwand zu Werten zu kommen, die es ermöglichen, objektive Kriterien zur Beurteilung der Lage zu gewinnen. Verlassen wir damit die menschlichen Faktoren und wenden uns dem Produkt selbst zu.

6.1.2 Das Software-Produkt

Human requirements for using Brainmaker:
To successfully run BrainMaker and Netmaker, you must be warm-blooded and know how to boot and run DOS. If you don't know how to run DOS, there are several fine books and programs available to teach you, including the American Training Institute or MicroSoft's Introduction to PC/DOS programs. If you are not warm-blooded, you're out of luck.
From the User's Guide and Reference Manual for BrainMaker

Was der Kunde letztlich will, ist Software, die ein Problem seines Betriebs lösen hilft. Diese Definition ist allen Projekten gemeinsam, aber in den Kenntnissen und Fähigkeiten von Kunden und Anwendern gibt es signifikante Unterschiede. Das reicht vom Kunden, der jährlich Millionen Dollar für den Kauf von Software ausgibt bis zum Betrieb, der das erste Mal Software individuell erstellen lassen will.

Dementsprechend muss der Auftragnehmer in seinem Ansatz flexibel sein. Der eine Kunde weiß, was er will, und kann seine Forderungen in schriftlicher Form präsentieren. Die ein oder andere Forderung mag sogar so wichtig sein, dass sie ein Vertragsbestandteil wird. Wenn der Kunde seine Forderungen nicht in akzeptabler Form vorlegen kann, sollte der Auftragnehmer gegen Vergütung bereit sein, mit Vertretern des Kunden die Software-Spezifikation zu erstellen. In dieser Phase [34, 62] kommt es nicht darauf an, den Kunden durch die Fähigkeiten zu beeindrucken, die das Programm einst haben wird. Es geht allein darum, die Forderungen an die Software zu ergründen und zu dokumentieren. Das Wissen, das die Anwender im Betrieb des Kunden haben, ist in dieser Phase von unschätzbarem Wert. Es kommt darauf an, diesen Schatz zu heben.

Wer sich aus dem Hause des Auftragnehmers an diese Aufgabe macht, sollte sich darüber im Klaren sein, dass das Misstrauen auf beiden Seiten zuweilen tief sitzt. Sehen wir uns dazu Tabelle 6-4 an.

Wie Entwickler Anwender sehen	Wie Anwender Entwickler sehen
Wissen nicht, was sie wollen.	Verstehen nichts von unserem Geschäft.
Können nicht ausdrücken, was sie wollen.	Verstehen die Machtstrukturen der Firma nicht.
Kommen mit Forderungen und Notwendigkeiten, die firmenpolitisch begründet sind.	Versuchen, uns beizubringen, wie wir unsere Arbeit machen sollten.
Wollen alles gleich jetzt.	Sind nicht in der Lage, die Definition eines Systems in funktionierende Software umzusetzen.
Können keine Prioritäten setzen.	Sagen immer wieder Nein.
Halten ihre Forderung oder die ihrer Abteilung wichtiger als das Wohl der Firma.	Sind zu technisch orientiert.
Wollen keine Verantwortung für das System übernehmen.	Überschreiten dauernd ihren Etat.
Sind nicht in der Lage, eine Definition für das System zu	Kommen dauernd zu spät.

liefern, die funktioniert.	
Gehen keine Verpflichtungen gegenüber dem Projekt ein.	Halten uns von unserer eigentlichen Arbeit ab.
Wollen keine Kompromisse schließen.	Setzen für die Definition der Software-Anforderungen zu hohe Hürden.
Können den Zeitplan nicht einhalten.	Sind nicht in der Lage, schnell auf unsere berechtigten Änderungswünsche zu reagieren.

Tabelle 6-4: Ansichten und Vorurteile von Entwicklern und Anwendern [62]

Obwohl das Verhältnis von Anwendern und Entwicklern nicht frei von Spannungen sein mag, sind sie doch aufeinander angewiesen. Falls die Zusammenarbeit nicht klappt, sollte das Management eingreifen und für Abhilfe sorgen.

Für die Software-Anforderungen selbst kann man die folgenden Anforderungen stellen:

1. Sie müssen vollständig sein.
2. Die Umsetzung darf nicht vorgegeben werden.
3. Die Anforderungen müssen in sich konsistent sein.
4. Sie dürfen nicht zu vage sein.
5. Die müssen testbar und verifizierbar sein.

Die erste Forderung bedeutet, dass alle Forderungen an die Software in der Spezifikation enthalten sein müssen. Was fehlt, kann vom Programm einfach nicht erwartet werden. Was die Software nicht können soll, braucht nicht extra erwähnt zu werden.

Die zweite Forderung läuft darauf hinaus, nicht in den Anforderungen an die Software Design und Implementierung vorwegzunehmen. Hier wandelt der Ersteller des Dokuments zuweilen auf einem schmalen Grad.

Die dritte Forderung bedeutet, dass im Dokument selbst keine Widersprüche auftreten dürfen. Auf Seite 3 soll keine Forderung stehen, der auf Seite 7 widersprochen wird. Alle im Dokument genannten Konstanten müssen überall den gleichen Wert haben.

Ferner muss verlangt werden, dass die im Dokument aufgestellten Forderungen genügend präzise sind, um nachprüfbar zu sein. Vage Forderungen führen später zu Interpretationen, und damit ist der

Konflikt vorprogrammiert. Damit sind wir bei der letzten Forderung: Alles, was im Dokument steht, muss testbar sein.

Damit haben wir die Kernforderungen an die Software-Spezifikation genannt. Darüber hinaus sollte sie für den praktischen Einsatz im Projekt noch die folgenden Eigenschaften besitzen:

1. Änderbar
2. Lesbar
3. So organisiert, damit man Inhalte leicht finden kann.

Die erste Forderung läuft darauf hinaus, das Material in der Spezifikation so zu organisieren, dass eine Forderung möglichst nur an einer Stelle behandelt wird. Ist das nicht der Fall, führen spätere Änderungen im Dokument allzu leicht zu Widersprüchen.

Die Forderung nach Lesbarkeit kommt wegen des Kunden und der Anwender herein. Die Spezifikation sollte so geschrieben werden, dass man nicht Informatik studiert haben muss, um ihren Inhalt verstehen zu können. Gefragt ist also die Sprache der Anwender, nicht der zuweilen unverständliche Jargon der Programmierer.

Die dritte Forderung bedeutet, das Material in der Spezifikation leserfreundlich aufzubereiten. Dazu gehört eine klare Gliederung, ein Inhaltsverzeichnis und gegebenenfalls bestimmte Anhänge. Hier ist zum Beispiel an eine Liste der Konstanten sowie ein Verzeichnis der Akronyme zu denken.

Kommen wir damit zum ersten klassischen Risiko in diesem Bereich, *Requirements Gold Plating*. Es tauchen also Forderungen im Dokument auf, die da nicht hingehören. Wie kann man sich gegen diese Versuchung wehren?

Die Praxis ist vielfach politisch motiviert. So ist zum Beispiel im Rahmen eines Joint Venture der eine Partner für die Spezifikation zuständig, während ein anderer Design und Implementierung übernommen hat. Weil der eine den anderen nicht traut, stehen viele Einzelheiten in der Spezifikation, die da gar nicht hingehören.

In diesem Fall sollte auf die Nachteile hingewiesen werden. Nicht nur benötigt eine aufgeblähte Spezifikation einen unverhältnismäßig hohen Wartungsaufwand, das Dokument hat auch Auswirkungen auf den Testplan. Dieser Plan beruht auf der Spezifikation und wird damit ebenfalls unverhältnismäßig umfangreich. Die Folge ist weiterhin, dass der Akzeptanztest recht lange dauern wird. Schließlich kann sich der

Kunde auf jede Forderung in der Spezifikation und im Testplan berufen und verlangen, dass sie demonstriert wird.

Die Folgerung sollte sein, jeden Satz in der Spezifikation daraufhin abzuklopfen, ob es sich wirklich um eine legitime Forderung an die Software handelt. Dazu eignet sich etwa ein Review im Kreis von Fachleuten.

Gold Plating finden wir nicht nur in der Spezifikation, sondern gelegentlich auch beim Design. Das kann vorkommen, wenn die Entwickler glänzen wollen und alles einzubauen versuchen, was der Stand der Technik hergibt.

Nehmen wir an, der Kunde war bei seinem bisher benutzten System mit dem Zugangsschutz durch Passwörter nicht zufrieden. Deswegen will er im neuen System einen besseren Zugangsschutz, der nicht zu kompliziert sein darf. Was die Entwickler daraus gemacht haben, ist in Abbildung 6-14 zu sehen.

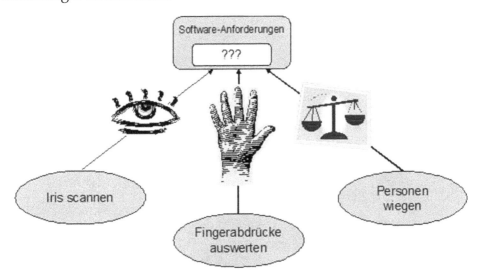

Abbildung 6-14: Gold Plating

Diese Vorkehrungen sind eines James-Bond-Films würdig. Es gibt ein Gerät zum Scannen der Iris des menschlichen Auges. Dies ist ein unveränderliches persönliches Merkmal, das nicht gefälscht werden kann. Zusätzlich werden die Fingerabdrücke jedes Mitarbeiters geprüft, der in den Rechnerraum will, und zuletzt wird diese Person auch noch heimlich gewogen. Das Gewicht muss in einem bestimmten Rahmen liegen und verändert sich im Laufe der Zeit nicht sprunghaft.

Wenn wir allerdings in die Spezifikation schauen, finden wir dort keine derart extremen Forderungen. Vielmehr findet sich der Satz: „Der Zugang zum Rechnerraum und den dort aufgestellten Computern und peripheren Geräten soll durch ein System gesichert werden, dass auf der Fähigkeit des Menschen beruht, Bilder und Fotos unter einer Vielzahl anderer Grafiken zu erkennen. Diese Forderung gilt in gleichem Maße für das Einloggen zu allen PCs im Netzwerk."

Der Kunde hatte hier durchaus ein bestimmtes System zum Zugangsschutz im Sinn. Aber diese Forderung ist bei weitem nicht so extrem, wie in Abbildung 6-14 dargestellt. Sie ist auch weit billiger, weil diese Lösung durch Software realisiert werden kann. Überlassen wir die Lösung in Abbildung 6-14 den Geheimdiensten.

Das nächste der klassischen Risiken ist *Feature Creep*, also das ständige Hinzukommen neuer Forderungen an die Software während der Entwicklung. Ganz werden wir das nicht verhindern können, aber als wirksames Instrument zur Kontrolle hat sich ein Software Change Control Board (SCCB) bewährt. Betrachten wir dazu Abbildung 6-15.

Abbildung 6-15: SCCB bei der Arbeit

In diesem Fall wird klar gesagt, dass ein Aufwand von 5 Tagen entstehen würde, wenn eine durch STR127 dokumentierte Änderung angenommen werden sollte. Zu beachten ist, dass nicht jeder Aufwand notwendigerweise zu einer Auswirkung im Zeitplan führen muss. Häufig ist das jedoch der Fall. Wir sollten kleine Änderungen von ein paar Tagen nicht unterschätzen. Sie summieren sich schnell zu Wochen und Monaten.

Das SCCB kann als internes Gremium arbeiten oder einen Vertreter des Kunden hinzunehmen. Es können auch getrennte Gruppen eingerichtet werden. In großen Projekten trennt man sogar noch in die operationelle und weniger wichtige Support Software. Essentiell ist auf jeden Fall, dass Änderungen nicht unbeobachtet in die Spezifikation einfließen. Wenn das Management seine Kontrollaufgabe ernst nimmt, dann kommt es nicht ohne SCCB aus.

Falls von vornherein damit zu rechnen ist, dass während der Projektlaufzeit Änderungen in die Spezifikation einfließen werden, die nicht abweisbar sind, dann tut der Auftragnehmer gut daran, dafür einen Reservefond an Zeit einzuplanen. Dieser fungiert als Buffer und wird im Laufe der Zeit immer mehr schrumpfen.

In Abbildung 6-16 ist das beispielhaft für ein Projekt dargestellt.

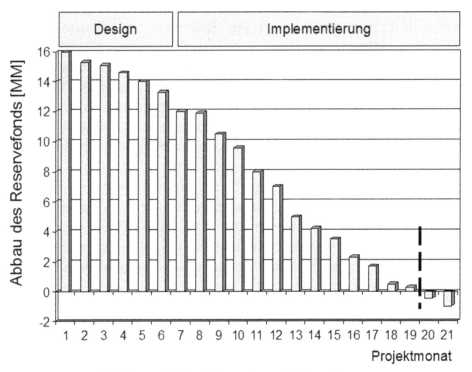

Abbildung 6-16: Abbau der zeitlichen Reserven

Für den Puffer standen in diesem Fall am Ende der Phase Analyse der Anforderungen 16 Mann-Monate zur Verfügung. Während der Kodierung ist diese Reserve schnell aufgebraucht worden. Im Projekt-

monat 20 wird der Kunde an das Management des Auftraggebers heran-
treten müssen und erklären, dass weitere Änderungen zu einer Verschiebung bei der Auslieferung der Software führen werden.

Reservefonds dieser Art werden in einigen Projekten mit vollem Wissen
und der Billigung des Kunden angelegt. In anderen Fällen macht dies
der Auftragnehmer von sich aus und redet nicht groß darüber. Wenn
allerdings die Reserven aufgebraucht sind, wird der Auftragnehmer bei
vorgeschlagenen Änderungen nicht gerade begeistert sein. Wenn er
zustimmt, ohne dafür eine Kompensation zu fordern, vermindert sich
mit jeder angenommenen Änderung sein Gewinn.

Wenn im Verlauf der Designphase oder während der Implementierung
die Spezifikation zusammenbricht, kann man zunächst wenig dagegen
machen. Hier sind allenfalls Maßnahmen im Vorfeld anzuraten. Etwa ein
gründliches Review der Spezifikation vor deren Annahme und die
ausdrückliche schriftliche Zustimmung von Auftraggeber und
Auftragnehmer. Auch die Heranziehung eines Standards [14,28] kann in
diesem Fall helfen, weil damit ein Kriterium zur Beurteilung des
Dokuments existiert.

Gegen die Tatsache, dass einige Module mehr Fehler enthalten werden
als andere, kann man wenig tun. Schließlich kennt man diese Module im
Voraus meistens nicht. Immerhin wird der Teamleiter in den meisten
Fällen klug genug sein, für schwierige Aufgaben seine erfahrensten Mitarbeiter einzusetzen. Hat er solche nicht zur Verfügung, kommt er leicht
in schwieriges Fahrwasser.

Eine recht gute Methode zur Vorbeugung besteht darin, bei
schwierigen Modulen ein Team aus einem erfahrenen Entwickler und
einem Neuling an die Aufgabe zu setzen. Auf diese Weise wird die Last
auf zwei Schultern verteilt, das Risiko sinkt und der Novize lernt sogar
was dazu. Der einzige Einwand gegen diese Vorgehensweise ist der
höhere Personalbedarf.

Während der Entwicklung ist es nützlich, diejenigen Module zu
identifizieren, die die meisten Fehler enthalten. Dazu können die
folgenden Metriken dienen:

1. Fehler pro Modul
2. Fehler pro 1000 Lines of Code, bezogen auf einzelne Module
3. Zahl der Iterationen, bevor ein Modul keine Fehler mehr enthält
   und unter Konfigurationskontrolle steht.

Die erste Metrik liefert nur dann vergleichbare Ergebnisse, wenn alle Module in etwa gleich groß sind. Sonst vergleicht man Äpfel mit Birnen. Bei der zweiten Metrik werden zwar auch Module gegenübergestellt, allerdings werden jetzt die Fehlerzahlen stets auf 1000 Lines of Code bezogen. Damit werden die Ergebnisse vergleichbar.

In der dritten Metrik fragen wir uns einfach, wie lange ein Modul braucht, bis seine internen Fehler alle gefunden wurden und es auch an der Schnittstelle nicht mehr „kracht." Allerdings kann der Integrationstest fast zu Ende sein, bis wir ein Ergebnis erhalten. Deswegen ist die zweite Metrik meistens vorzuziehen.

Metriken dieser Art weisen oft auf ein Problem im Design hin. Vielleicht wurde eine Forderung aus der Spezifikation falsch umgesetzt, unter Umständen wurde sie einfach falsch verstanden. Möglicherweise ist das Design an dieser Stelle nicht gut genug und muss geändert werden. Weil vielfach 20 Prozent der Module 80 Prozent der Probleme verursachen, sind Nachforschungen in dieser Hinsicht Erfolg versprechend.

Kommen wir damit zum letzten klassischen Fehler in dieser Rubrik, der Forschung. Die Mitarbeiter betreiben immer dann Forschung und widmen sich nicht der Entwicklung, wenn keine klare Richtschnur für ihre Arbeit existiert. Wer ein Textverarbeitungssystem bauen will, das menschliche Sprache verstehen soll, betreibt Forschung. Wer auf der Autobahn die Nummernschilder von Fahrzeugen automatisch lesen will, betreibt Forschung. Wer in deutschen Fußgängerzonen aus der Menge von Menschen durch Auswertung eines Videos in Echtzeit erfahren will, wer ein Taschendieb ist, betreibt Forschung.

Gegen Forschung ist überhaupt nichts einzuwenden. Allerdings sollten sich Auftraggeber und Auftragnehmer darüber einig sein, dass für solche Tätigkeiten nicht die Produktivität eines Entwicklungsprojekts gelten darf. Man muss, wenn die Forschung zum Projekt gehört, diesen Anteil abtrennen und separat preisen. Alles andere wäre unseriös.

6.1.3 Der Prozess

Der Prozess als ein Mittel zur Verbesserung der Produktivität und Erhöhung der Qualität genießt in unseren Tagen erhöhte Aufmerksamkeit. Dies ist auch auf DIN EN ISO 9001:2000 zurückzuführen, die den Prozess in den Mittelpunkt stellt.

Einige Mitmenschen vertreten die Ansicht, es seien Erfindungen und Entdeckungen, die die Menschheit voranbringen. Das ist im großen Rahmen sicher richtig, aber oftmals ist es gerade eine Verbesserung im Prozess, der zu entscheidenden Kostenvorteilen führt. Die Einführung des Fließbands liefert ein gutes Beispiel. Henry Ford hatte diese Idee, als er durch die Schlachthöfe Chicagos schlenderte und dort sah, wie die Metzger an langen Bändern Schweine auseinandernahmen. Das Fließband in der Automobilindustrie brachte einen beachtlichen Produktionsfortschritt, und damit konnten die Arbeiter am Band bald selbst das Produkt erwerben, das sie herstellten. Deshalb stellt auch in unserer Industrie der Prozess ein Mittel zur Verbesserung dar.

Eine Möglichkeit zur Verbesserung des Prozesses stellt seine immer detaillierter werdende Ausarbeitung dar. Wir haben bisher stets von der Phase Analyse der Anforderungen gesprochen. Im Grunde sind das aber zwei Tätigkeiten, in denen von unterschiedlichen Mitarbeitern ganz unterschiedliche Fähigkeiten gebraucht werden. Dies ist in Abbildung 6-17 herausgearbeitet worden.

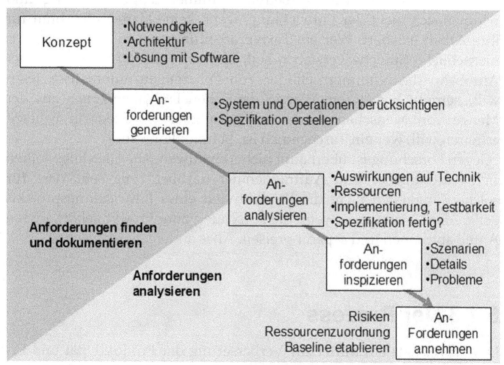

Abbildung 6-17: Phase Analyse der Anforderungen, zweigeteilt [56]

Bei den ersten zwei Tätigkeiten geht es darum, die Anforderungen des

Kunden und der Anwender möglichst genau zu erfassen und nieder-
zuschreiben. Hier sind, falls der Auftragnehmer diese Aufgabe übernimmt, Mitarbeiter mit guten kommunikativen Fähigkeiten gefragt. Sie
müssen unter anderem Interviews durchführen, um das Wissen in den
Köpfen der Anwender zu heben. Diese Mitarbeiter sollten sich bewusst
sein, was mit Computern und Software erreichbar ist, aber auch die
Grenzen der Technik im Hinterkopf behalten. Die Entwickler und
Programmierer, die in der nächsten Phase das Design erstellen, sollten
diese Mitarbeiter aber ausdrücklich nicht sein.
Bei der dritten und vierten Tätigkeit dagegen sind die Entwickler in ihrer
Rolle als Analysten ausdrücklich gefragt. Jetzt geht es nämlich darum,
die Forderungen in der Spezifikation einem Realitätscheck zu unterziehen. Lässt sich tatsächlich bauen, was in dem Entwurf des Dokuments
steht?

Wenn sich die Ersteller des Dokuments, Kunde und Auftragnehmer,
Anwender und Entwickler schließlich auf eine gemeinsame Basis
geeinigt haben, wird die Spezifikation von allen angenommen. Sie bildet
in der Zukunft das Dokument, auf dem die Entwicklung aufbaut.

Kommen wir zum ersten Punkt unter den klassischen Fehler in dieser
Rubrik, der falschen oder unzureichenden Planung. Daraus resultiert oft
ein Zeitplan, der viel zu optimistisch und daher nicht einzuhalten ist. Wir
sollten uns dazu klar machen, dass der Aufwand und die benötigte Zeit
in einem relativ engen Korsett [63] stecken. Es gibt daher keine
großartigen Spielräume, um ein Projekt schneller durchzuziehen.

Betrachten wir dazu Abbildung 6-18.
In diesem Beispiel wurde mit einem Programmumfang von 60 000 LOC
gerechnet. Die Kostentreiber wurden pauschal mit dem Faktor 3,0 angesetzt. Damit ergab sich ein Aufwand von 530 Mann-Monaten und eine
Projektlaufzeit von 27 Monaten.

Natürlich müsste man die Kostentreiber in einem konkreten Projekt
genau untersuchen. Hier soll lediglich demonstriert werden, dass sich
die Zahl der Mitarbeiter in einem recht starren Rahmen bewegt. Man
kann das Projekt nicht in der Hälfte der Zeit abschließen, wenn man die
doppelte Zahl von Entwicklern zur Verfügung stellt.

Der Höhepunkt bei der Zahl der Mitarbeiter ist in diesem Modell immer
in der Hälfte der Entwicklungszeit erreicht, in unserem Beispiel also
nach 13 Monaten. Nach 27 Monaten müsste das Projekt eigentlich abgeschlossen sein. Es werden allerdings noch einige Mitarbeiter beschäftigt.
Dies dürfte in der Praxis nicht ungewöhnlich sein, denn die wenigsten

Projekte kommen mit ihrem Zeitbudget aus.

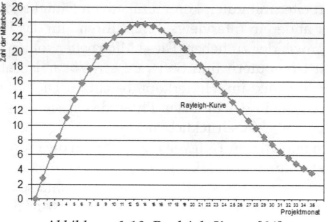

Abbildung 6-18: Rayleigh-Kurve [64]

Es wurde durch Untersuchungen [64] gezeigt, dass die Rayleigh-Kurve recht gut den Verhältnissen in der Praxis der Software-Entwicklung nahekommt. Ein Nachteil liegt allerdings darin, dass wir jedes Projekt mit Null Mitarbeitern starten. Das kann vorkommen, ist aber in vielen Fällen nicht angebracht. Wenn der Kunde drängt, sollten wir versuchen, gleich mit einer kleinen Mannschaft anzutreten, die wir dann Woche um Woche aufstocken können.

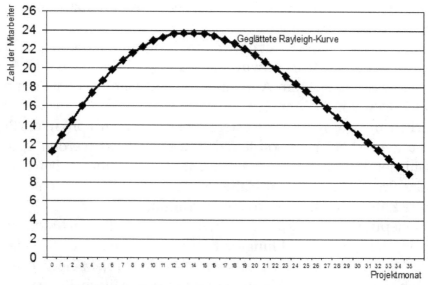

Abbildung 6-19: Geglättete Rayleigh-Kurve [64]

Um dies zu erreichen, kommt in Barry Boehms Constructive Cost Model (COCOMO) eine geglättete Rayleigh-Kurve zum Einsatz. Sie kann, wenn wir erneut die oben genannten Zahlen als Grundlage der Berechnungen nehmen, wie in Abbildung 6-19 gezeigt dargestellt werden.

Wenn wir dieses Modell verwenden, starten wir das Projekt mit 11 Mitarbeitern und bauen die Mannschaft schnell auf 24 Köpfe auf. Im Gegensatz zur ursprünglichen Kurve fällt die in Abbildung 6-19 gezeigte weniger schnell ab. Das dürfte in realen Projekten nicht ungewöhnlich sein.

Die Kostentreiber sind für jedes Projekt individuell auszuwählen und können die in Tabelle 6-5 gezeigten Werte annehmen.

	Kostentreiber	Wertebereich
1	Geforderte Zuverlässigkeit der Software	0,75 – 1,40
2	Umfang der Datenbasis	0,94 – 1,16
3	Komplexität der Software	0,70 – 1,65
4	Restriktionen bei der Programmausführung	1,0 – 1,66
5	Restriktionen beim Hauptspeicher	1,0 – 1,56
6	Verfügbarkeit des Computersystems	0,87 – 1,15
7	Fähigkeiten der Analysten	1,46 – 0,71
8	Erfahrung mit der Applikation	1,29 – 0,82
9	Fähigkeiten der Programmierer	1,42 – 0,7
10	Erfahrung mit der Programmiersprache	1,14 – 0,95
11	Einsatz moderner Methoden	1,24 – 0,82
12	Werkzeuge	1,24 – 0,83
13	Zeitplan	1,23 – 1,10

Tabelle 6-5: Kostentreiber [64]

Wenn also die geforderte Zuverlässigkeit der Software sehr hoch ist, muss der zunächst errechnete Aufwand in Mann-Monaten mit dem Faktor 1,4 multipliziert werden. Entsprechend geht man bei allen anderen Kostentreibern vor.

Nicht berücksichtigt ist zunächst, dass es verschiedene Arten von Produkten gibt. Zwischen der Software eines Autopiloten in einem Verkehrsflugzeug und einem Text-Editor liegen Welten. Um diese Unterschiede zu berücksichtigen, werden drei unterschiedliche Modelle eingesetzt. Wie sie sich auswirken, wenn wir abermals unsere bekannten Zahlen verwenden, zeigt Abbildung 6-20.

Es zeigt sich deutlich, dass bei Embedded Software der höchste Aufwand zu treiben ist. Da beim Versagen solcher Programme Menschen geschädigt werden können, ist das verständlich. Der Mode *organic* bezieht sich auf Projekte mit relativ bescheidenen Anforderungen, während das Modell *semi-detached* irgendwo dazwischen liegt.

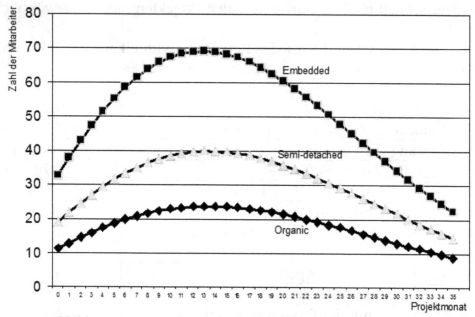

Abbildung 6-20: Projekte unterschiedlicher Schwierigkeit [63]

Wie sollten wir nun bei der Planung vorgehen, wenn wir die notwendige Sorgfalt walten lassen wollen? Es empfiehlt sich, schrittweise vorzugehen.

1. Gibt es in der Vergangenheit des Unternehmens ein vergleichbares Projekt, das wir als Grundlage der Kalkulation verwenden könnten? Liegen darüber Zahlen aus der Nachkalkulation vor?

2. Können wir auf das Know-how von Mitarbeitern vertrauen, die in diesem Projekt gearbeitet haben?

3. Falls im Unternehmen keine Zahlen vorliegen, greifen wir auf Durchschnittswerte der Industrie zurück.

4. Für unsere Annahmen holen wir zu jedem Subsystem die Meinung der Spezialisten ein.
5. Wir machen realistische Annahmen.
6. Wir berechnen den Aufwand und leiten daraus den Zeitplan ab.

Falls sich ein Zeitplan ergibt, den der Kunde nicht akzeptieren kann, bleibt immer noch die Alternative, ein geeignetes Vorgehensmodell zu wählen. Trotzdem werden wir im Projektverlauf mit einem gewissen Risiko leben müssen, was die Einhaltung des Zeitplans betrifft. Wir können es mindern, indem wir an gewissen Meilensteinen im Projekt unsere Annahmen überprüfen und den Zeitplan neu berechnen.

Auch ein zeitlicher Buffer kann helfen, Risiken zu mindern. Seine Größe sollte sich daran orientieren, wie technisch anspruchsvoll die Software ist. Wenden wir uns damit dem nächsten Risiko zu: Unterauftragnehmer und Outsourcing.

Wichtig ist in diesem Fall eine sorgfältige Auswahl des Unterauftragnehmers und eine projektbegleitende Kontrolle. Dazu eignen sich Meilensteine, die durch Reviews gekennzeichnet sind. Auf diese Weise kann es gelingen, Abweichungen bei der Erstellung der Software frühzeitig zu erkennen und rechtzeitig Gegenmaßnahmen einzuleiten.

Wir können auch Messungen anstellen. Wenn wir etwa jeden Fehler in der Software des Unterauftragnehmers durch einen External Software Trouble Report (ESTR) dokumentieren, dann ergibt sich Abbildung 6-21.

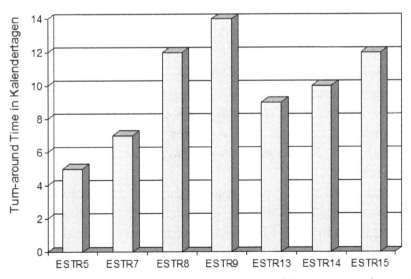

Abbildung 6-21: Turn-around Time, bezogen auf den Unterauftragnehmer

Eine solche Statistik ist wichtig, weil sie dem Management konkrete Zahlen darüber liefert, wie lange der UAN zur Fehlerbeseitigung benötigt. Wir rechnen in der Regel mit Kalendertagen. Das ist wegen des Wochenendes und von Feiertagen mit gewissen Unsicherheiten belastet. Mit Arbeitstagen zu rechnen, wäre aber einfach zu kompliziert.

Ein weiterer klassischer Fehler liegt in der Vernachlässigung des Qualitätsmanagements. Wer hier konkrete Antworten sucht, sollte fragen, wie viel Aufwand für QM im Vergleich zur Entwicklung getrieben wird. Oder wie sich das Verhältnis von Testern zu Entwicklern darstellt. Die besten Unternehmen brauchen wenig Aufwand für QM. Allerdings haben sie zwanzig oder dreißig Jahre gebraucht, um im gesamten Unternehmen ein Bewusstsein für Qualität zu schaffen. Es gibt derzeit in Deutschland kaum eine Firma, die sich auf einem derart hohem Qualitätsniveau bewegt.

Gehen wir weiter zum *Fuzzy Front End*. Derartige Projekte sind dadurch gekennzeichnet, dass am Beginn des Projekts eine gewisse Lässigkeit herrscht. Der Abgabetermin liegt noch in weiter Ferne, und deswegen herrscht keine besondere Eile. Hier liegt natürlich ein Denkfehler vor: Was in den ersten Wochen und Monaten versäumt wird, kann später nicht mehr eingeholt werden.

Um hier Abhilfe zu schaffen, kann man zum Beispiel eine Metrik einsetzen, in der das Anwachsen der Seiten in der Spezifikation verfolgt wird. Auch der tatsächliche Abfluss von Mitteln gegenüber der Planung kann Hinweise auf mögliche Fehlentwicklungen liefern.

Manche Projektleiter haben zu Beginn eines Projekts Probleme damit, schnell die Mitarbeiter mit den richtigen Fähigkeiten ins Boot zu holen. Deswegen lohnt es sich, den geplanten Aufbau des Teams mit dem Soll-wert zu vergleichen. Das ist in Abbildung 6-22 zu sehen.

Aus dieser Metrik wird deutlich, dass der Projektleiter nicht schnell genug Mitarbeiter anheuern kann. Unter Umständen wäre es sinnvoll, stärker auf externe Kräfte zu setzen. Obwohl auch das mit Risiken verbunden sein kann.

Wer darauf setzt, später im Projekt einholen zu können, was in den frühen Phasen versäumt wurde, gibt sich meistens einer Illusion hin. Schließlich gibt es in jeder Phase Tätigkeiten, die gerade dort hingehören und Zeit verschlingen. Was lässt sich also gegen eine gewisse Bummelei in den frühen Projektphasen tun?

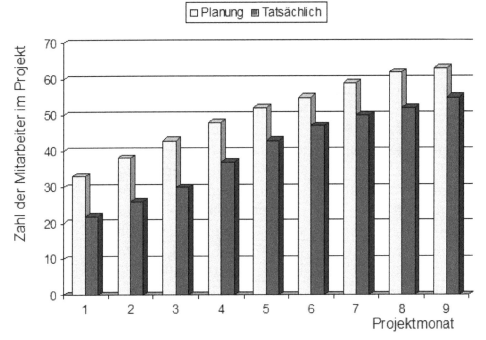

Abbildung 6-22: Entwicklung der Zahl der Mitarbeiter

Wir könnten Metriken einsetzen, um die Produktivität zu beobachten. Oder wir berechnen den Zeitplan neu und ersehen daraus, ob sich die Situation verbessert oder verschlechtert hat. Kommen wir damit zu den vergessenen Aufgaben.

Ein oft stiefmütterlich behandelter Teil der Software ist die Dokumentation. Gewiss muss hier projektspezifisch eine Auswahl getroffen werden, aber manche Dokumente sind unverzichtbar. In Tabelle 6-6 ist aufgelistet, was alles an Produkten dieser Art anfallen kann.

Software-Produkt	Erläuterung
Software-Entwicklungsplan	Das Planungsdokument des Projektmanagements und der Entwicklung nach DIN EN ISO 9001
Projekthandbuch	Ein Planungsdokument des Projektmanagements und der Entwicklung, das die Vorgehensweise bei der Erstellung der Software beschreibt
QM-Plan	Ein projektspezifisches Planungsdokument,

	das die Regelungen zur Qualitätssicherung und zum Qualitätsmanagement enthält
Konfigurations-managementplan	Das projektspezifische Planungsdokument des Konfigurationsmanagements
Risikomanagementplan	Der Plan der Entwicklung zur Identifizierung, Verfolgung und Minderung der Risiken des Software-Projekts
Software-Anforderungen	Die dokumentierten funktionellen Anforderungen der Software
Software-Anforderungen an Schnittstellen	Die dokumentierten Anforderungen an die externen Schnittstellen der Software
Testplan	Der Plan zum Test der Software
Feasibility Study oder Machbarkeitsstudie	Eine Untersuchung zur Realisierbarkeit eines Projekts oder eines Subsystems
Sachstandsbericht, Protokolle	Dokumente des Projektmanagements, des Konfigurationsmanagements oder der Entwicklung
Trade Study	Eine dokumentierte Studie der Entwicklung bei der Auswahl eines Werkzeugs
Grobentwurf	Die Beschreibung der Software-Architektur
Interner Schnittstellenentwurf	Die Beschreibung der internen Schnittstellen der Software
Funktionsmodell	Eine Grafik, die das Zusammenwirken der einzelnen Teile der Software erklärt. Sie kann einen Teil des Design Documents bilden.
Datenkatalog	Eine Auflistung der Daten auf der Ebene des Entwurfs
Prozessbeschreibung	Die Darstellung der Prozesse oder Tasks, die während des Aufrufs des Programms aktiv sind, und ihrer wechselseitigen Kommunikation
Timing & Sizing Document	Eine Auflistung des geplanten und tatsächlichen Verbrauchs an Ressourcen des Computers, also in Bezug auf Rechenzeit und Hauptspeicher
Style Guide	Eine Vereinbarung innerhalb des Entwicklungsteams, um einen einheitlichen

	Programmierstil zu erreichen
Naming Convention	Eine Vereinbarung, mit der bestimmte Konventionen zur Benennung von Variablen, Konstanten und Dateien festgeschrieben werden
Bibliotheksprozeduren	Eine Regelung über Zugriffsrechte zu Modulen einer kontrollierten Software-Bibliothek und deren Verwaltung
Implementierungs-dokument (Software Development Folder)	Die Dokumentation der Implementierung einschließlich des Modultests
Integrationsplan	Der Plan zur Integration der Software zu Komponenten und größeren Einheiten, gegebenenfalls zusätzlich die Integration in die Hardware
Benutzerhandbuch (User's Manual)	Die Dokumentation für den Benutzer
Operator's Manual	Die Dokumentation für den Bediener der Software
Diagnosehandbuch	Das Dokument, um bei Fehlern und Ausfällen die verlangten Reaktionen zu beschreiben
Testfälle (test cases)	Die zu einem Modul oder Programm gehörenden Testfälle, Daten und Dateien
Prüfprozedur	Eine detaillierte Beschreibung des Vorgehens beim Test
Prüfprotokoll oder Prüfbericht	Eine Beschreibung der beim Test durchgeführten Schritte gemäß Plan oder Prüfprozedur und der Vorfälle und Ergebnisse
Pflege- und Wartungsplan	Ein Plan im Sinne des Entwicklungsplans für die Wartungsphase der Software
Version Description Document (VDD)	Eine Liste aller Module der Software einschließlich ihrer Versionsnummer für ein bestimmtes Software-Paket oder Release

Tabelle 6-6: Software-Dokumente [27]

Um hier Überraschungen im Projektverlauf zu vermeiden, sollten die benötigten Dokumente bereits im Angebot berücksichtigt werden. Wir hoch ihr Kostenanteil an der Entwicklung werden kann, zeigt Tabelle 6-7.

Software im kommerziellen Bereich	System-Software	Software im militärischen Bereich
15 - 30 %	35 %	52 %

Tabelle 6-7: Anteil der Dokumente an den Kosten der Software-Entwicklung [27]

Gute Werte zur Dokumentation kann man aus vergleichbaren Projekten gewinnen, wenn dort mit realistischen Annahmen gearbeitet wurde. Im Übrigen liegt eine ausreichende Dokumentation im Interesse des Unternehmens: Schlecht dokumentierte Software ist schlecht oder überhaupt nicht wartbar.

Kommen wir damit zu den Designschwächen. Eine Vernachlässigung des Designs zeigt sich oft daran, dass diese Phase im Vergleich zu anderen Tätigkeiten zu kurz kommt. Hier lohnt sich ein Blick in den Entwicklungsplan. Ist dort die Entwurfsphase ausreichend beschrieben und sind Methoden genannt worden?

Eine weitere Möglichkeit der Kontrolle ergibt sich für das Management im Rahmen von Reviews. Wurde mehr als ein Design erwogen, und wie sehen diese Alternativen aus? Warum wurden sie verworfen, und warum wurde ein bestimmter Entwurf ausgewählt?

Wenn auf solche Fragen befriedigende Antworten kommen, können wir davon ausgehen, dass das Design der Software einem Prozess folgte. Ist hingegen einfach die Spezifikation umgesetzt worden, ohne Alternativen zu erwägen, ohne nach dem besten Weg zum Ziel zu forschen, dann wurde der Designprozess gekürzt, um mehr Zeit für andere Tätigkeiten zu gewinnen.

Mancher unerfahrene Projektleiter sucht sein Heil im Kodieren. Er wird nervös, wenn nicht alle Programmierer vor ihren Bildschirmen sitzen und auf der Tastatur herumhacken. Jeder arbeitet eifrig, doch das Ergebnis ist meistens Programmcode, der nicht zusammenpasst, wenn es an die Integration gehen soll. Hier kann mein Rat nur lauten: Erst das Design machen, dann mit dem Kodieren anfangen.

Wenn es gegen Mitte des Projekts klare Anzeichen dafür gibt, dass der Zeitplan nicht eingehalten werden kann, werden oft bestimmte Tätigkeiten radikal gekürzt. Vielfach ist es die Testphase, die unter die Räder kommt. Wir müssen uns klar machen, dass der Test der Software über ein paar Stufen verfolgt. Wer die ersten Tests streicht und alles auf den Systemtest verlagert, der schiebt nur die Katastrophe ein paar Monate hinaus.

Die Regel sollte ein Prozess sein, in dem Fehler in der Software über Monate hinweg auf verschiedenen Ebenen des Tests gefunden werden. Dies ist in Abbildung 6-23 dargestellt.

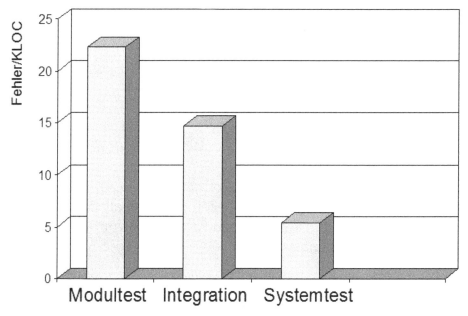

Abbildung 6-23: Fehlerzahl bei verschiedenen Testarten

Bei einem solchen Bild kann das Management beruhigt sein, denn Fehler werden relativ früh im Prozess entdeckt. Verschiebt sich hingegen alles auf den Systemtest, dann müssen alle Alarmglocken klingen. Die Fehlerbeseitigung in dieser Phase wird teuer, und unter dem Strich wurde keine Zeit eingespart. Man hat sich nur den Luxus geleistet, sich länger etwas vorzumachen.

Kommen wir damit zu der zu frühen Konvergenz. Das bedeutet, dass Module und Komponenten zu früh zu einem fertigen Produkt verbunden werden sollen. Gegen Konvergenz sprechen eine zu hohe Fehlerzahl in Modul- und Komponententests, eine hohe Zahl von Änderungen und zu wenige Module, die bereits unter Konfigurationskontrolle stehen. Wird der Konvergenzprozess zu früh eingeleitet, treten zu viele Fehler an den Schnittstellen auf. Deshalb sollte sorgfältig abgewogen werden, ob und wann es sinnvoll ist, das fertige Programm zu linken.

Ein definierter und bis in die Einzelheiten ausgearbeiteter Prozess hilft nicht nur dem einzelnen Projekt, sondern erlaubt es dem Management auch, die Kennzahlen verschiedener Projekte miteinander zu vergleichen. Dadurch können die Erfahrungen eines Projekts den Kollegen in anderen Projekten zu Gute kommen.

6.1.4 Einsatz von Werkzeugen

Give us the tools, and we will finish the job.

Winston Churchill

Werkzeuge sind notwendig, wenn das Unternehmen auf dem Stand der Technik bleiben will. Sie sollten allerdings nicht als Mittel gesehen werden, um ein Projekt in schwierigem Fahrwasser vor dem Untergang zu retten. Da ist meistens selbst mit dem besten Tool nichts mehr zu retten.

Wenn es um Werkzeuge geht, sollte das Management unternehmensweit eine bestimmte Politik vorgeben. Dazu könnten die folgenden Kernaussagen gehören:

1. Die bei uns eingesetzten Werkzeuge bestehen aus einer Mischung aus bewährten und neu angeschafften Tools.
2. Tools werden beurteilt und bewertet, bevor sie eingesetzt werden. Das kann im Rahmen eines Pilotprojekts geschehen. Dabei ist besonders auf Projekte abzustellen, bei denen das Risiko moderat oder gering ist.
3. Für bestimmte Projekte kann zur Betreuung der Werkzeuge ein Tool Smith ernannt werden.
4. Selbst wenn ein Tool zunächst für ein bestimmtes Projekt beschafft wird, ist bei seinem Einsatz immer auf die Verwendung im ganzen Unternehmen zu denken.
5. Die Wirkung und die Effizienz von Tools kann durch Metriken untersucht werden.

Der erste Grundsatz macht klar, dass die Geschäftsleitung nicht abgeneigt ist, neue Werkzeuge auszuprobieren, darüber aber bewährte Dinge nicht vergisst. Wichtig ist der zweite Grundsatz: Damit wird darauf hingewiesen, dass es klüger ist, ein Tool zunächst in einem Projekt zu verwenden, das nicht besonders kritisch ist. Auf diese Weise sind die Auswirkungen weit geringer, wenn die Mitarbeiter mit dem Tool nichts anfangen können.

Bei großen Projekten mit ein paar Dutzend Mitarbeitern kann es sinnvoll sein, zur Installation und Betreuung eines Tools oder aller Tools des Projekts einen Mitarbeiter abzustellen, der sich hauptberuflich dieser Aufgabe widmet. Über ihn laufen dann auch alle Klagen und Probleme, die Mitarbeiter mit dem Tool haben mögen. Er trägt sie in gebündelter Form dem Anbieter des Tools vor.

Haben Sie es auch schon mal erlebt, dass ein Anbieter eines Tools für einen Monat eine Probeinstallation seines Produkts gemacht hat? Als er dann nach vier Wochen anrief und gefragt hat, welche Erfahrungen mit dem Tool vorlagen, herrschte großes Schweigen. Keiner hatte Zeit gefunden, sich mit dem Tool zu befassen.

Solche Gelegenheiten können vermieden werden, wenn es im Unternehmen oder im Projekt einen *Tool Smith* gibt. Im hektischen Alltagsgeschäft haben die wenigsten Mitarbeiter Zeit, sich intensiv mit einem neu angeschafften Tool zu befassen. Das ändert sich allenfalls, wenn sie sich von dem Werkzeug eine spürbare Entlastung bei ihrer Arbeit versprechen.

Mitten im Projekt ein neues Tool anzuschaffen, um damit alle Schwierigkeiten zu lösen, ist natürlich schlicht Unsinn und muss vom Management verhindert werden. Kommen wir damit zu einem Tool, das in größeren Projekten unverzichtbar ist.

Befassen wir uns dazu mit der folgenden Begebenheit.

Fall 6-4: Volltreffer [54]

Ein Raketenentwicklungsprogramm für die amerikanischen Streitkräfte, das von einem externen Auftragnehmer der Rüstungsindustrie durchgeführt wurde, erlitt einen dramatischen Rückschlag. Ein Versuch schlug fehl, und der Auftraggeber drohte unverhohlen damit, das Projekt einzustellen. In ihrem Bemühen, die verloren gegangene Zeit wieder einzuholen, erprobten die Ingenieure beim Auftragnehmer eine ganze

Reihe unterschiedlicher Prototypen in rascher Folge. Die mit den Raketen durchgeführten Versuche waren naturgemäß destruktiv. Der Flugkörper wurde zerstört.

Als sich mit einem der Versuche jedoch der ersehnte Erfolg endlich einstellte, waren die beteiligten Ingenieure im Nachhinein nicht mehr in der Lage, die an dieser speziellen Rakete gemachten Modifikationen nachzuvollziehen. Man wusste nicht, mit welcher Version der Software die Rakete tatsächlich geflogen war.

Software ist ein immaterielles Produkt, und umso notwendiger ist ihre Kontrolle. Bei den Hunderten von Modulen, die im Laufe eines Projekts anfallen, ist eine manuelle Kontrolle so gut wie unmöglich. Deshalb kommen wir nicht ohne Werkzeug zur Konfigurationskontrolle aus.

Bei den Angeboten im Markt reicht die Spanne vom einfachen Werkzeug zur Verwaltung von Programmcode bis hin zu Tools, die neben Code auch Dokumente aller Art verwalten können. Im Extremfall ist das Tool in der Lage, die Produkte von Projektgruppen auf verschiedenen Kontinenten und in unterschiedlichen Zeitzonen zu verwalten.

Wichtiger als das Tool selbst ist die Einsicht des Managements, dass zur Verwaltung der Software-Produkte ein Werkzeug unentbehrlich ist und in den Werkzeugkasten jedes Projekts gehört.

6.2 Zuordnung nach Phasen

Wir können die Einteilung nach den klassischen Risiken auch beiseitelassen und unsere Metriken nach den Phasen der Software-Entwicklung ausrichten. Diese Betrachtungsweise erlaubt es, uns auf die Tätigkeiten und Produkte dieser Phase zu konzentrieren. Wir haben damit die Möglichkeit, gewisse Schwachpunkte in einem Abschnitt der Entwicklung durch Metriken unter Beobachtung zu halten.

Beginn wir mit der Phase Analyse der Anforderungen. Hier stellt sich die Frage, ob wir bereits alle Anforderungen an die Software erfasst und dokumentiert haben. Die Metrik in Abbildung 6-24 kann dabei eine Hilfe sein.

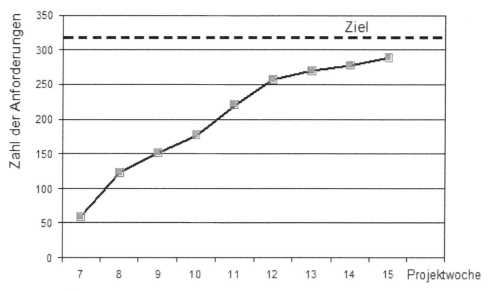

Abbildung 6-24: Tatsächliche vs. erwartete Zahl der Anforderungen

Zunächst müssen wir wissen, woran wir eine Anforderung im Text der Spezifikation erkennen können. Hier zählt man in englischsprachigen Texten einfach die Zahl der Worte „shall." Im Deutschen sollten wir also das Wort „muss" und seine Ableitungen zählen. Weil eine Anforderung eindeutig formuliert sein muss, ist das immerhin ein vernünftiger Ansatz. Er verlangt allerdings von den Erstellern des Dokuments eine gewisse Disziplin beim Gebrauch der Sprache.

Bei Festlegung des Ziels kann man sich an deren Projekten orientieren. Es mag auch sinnvoll sein, anstatt einer Zahl einen Zielbereich vorzugeben.

Ein weiterer Schwachpunkt in allen Spezifikationen, die über meinen Schreibtisch gelaufen sind, war das Vorhandensein von TBDs. Das Akronym steht für *to be defined* und bezeichnet einen Sachverhalt, den der Autor der Spezifikation nicht weiß. Es gibt viele Gründe, warum TBDs im Text auftauchen können.

- Der Autor der Spezifikation ist nicht der Fachmann für einen bestimmten Sachverhalt.
- Ein benötigter Fachmann ist gerade nicht verfügbar.
- Zwei oder mehr Parteien können sich nicht einigen.

Der Effekt ist in jedem Fall, dass der Autor des Dokuments eine Stelle zunächst durch TBD kennzeichnet. Auf diese Weise weiß er, wo er noch am Dokument arbeiten muss. In Abbildung 6-25 ist die Entwicklung der Zahl der TBDs im Projektfortschritt aufgezeigt.

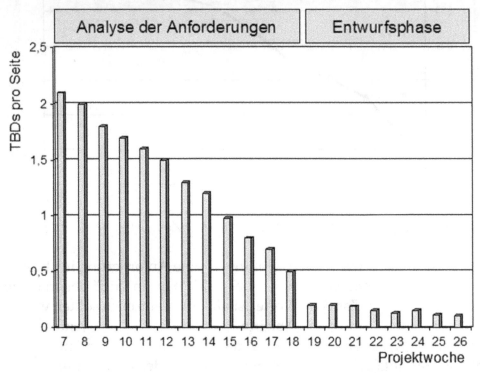

Abbildung 6-25: TBDs über die ersten Phasen der Entwicklung

So lange sich die Spezifikation noch im Stadium der Geburt befindet, ist gegen TBDs nichts einzuwenden. Sie sind in dieser Zeit jedenfalls Formulierungen vorzuziehen, die nichts oder wenig aussagen und im Grunde ein TBD verbergen. Wenn er einen Teil des Dokuments durch ein TBD kennzeichnet, ist der Autor wenigstens ehrlich und gibt sein mangelndes Wissen zu. Verborgene TBDs sollten der Qualitätssicherung allerdings auffallen.

Eigentlich sollten bis zum Software Specification Review alle TBDs in den Software-Anforderungen beseitigt sein. Gelingt das nicht vollständig, so sollten die verbleibenden offenen Punkte sorgfältig beobachtet werden. Sie stellen Risiken für das Projekt dar.

Gehen wir damit weiter zur Designphase. Sie ist vielleicht der kreativste Teil der gesamten Entwicklung. Dementsprechend schwer ist es vielfach, eine Metrik zur Beurteilung eines Designs zu finden. Sinnvoll ist der Einsatz einer Metrik, die als Design Stress [65] bezeichnet wird. Sie zielt darauf ab, die Geschlossenheit eines Moduls beurteilen zu können.

Eine Messung, auf die man zunächst gar nicht kommt, ist der Verbrauch an Rechenzeit, etwa auf einem zentralen Server. Dabei kann diese Metrik sehr nützlich sein. Sehen wir uns dazu Abbildung 6-26 an.

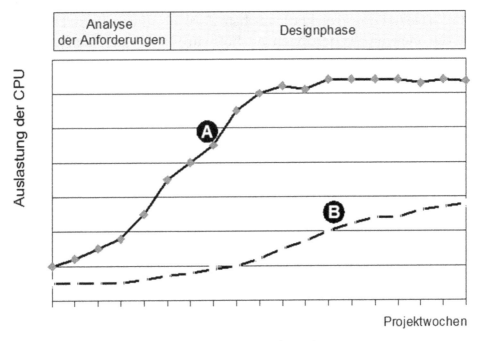

Abbildung 6-26: Verbrauch an Ressourcen

Kurve B kennzeichnet ein Projekt, bei dem die Rechenleistung relativ schwach in Anspruch genommen wird, während bei Kurve B mit Beginn der Designphase ein deutlicher Anstieg eintritt. Die Ursache der geringen Auslastung des Rechners in Kurve B könnte eine Reihe von Ursachen haben. Hier wären die folgenden Gründe zu nennen:

- Verzögerung der Phase Analyse der Anforderungen: Es steht keine vollständige Spezifikation zur Verfügung.
- Ein angekündigtes, aber nicht installiertes Tool: Die Mitarbeiter können deswegen nicht so produktiv sein, wie sie gerne wären.
- Einarbeitung bei einem bisher nicht benutzten Tool.
- Mangel an Mitarbeitern.

Was immer die Ursache sein mag, die Nichtbenutzung einer wichtigen Ressource, wie es ein Rechner darstellt, sollte beim Management dazu führen, dass weitere Nachforschungen angestellt werden. Natürlich ist diese Metrik auch später im Projekt recht nützlich. Es könnte sich zum Beispiel herausstellen, dass die installierte Rechnerleistung nicht ausreicht.

Wenden wir uns damit der Implementierung der Software zu. Während dieser Phase hat das Projekt die höchste Zahl an Mitarbeitern. Es dürften auch die meisten Änderungen an Software-Produkten zu bearbeiten sein.

Wichtig ist es, trotz der Vielzahl an Produkten, die jetzt entstehen und verwaltet werden müssen, die Übersicht zu bewahren. Eine Metrik, die dem Management dabei helfen kann, ist in Abbildung 6-27 dargestellt.

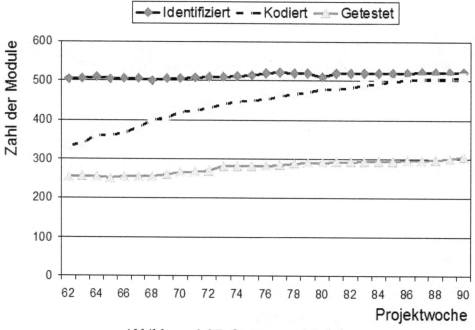

Abbildung 6-27: Status von Modulen

In diesem Projekt müssen im Verlauf der Implementierung etwa 500 Software-Module geschaffen werden. Ihre Zahl bleibt, trotz kleiner Änderungen im Design, relativ gleich hoch. Etwas anders sieht es aus, wenn wir die Zahl der kodierten Module betrachten. Sie steigt während dieser Phase stetig an und nähert sich schließlich dem Ziel.

Bedenklich ist hingegen, dass die Zahl der getesteten Module nicht stärker steigt. Hier könnte sich ein Mangel an Testern im Entwicklungsteam zeigen, oder der Test wurde zu Gunsten anderer Tätigkeiten zurückgestellt. Auf jeden Fall kann das Management durch diese Metrik ein Risiko identifizieren, bevor es noch größer wird und das Projekt in ernsthafte Schwierigkeiten gerät.

Die Implementierungsphase nimmt in den meisten Projekten den längsten Zeitraum in Anspruch. Da besteht natürlich immer die Gefahr, dass man am Anfang glaubt, es wäre noch genug Zeit, und einen gewissen Schlendrian einziehen lässt. Das rächt sich gegen Ende der Phase, weil bei der Kalkulation von einer konstant hohen Produktivität der Mitarbeiter ausgegangen wurde.

Hinzu kommt, dass sehr viele Software-Produkte entstehen werden. Bei einem Projekt in der Größenordnung von 60 000 Lines of Code und einer durchschnittlichen Modulgröße von 100 LOC müssen wir mit 600 Modulen rechnen. Wenn wir annehmen, dass jedes Modul drei Durchläufe braucht, bevor es richtig ist und endgültig in der kontrollierten Bibliothek der Software [14,28] verbleibt, dann haben wir es sogar mit 1 800 bis 2 000 verschieden Versionen von Modulen zu tun.

In dieser Situation muss es die Absicht des Teamleiters der Entwickler und des Managements sein, diese Module über die Phase hinweg stetig geliefert zu bekommen. Es sollte keineswegs so sein, dass monatelang nichts passiert und ganz am Ende der Phase alle Programmierer zur gleichen Zeit ihre Arbeit abliefern. Das würde es unmöglich machen, deren Qualität zu beurteilen.

Um ein geordnetes Anliefern der Module zu organisieren, sollte eine gewisse Zahl von Modulen jede Woche abgeliefert werden. Dies ist in der Metrik in Abbildung 6-28 dargestellt.

Den gewünschten Soll-Zustand repräsentiert die gestrichelte Kurve in der Diagonale. In der Praxis werden in den meisten Projekten in den ersten Wochen der Implementierungsphase weniger Module anfallen als gewünscht. In unserem Fall bessern sich die Verhältnisse gegen Mitte der Phase, obwohl es lange dauert, bis auch das letzte Modul fertig gestellt ist.

Eine derartige Metrik stellt für das Management ein exzellentes Instrument dar, um die tatsächliche Situation des Projekts an Hand seiner Produkte beurteilen zu können. Ihr Wert liegt auch darin, bei Abweichungen noch während der Implementierung Gegenmaßnahmen einleiten zu können.

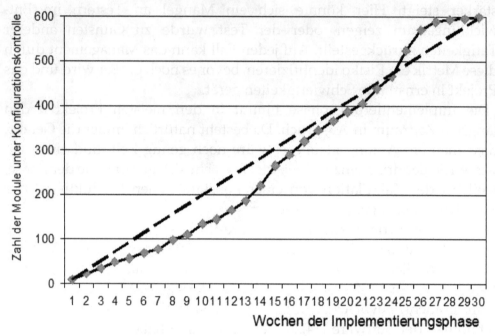

Wochen der Implementierungsphase

Abbildung 6-28: Ablieferung von Modulen

Der ein oder andere mag einwenden, dass ein Mangel an fertigen Modulen zu Beginn der Phase doch nur natürlich ist. Schließlich beginne die Kodierung erst nach dem Critical Design Review (CDR). Dies ist formal richtig, verkennt aber die Verhältnisse in vielen Projekten. Der ein oder andere Programmierer hat bereits vorgearbeitet und Quellcode für ein paar Module geschrieben. Manche Module sind recht primitiv und können daher schnell erstellt und abgeliefert werden, selbst wenn an der Schnittstelle noch das ein oder andere Problem zu erwarten ist.

Schließlich gibt es durchaus Bereiche, in denen die Projektleitung Zweifel an der Realisierbarkeit gehabt haben mag. Deswegen wurden bestimmte Module vorgezogen und bereits während der Designphase kodiert. Unter dem Strich sollte es also in vielen Projekten möglich sein, der gestrichelten Linie in Abbildung 6-28 recht nahe zu kommen.

Eine andere Form dieser Metrik finden wir in Abbildung 6-29.

Auch in diesem Fall ist eine Verzögerung bei der Zahl der tatsächlich fertig gestellten Module unverkennbar. Im Gegensatz zu vielen realen Projekten in der Praxis kann diesmal das Management allerdings erkennen, dass das Projekt aus dem Ruder zu laufen droht.

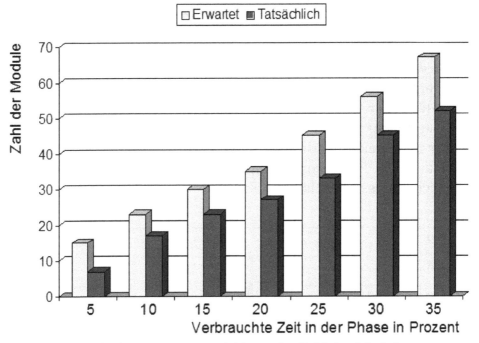

Abbildung 6-29: Entwicklung der Zahl der Module

Bei Embedded Software und Anwendungen in Echtzeit gelten besondere Bedingungen. Während in anderen Projekten der zur Verfügung stehende Hauptspeicher kein Thema sein mag, stellen bei Embedded Software der Hauptspeicher und die Rechenzeit knappe Ressourcen dar.

Embedded Software finden wir heute in vielen Geräten, vom Drucker am PC bis hin zum Radiowecker und zur digitalen Armbanduhr. Immer wichtiger wird dieser Bereich für die Automobilindustrie. Die Motorsteuerung ist ein Bereich für Embedded Software, weil dadurch Kraftstoff eingespart werden an. Aber inzwischen dringt Software in alle Subsysteme des Autos vor, vom Radio bis zu den Bremsen. Wenn das Programm hier versagen würde, könnten tödliche Konsequenzen nicht ausgeschlossen werden.

Andererseits ist Software für die Ingenieure in der Automobilindustrie sehr attraktiv. Sie wiegt nichts, und man kann trotzdem Geld für diese Ware verlangen! Durch ihren Einsatz können Kupferkabel eingespart und durch Lichtwellenleiter ersetzt werden, was wiederum Gewicht spart. Deswegen wird der Siegeszug der Software in Autos nicht aufzuhalten sein.

Wichtig ist es allerdings, die Ressourcen unter Kontrolle zu halten. In der Serien- und Massenfertigung zählt jeder Cent an Kosten, und deswegen kommen oft recht primitive Mikroprozessoren mit 8 oder 16 Bits zum Einsatz. Das hat für die Programmierung den Nachteil, dass die Ressourcen Speicherplatz und Rechenzeit knapp sein werden. Um das Risiko gering zu halten, muss mit diesen Ressourcen haushälterisch umgegangen werden.

Der beste Ansatz besteht darin, für jedes Modul der Software einen Soll-Wert für den Speicherverbrauch und die zur Verfügung stehende Zeitscheibe auf dem Prozessor vorzugeben. In Abbildung 6-30 ist dies für den Speicher eines Moduls geschehen.

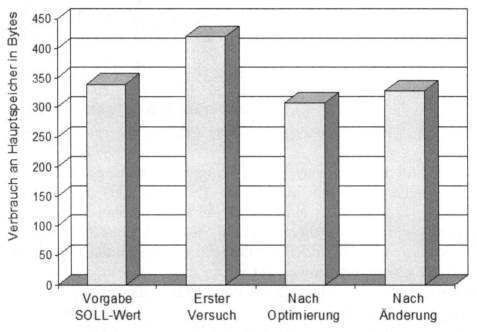

Abbildung 6-30: Speicherverbrauch eines Moduls

Zunächst wurde für dieses Modul vom Leiter des Entwicklungsteams ein Wert von 340 Bytes vorgegeben. Wie sich nach der Programmierung heraus stellte, konnte dieser Soll-Wert nicht eingehalten werden. Das Modul hatte zunächst 420 Bytes Codelänge. Nach einer Optimierung des Codes verringerte sich dieser Wert auf 308 Bytes, und nach einer weiteren Änderung war das Modul dann 328 Bytes lang. Das liegt immer noch unter der Vorgabe und ist damit akzeptabel.

Ähnlich kann man bei dem Verbrauch an Rechenleistung vorgehen. Auch hier kommt es darauf an, die Ressourcen und ihre Nutzung zu kontrollieren. Das Management darf sich nicht allein auf Zusagen verlassen, sondern muss konkrete Zahlen vorgelegt bekommen.

Kommen wir damit zur Phase Test und Integration. Die Aufteilung der Testtätigkeiten ist unterschiedlich. Während in der einen Firma der Großteil dieser Aufgabe von den Entwicklern übernommen wird, gibt es in anderen dafür Mitarbeiter, die sich auf den Test der Software [19] spezialisiert haben. Generell ist zu sagen, dass mehr Aufwand in den Test gesteckt werden sollte, wenn durch die Software Gefahr für Leib und Leben von Menschen ausgehen könnte.

Im Extremfall geht das so weit, dass dem ursprünglichen Entwickler eines Moduls bereits nach dem ersten Kompilieren ohne Fehler die Kontrolle über das Modul entzogen wird. In der Folge beginnt der Test durch eine darauf spezialisierte Gruppe von Mitarbeitern.

Bei Software, von der keine besonders hohen Gefahren ausgehen, ist es in der Regel sinnvoll, die Testtätigkeiten wie folgt aufzuteilen:

- Die Entwickler übernehmen den White Box Test.
- Die Testgruppe übernimmt den Black Box Test und alle nachfolgenden Tests.

Diese Regelung hat den Vorteil, dass die Testart, bei der es um die internen Strukturen eines Moduls geht, gerade von dem Mitarbeiter übernommen wird, der sie am besten kennen sollte: Nämlich den Designer und Programmierer eines Moduls.

Im Gegensatz dazu hat der Tester einen ganz anderen Blickwinkel. Er fragt in erster Linie, ob ein Modul seine Spezifikation erfüllt. Das ist der Blick von außen.

Wie bei der Fertigstellung der Module liegt bei den Fehlern das Risiko für das Management in einer Nicht-Erfüllung des Zeitplans. Es kommt also auch in dieser Phase darauf an zu fragen, ob die Zahl der Fehlermeldungen nicht überhandnimmt.

In diesem Zusammenhang kann Abbildung 6-31 recht nützlich sein.

In unserem Beispiel muss jeder Fehlerbericht oder Software Trouble Report (STR) durch das SCCB geöffnet und geschlossen werden. Das heißt mit anderen Worten, dass das SCCB einer Änderung in der Software zustimmen muss, bevor irgendeine Aktion starten kann. Ist ein Teil der Software geändert, folgt ein Test unter kontrollierten Bedingungen. Erst nachdem die Testergebnisse vorliegen, schließt das SCCB den Fehlerbericht.

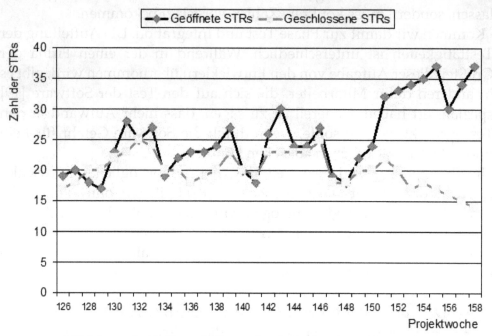

Abbildung 6-31: Entwicklung der Software Trouble Reports

In Abbildung 6-31 ist aufgezeichnet, wie sich die Zahl der offenen und geschlossenen STRs über die Wochen hinweg entwickeln. Während die Organisation zunächst mit der Bearbeitung der Änderungen nachkommt, tritt in den letzten zwei Monaten eine Verschlechterung ein. Die Schere öffnet sich, die Mitarbeiter sind nicht mehr in der Lage, die anfallenden Änderungen zu bewältigen.

Eine solche Situation kann viele Ursachen haben: Krankheit eines wichtigen Mitarbeiters, Urlaub, neue Forderungen und Wünsche der Anwender, besonders gute Tester oder die Integration mit der Hardware. Ganz unabhängig von der Ursache sollten aber bei einer Entwicklung wie in Abbildung 6-31 dargestellt beim Management die Alarmglocken schrillen. Es müssen Gegenmaßnahmen eingeleitet werden, wenn das Projekt nicht in größere Schwierigkeiten kommen soll.

Deswegen sollte diese Metrik während der gesamten Implementierungsphase und über die Test- und Integrationstätigkeiten hinweg ermittelt werden. Sie liefert dem Management einen raschen Einblick in das Projekt und ermöglicht die Ursachenforschung bei auftretenden Problemen.

Wir können allerdings unseren Blick auch über den Tag hinaus auf mehrere Projekte richten und fragen, wo unsere Fehler eigentlich entstehen. Diese Frage ist deswegen wichtig, weil ein Fehler umso teurer wird, desto länger er unentdeckt in der Software verbleibt.

Betrachten wir dazu Abbildung 6-32.

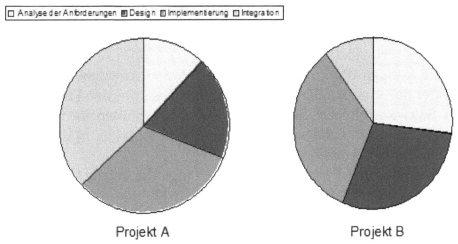

□ Analyse der Anforderungen ▩ Design ▩ Implementierung □ Integration

Projekt A   Projekt B

Abbildung 6-32: Aufteilung der Fehler nach deren Entstehung

Nehmen wir an, diese Statistik wurde während der Phase Test und Integration erstellt. Bei Projekt A entfallen etwa je ein Drittel der in dieser Phase aufgedeckten Fehler auf die beiden letzten Phasen, also Implementierung sowie Test und Integration. Das kann man erwarten, und natürlich werden auch Fehler aus früheren Phasen aufgedeckt. Ihre Zahl ist allerdings nicht übermäßig hoch.

Ganz anders dagegen bei Projekt B. Hier entfallen noch über die Hälfte der Fehlermeldungen auf die Phasen Analyse der Anforderungen sowie das Design. Das ist ein erschreckend hoher Prozentsatz und deutet darauf hin, dass die Verifikation der Software [19] in diesen Phasen vernachlässigt wurde.

Es interessiert uns natürlich auch, mit welcher Fehlerrate wir rechnen müssen, wenn wir während der verschiedenen Phasen der Software-Entwicklung alle notwendigen Testschritte konsequent durchführen. Trotzdem wird eine bestimmte Zahl von Fehlern in die nächste Phase der Entwicklung wandern. Nach Musa verbleiben beim Abschluss einer Phase die folgenden Fehler in der Software.

Fehler am Ende einer Phase	Fehler pro KLOC
Kodierung (nach der Übersetzung durch Compiler oder Assembler)	99,5
Modultest	19,7
Systemtest	6,01
Betrieb	1,48

Tabelle 6-8: Verbleibende Fehlerrate zu Beginn einzelner Phasen [65]

Natürlich können die Zahlen in Tabelle 6-8 nur Anhaltswert sein. Bei nicht oder nur unzulänglich durchgeführten Tests werden Fehler länger in der Software bleiben. Sie werden unter Umständen im Systemtest gefunden, in vielen Fällen allerdings erst beim Kunden. In diesem Fall steigt die Restfehlerrate an.

Kommen wir zurück zu der Frage, wie lange die eigene Organisation braucht, um einen Fehler zu beseitigen. Wir können diese Frage auch anders stellen: Wie viel Prozent der Fehlermeldungen werden in einer, zwei, drei oder vier Wochen wieder geschlossen? Gibt es STRs, die länger brauchen?

Diese Problematik ist in Abbildung 6-33 grafisch dargestellt.

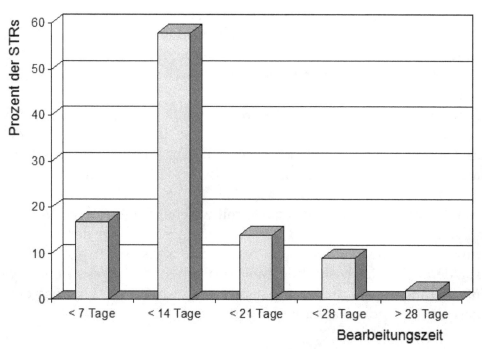

Abbildung 6-33: Klassifizierung der STRs nach der Bearbeitungszeit

Es stellt sich heraus, dass die überragende Mehrheit der Fehler innerhalb von zwei Wochen beseitigt wird. Das eigentlich interessante an dieser Metrik ist allerdings die letzte Spalte. Immerhin zwei Prozent aller STRs brauchen länger als einen Monat, bevor sie geschlossen werden.

Für das Management liegt hier ein Potential zur Verbesserung. Mancher STR braucht so lange, weil sich zwei Parteien nicht über die Vorgehensweise einigen können. Bei internationalen Joint Ventures spielen gelegentlich sogar politische Überlegungen herein. Auf jeden Fall kann die Metrik dazu dienen, Schwachpunkte im Prozess der Fehlerbeseitigung aufzudecken und zu beseitigen.

Wir haben damit eine ganze Reihe von Metriken kennen gelernt, die dazu dienen können, die Risiken unseres Projekts quantitativ beurteilen zu können. Bei ihrem Einsatz hat das Management ein Instrument in der Hand, um die Kontrolle über das Projekt effektiv auszuüben. Es wird nicht ausbleiben, dass unser Schiff gelegentlich vom Kurs abweicht. Durch die Metriken sollten wir jedoch in der Lage sein, rasch gegenzusteuern und das Schiff wieder auf Kurs zu bringen.

7 Das eigene Risikomanagement-system

The theories which I have expressed there, and which appear to you to be so chimerical, are really extremely practical – so practical that I depend upon them for my bread and cheese.

Sherlock Holmes

Wir wissen jetzt, wie wir Risiken identifizieren und bewerten können. Wir haben uns besonders mit bekannten Risiken beschäftigt, wie sie im Bereich der Software-Entwicklung immer wieder auftreten werden. Wir kennen eine ganze Reihe von Metriken, die wir bei Bedarf zur quantitativen Beurteilung bestimmter Risiken in Projekten einsetzen können.

Was uns jetzt noch fehlt, ist ein System zur Behandlung von Risiken, das wir konkret im Unternehmen verwenden können. Wir wollen dazu erneut die Firma SOFTCRAFT einspannen. SOFTCRAFT ist ein fiktives Unternehmen, das eigene Software im Markt vertreibt. Es fertigt allerdings auch Software im Auftrag von Kunden und deckt dabei eine Reihe von Applikationen ab. Die Firmenleitung der SOFTCRAFT will sich zwar nicht verzetteln, ist auf der anderen Seite aber nicht bereit, sich bietende Chancen vorbei ziehen zu lassen. Deswegen muss das zu kreierende Risikomanagementsystem flexibel genug sein, um mit einer Reihe von Projekten umgehen zu können.

7.1 Der Aufbau des Risikomanagement-systems

Dieses System ist natürlich auf ein typisches mittleres Unternehmen wie SOFTCTRAFT ausgerichtet, sollte sich aber mit einer beschränkten Zahl von Änderungen auf jede Firma übertragen lassen, die ein Risikomanagementsystem für Software einrichten will. Dieses System wird wie folgt gegliedert:

1. Risiken des Unternehmens
2. Risikomanagementsystem bei internen Projekten
3. Risikomanagementsystem bei Kundenprojekten

Lassen Sie mich die Entscheidung für diese Gliederung in drei Bereiche erklären. Es dürfte klar sein, dass es Risiken gibt, die das Unternehmen als Ganzes betreffen. Wenn die Liquidität so schlecht ist, dass der Gang zum Konkursgericht droht, dann betrifft dies alle Projekte. Darunter können auch solche sein, die glänzend da stehen. Wenn die Firma ihre Geschäftsräume in der Einflugschneise eines Flughafens hat, dann werden bei einem möglichen Flugzeugabsturz alle Projekte betroffen sein. Es macht also Sinn, die Risiken des Unternehmens vorab zu behandeln und bei den Projekten lediglich die Risiken zu betrachten, die projektspezifisch anfallen.

Bei den Projekten wollen wir unterscheiden zwischen firmeninternen und Projekten im Auftrag eines Kunden. Es gibt eine Reihe von Gründen für diese Einteilung. Bei internen Projekten können wir das Risikomanagement vollkommen nach unserem eigenen Gutdünken einrichten und durchführen, während bei Kundenprojekten eine Zustimmung des Kunden notwendig sein wird. Risikomanagement kostet Geld, obwohl wir erwarten, dass wir unter dem Strich einen Gewinn machen werden. Es könnten auch Projekte vorkommen, bei denen der Kunde ein Risikomanagement nicht für notwendig hält, die Firmenleitung der SOFTCRAFT aber die Meinung vertritt, dass Risikomanagement angebracht ist. In solchen Situationen kann ein Risikomanagement auch ohne Wissen des Kunden eingerichtet und betrieben werden.

Generell muss es das Bestreben sein, das Risikomanagement bei allen unseren Projekten nach einer einheitlichen Vorgabe zu betreiben. Gewisse Anpassungen in den Projekten werden in der Praxis allerdings nicht zu vermeiden sein.

Bevor wir voll einsteigen, müssen wir uns kurz mit den einleitenden Kapiteln unseres Handbuchs zum Risikomanagement befassen. Das Ziel ist es dabei, kurz auf die Notwendigkeit eines solchen Systems hinzuweisen und den Aufbau des Dokuments zu skizzieren.

1 Das Risikomanagementsystem der SOFTCRAFT im Überblick

1.1 Die Notwendigkeit

In unseren bewegten Zeiten ist es notwendig, Risiken einzugehen. Dies ergibt sich schon allein aus der Tatsache, dass mit Risiken stets auch Chancen verbunden sind. SOFTCRAFT will diese Chancen nutzen, um zu wachsen, den Umsatz und Gewinn zu steigern. Es werden deshalb in beschränktem Umfang Risiken eingegangen. Diese Risiken sollen kalkulierbare Risiken sein.

1.2 Art der Risiken

Einige Risiken ergeben sich allein aus der Tätigkeit im Bereich der Software-Entwicklung. Diese Risiken gelten für das gesamte Unternehmen und alle seine Projekte. Sie werden als unternehmerische Risiken der SOFTCTRAFT betrachtet. Für ihre Identifikation und Behandlung ist die Geschäftsführung verantwortlich.

Daneben gibt es Risiken, die durch bestimmte Projekte entstehen. Risiken und Chancen sind projektspezifischer Natur und müssen im Rahmen des einzelnen Projekts bearbeitet werden. Für sie kann ein Risikomanagementbeauftragter eingesetzt werden.

1.3 Gliederung des Handbuchs

Dieses Risikomanagementhandbuch wird so strukturiert, dass zunächst die Risiken des Unternehmens besprochen werden. Dann folgt das Risikomanagement für interne Projekte, und schließlich das Risikomanagement bei Kundenprojekten diskutiert. Zuletzt folgt ein Kapitel zur periodischen Überprüfung des Systems durch die Firmenleitung.

Beim letzten Punkt haben wir uns an der Neufassung der DIN EN ISO 9001 [14, 28] orientiert. Dort ist eine periodische Überprüfung des Qualitätsmanagementsystems vorgesehen. Mit unserem Risikomanagementsystem wollen wir ganz ähnlich verfahren.
   Im zweiten Kapitel eines technischen Dokuments findet man in der Regel die Referenzen. Wir wollen ebenfalls so verfahren und formulieren den folgenden Text.

2 Referenzierte Dokumente

/1/   AS/NZS 4360:1999, Risk Management
/2/   Qualitätsmanagementhandbuch der SOFTCRAFT, Version 3.2, November 2003
/3/   Gesellschaftervertrag der SOFTCRAFT vom 17. Juli 1992

Das Qualitätsmanagementhandbuch wurde aufgeführt, weil wir gelegentlich auf dort getroffene Regelungen Bezug nehmen werden. Wer einen anderen als den australischen Standard als Grundlage des eigenen Systems verwenden will, sollte diese Norm bei den Referenzen anführen.

Wenden wir uns damit dem eigentlichen Inhalt des Risikomanagementhandbuchs zu. In Kapitel 3 geht es zunächst um die Risiken des Unternehmens. Die hier behandelten Risiken werden einen weiten Bereich betreffen. Auf der anderen Seite werden sich diese Risiken nicht jeden Tag ändern. Anders als bei den Projektrisiken ist deshalb der Zeitraum, in denen diese Risiken neu bewertet und gewichtet werden müssen, relativ lang.

Ein Unternehmen zu gründen und zu leiten, ist in unseren Tagen immer ein Risiko. Deswegen kann die Beurteilung der damit verbundenen Risiken nur durch die Geschäftsführung erfolgen. Das bedeutet auf der anderen Seite natürlich nicht, dass Mitarbeiter beim Finden von Risiken ausgeschlossen werden sollen.

Wir verwenden für diesen Sachverhalt den folgenden Text.

3 Risiken des Unternehmens

In diese Klasse fallen alle Risiken, die sich aus der geschäftlichen Tätigkeit der SOFTCRAFT ergeben. Es kann sich um finanzielle Risiken handeln, sie können durch die Forderung nach Umweltschutz entstehen, menschlicher Natur sein oder in möglichen katastrophalen Ereignissen ihre Ursache haben.

3.1 Vorgehensweise

Die Geschäftsleitung der SOFTCRAFT beurteilt einmal im Jahr im Januar die Risiken, die sich aus der geschäftlichen Tätigkeit ergeben. Dazu wird die Checkliste im Anhang verwendet.

Der Risikomanagementbeauftragte kann Vorarbeiten leisten, Risiken identifizieren und Aussagen zur Risikohöhe und der Eintrittswahrscheinlichkeit machen. Die Beurteilung jedes einzelnen Risikos wird durch die Geschäftsleitung vorgenommen.

Die Sitzung der Geschäftsleitung zu den Risiken des Unternehmens wird protokolliert. Dieses Protokoll ist als vertraulich zu kennzeichnen und darf nur den Personen zugänglich gemacht werden, die auf dem Verteiler stehen.

3.2 Andere Standorte

Risiken, die sich aus dem Standort von Niederlassungen und Vertretungen ergeben, werden mit dem jeweiligen Leiter der Niederlassung diskutiert und in der Besprechung der Geschäftsleitung behandelt. Bei Vertretungen im Ausland ist das dort geltende Recht zu berücksichtigen.

3.3 Auswirkungen von Projektrisiken auf das Unternehmen

Die Vorgehensweise bei Projekten wird in den Kapitel 4 und 5 dieses Handbuchs beschrieben. Falls dort Risiken auftauchen, die als besonders gefährlich betrachtet werden und das Unternehmen als Ganzes gefährden könnten, ist der Risikomanagementbeauftragte berechtigt und verpflichtet, die Firmenleitung darauf hinzuweisen. Zu diesem Zweck hat der Risikomanagementbeauftragte jederzeit Zugang zur Geschäftsleitung.

Der Projektmanager hat ebenfalls die Pflicht, auf Risiken hinzuweisen, die durch ihr Schadenspotential die Firma gefährden könnten.

Der Risikomanagementbeauftragte berichtet einmal im Vierteljahr in zusammengefasster Form schriftlich über alle Risiken der Projekte an die Geschäftsleitung. Dieser Bericht muss jeweils im März, Juni, September und Dezember eines Jahres verfasst und abgeliefert werden.

3.4 Besonders hohe Risiken

Ist ein Risiko derart hoch, dass bei seinem Eintreten die Existenz der

SOFTCRAFT gefährdet sein könnte, kann ein einzelner Gesellschafter gegen die Durchführung dieses Projekts sein Veto einlegen. In diesem Fall kann das Projekt nicht in der geplanten Form durchgeführt werden. Dies bedeutet jedoch nicht, dass das Projekt zwingend eingestellt werden muss. Vielmehr muss zunächst geprüft werden, ob das Risiko verlagert oder gemindert werden kann. Es ist auch eine Ausgliederung in der Form einer rechtlich selbständigen Tochtergesellschaft zu prüfen.

Damit haben wir eine Regelung für die Risiken des Unternehmens gefunden. Alles, was dort bereits an generellen Risiken für die Firma identifiziert und behandelt wurde, braucht uns bei den Projekten nicht mehr zu kümmern. Wir müssen allerdings bei jedem Projekt fragen, ob ein bestimmtes Risiko ein so hohes Schadenspotential mit sich bringt, dass es das gesamte Unternehmen in seiner Existenz gefährden könnte.

Befassen wir uns nun mit den Risiken bei internen Projekten. Das sind Entwicklungsvorhaben, bei denen die SOFTCRAFT Software für den Markt entwickelt. In diese Klasse könnten allerdings auch Projekte fallen, bei denen der Kunde kein Risikomanagement wünscht, die Firmenleitung allerdings Risiken vermutet. In diesem Fall kann sie anordnen, Risikomanagement zu betreiben. Wir geben uns dazu die folgenden Regeln.

4 Risikomanagement bei internen Projekten

Bei internen Projekten kann die Geschäftsführung des Unternehmens anordnen, Risikomanagement zu betreiben. In diesem Fall wird ein Risikomanagementbeauftragter eingesetzt, der direkt an die Geschäftsführung berichtet.

Der Risikomanagementbeauftragte kann bei kleineren Entwicklungen für mehrere Projekte gleichzeitig tätig sein. Die Zahl der Projekte, für die er parallel tätig ist, darf jedoch die Zahl drei nicht überschreiten.

4.1 Das System zum Identifizieren und Behandeln von Risiken

Es kommt das System zum Einsatz, das in Abbildung 7-1 dargestellt ist. Dieses Risikomanagementsystem für Projekte gliedert sich in zwei hauptsächliche Tätigkeiten:

1. Risiken finden und bewerten
2. Verfolgen der identifizierten Risiken im Projektverlauf

Bei dem ersten Komplex geht es in erster Linie darum, die mit der Durchführung eines Projekts verbundenen Risiken ausfindig zu machen, zu dokumentieren und in der Folge zu beurteilen. Es können auch Maßnahmen vorgeschlagen werden, um ein Risiko zu mindern, zu verlagern oder sein Schadenspotential in anderer Weise zu verringern. All dies wird in einen Risikomanagementplan münden.

Im zweiten Komplex von Tätigkeiten muss jedes einzelne Risiko im Projektverlauf verfolgt werden, damit es nicht eintritt und Schaden anrichtet. Dazu gehört die Suche nach Lösungen. Falls sich das Projekt über Monate und Jahre hinzieht, gehört zu den Tätigkeiten des Risikomanagementbeauftragten auch die Neubewertung der bereits identifizierten Risiken.

Es beachten ist ferner, dass bei längeren Projekten durch technische Neuerungen oder gesetzgeberische Maßnahmen neue Risiken für das Projekt entstehen können. Diese sind zu bewerten und müssen in den Risikomanagementplan aufgenommen werden. Dazu ist dieser Plan zu revidieren und neu herauszugeben.

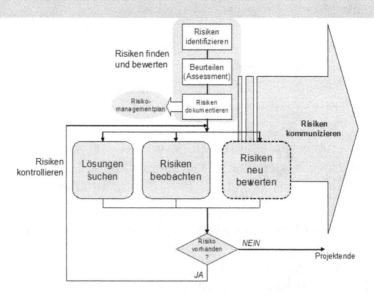

Abbildung 7-1: Risikomodell der SOFTCRAFT

4.1.1 Risiken finden und bewerten

Es gehört zu den Pflichten des Projektmanagers, in seinem Projekt ein Arbeitsklima zu schaffen, das es jedem Mitglied des Projektteams ermöglicht, über potentielle Risiken – und andere Probleme – offen zu reden. Nur erkannte Risiken sind gute Risiken.

Um projektspezifische Risiken zu Beginn des Projekts identifizieren zu können, wird der Risikomanagementbeauftragte im Verein mit dem Projektleiter und den Entwicklungsingenieuren eine Reihe von Methoden und Techniken einsetzen. Dazu gehören

- Interviews mit Mitarbeitern, die mit einer bestimmten Applikation oder Branche Erfahrungen vorweisen können.
- Brainstorming oder Brainwriting
- Edward de Bonos Technik der sechs Hüte
- Mind Maps
- Suche im Internet

Alle gefundenen Risiken sind zu dokumentieren. Bei der nachfolgenden Analyse kommt es besonders darauf an, ihr Schadenspotential zu beurteilen. Dies ist in erster Linie die Aufgabe des Risikomanagementbeauftragten. Er kann dazu jedoch fachlichen Rat einholen.

Bei der weiteren Bearbeitung jedes einzelnen erkannten Risikos kommen die folgenden Techniken zum Einsatz:

- Analyse getroffener Annahmen
- Technologische Treiber, also die Untersuchung der vorgeschlagenen technischen Lösung. Diese Analyse muss sich nicht auf Software beschränken.
- Zerlegung eines Risikos in seine Bestandteile (De-Komposition)

Ferner kann der Risikomanagementbeauftragte konstruktive Lösungen vorschlagen, um Risiken besser beurteilen zu können. Dazu gehören die folgenden Maßnahmen:

- Bau von Prototypen
- Simulation und Modellbildung
- Durchführung von Benchmarks, auch mit Produkten des Wettbewerbs
- Instrumentierung der Software oder einzelner Module und Komponenten zur Durchführung von Messungen

Bei der Analyse von Risiken und alternativen Vorgehensweisen kann der Risikomanagementbeauftragte auch monetäre Größen einsetzen, um die Wahl zwischen verschiedenen Alternativen durch Zahlen zu verdeutlichen. Als Instrument eignen sich Entscheidungsbäume. Als Werkzeug kann Tabellenkalkulation zum Einsatz kommen.

Der Risikomanagementbeauftragte kann die Risiken ordnen, etwa nach den Kriterien Schadenshöhe, Eintrittswahrscheinlichkeit, Schwierigkeit oder Dringlichkeit. Er kann auch Prioritäten setzen. Die Umsetzung der Qualitätsfaktoren im Projekt, wie sie im Software-Entwicklungsplan genannt werden, kann einen Einfluss auf den Risikomanagementplan haben.

Alle identifizierten Risiken sind im Risikomanagementplan zu erfassen. Dieser muss bis zum Preliminary Design Review (PDR) vorliegen. Jedoch ist für das Erstellen dieses Plans der Software-Entwicklungsplan eine Voraussetzung. Dieser muss wenigstens zwei Wochen vor der Veröffentlichung des Risikomanagementplans vorlegen.

4.2 Verfolgen von Risiken im Projektverlauf

Nach der Vorlage des Risikomanagementplans hat der Risikomanagementbeauftragte im Verlauf des Projekts drei wesentliche Aufgaben: Er muss die erkannten Risiken verfolgen und ihren Status dokumentieren, er muss bei Lösung von Problemen mitwirken und kann Vorschläge machen, und er hat gegebenenfalls die Risiken neu zu bewerten.

Die Verfolgung der Risiken kann in der Art und Weise erfolgen, dass eine Liste mit allen Risiken aufgestellt und gepflegt wird. Diese wird wöchentlich aktualisiert. In dieser Liste müssen die folgenden Daten enthalten sein:

- Name des Risikos
- Potentielle Schadenshöhe
- Rang und Priorität
- Derzeitiger Status
- Falls zutreffend: Zugeordnete Metrik zur Verfolgung des Risikos

Aus der Liste aller Risiken kann eine Untermenge der Risiken als Top-10 oder Top-5 ausgegliedert werden, um die Aufmerksamkeit des Managements besonders auf diese wichtigsten Risiken zu richten

Die Liste der Risiken wird wöchentlich mit dem Projektleiter, Mitarbeitern und anderen Managern diskutiert. In dieser Besprechung können auch Lösungsansätze besprochen werden.

Das Finden von Lösungen ist nicht die Aufgabe des Risikomanagementbeauftragten. Er arbeitet jedoch mit, indem er Informationen zur Verfügung stellt und auf Alternativen hinweist. Es ist jedoch die Aufgabe des Risikomanagementbeauftragten, nach der Erarbeitung von Lösungen oder Teillösungen ein Risiko neu zu bewerten.

Falls das Projekt länger als ein Jahr dauert, werden nach Ablauf von zwölf Monaten alle Risiken daraufhin untersucht, ob ihre Beurteilung weiterhin gültig ist. Dies führt gegebenenfalls zu einer Revision des Risikomanagementplans. Dauert das Projekt ein weiteres Jahr an, steht eine weitere Untersuchung der Risiken an.

Treten im Projektverlauf bisher nicht erkannte neue Risiken auf, sind diese zu bewerten und in den Risikomanagementplan aufzunehmen.

Die genannten Tätigkeiten sind durchzuführen, bis die erkannten Risiken keine Gefahr mehr darstellen oder das Projekt endet.

4.2.1 Einsatz von Metriken

Metriken werden im Projekt nach den Vorgaben der Metrikengruppe eingesetzt. Diese Regelung sorgt dafür, dass in der gesamten Firma ein einheitlicher Satz von Metriken verwendet wird.

Der Risikomanagementbeauftragte kann bestimmte zusätzliche Metriken vorschlagen, um einzelne Risiken durch Metriken verfolgen zu können. Er benötigt dazu die Zustimmung der Metrikengruppe, die Teil des Qualitätsmanagements ist.

Der Einsatz von Metriken ist im Risikomanagementplan zu dokumentieren.

Der Einsatz von Tools beim Einsatz von Metriken ist anzustreben.

4.3 Kommunikation der Risiken

Es gehört zu den wichtigsten Aufgaben des Risikomanagement-beauftragten, die identifizierten Risiken im Projekt zu kommunizieren. Dazu dient in schriftlicher Form der Risikomanagementplan. Ferner werden die folgenden Instrumente eingesetzt:

- Die Risiken des Projekts werden wöchentlich mit dem Projektleiter besprochen. Dieser kann bestimmte Mitarbeiter hinzuziehen, falls er das wünscht.
- Bei allen Reviews (SRR, PDR, CDR, IPR) stehen die Risiken auf der Agenda. Für diese Besprechung kann der Kreis der Teilnehmer eingeschränkt werden.
- Der Risikomanagementbeauftragte berichtet vierteljährlich in schriftlicher Form über die bestehenden Projektrisiken an das Management.
- Bei besonders hohen Risiken kann der Risikomanagementbeauftragte jederzeit bei der Geschäftsleitung vorsprechen.

Ein weiteres wichtiges Instrument zum Verdeutlichen von Risiken sind Metriken. Die Ergebnisse werden vom Risikomanagementbeauftragten nach eigenem Gutdünken verteilt. Die Geschäftsleitung kann den Zugriff auf Daten und Metriken beschränken.

Risikomanagement ist wichtig, aber wir können nicht davon ausgehen, dass jedes Projekt einen Risikomanagementbeauftragten haben wird. Wenn etwa bei einem kleinen Projekt der Kunde nicht weiß, was er braucht, aber bereit ist, einfach nach Aufwand zu bezahlen, wird die

SOFTCRAFT in diesem Fall kaum den Einsatz eines Risikomanagementbeauftragten rechtfertigen können. Deswegen wird dieser Mitarbeiter in unserem System von Fall zu Fall von der Geschäftsführung eingesetzt.

Bei kleineren und mittleren Projekten wird der Risikomanagementbeauftragte mit einem Projekt kaum ausgelastet sein. Er benötigt allerdings spezielle Kenntnisse, deswegen kann nicht ein beliebiger Mitarbeiter diese Aufgabe nebenbei erledigen. Um den Risikomanagementbeauftragten nicht mit den Daten von allzu vielen unterschiedlichen Projekten zu belasten, wurde die Zahl seiner Projekte in unserem System auf drei begrenzt.

Wichtig ist es, den Projektleiter als Verbündeten zu gewinnen. Nur wenn er seinen Mitarbeitern ein offenes Wort erlaubt, kann es gelingen, wirklich alle Risiken offen anzusprechen. Hier liegt bei den Mitarbeitern, die oft jahrelang im Geschäft sind und viele Projekte gesehen haben, ein Schatz an Erfahrung, der gehoben werden sollte. Bei internen Projekten schaut kein Kunde den Entwicklern über die Schulter. Da sollte sich niemand scheuen, „aus dem Nähkästchen" zu plaudern.

Im Bereich Kommunikation ist die Einbindung des Risikomanagementbeauftragten in den Alltag des Projekts wichtig. Wenn es ein wöchentliches Status Meeting gibt, dann sollte er dabei sein. Bei den Reviews darf nicht nur der Zeitplan besprochen werden, sondern es müssen auch die Risiken vorgestellt und diskutiert werden.

Bei Metriken gibt es natürlich Dutzende von Möglichkeiten. Die Absicht der Geschäftsführung muss es natürlich sein, einen einheitlichen Satz von Metriken zu erheben. Nur auf diese Weise ist es möglich, verschiedene Projekte miteinander zu vergleichen.

Aus diesem Grund gibt in unserem System die Metrikengruppe zunächst einen festen Satz von Metriken für ein Projekt vor. Dies wird im Qualitätsmanagementplan dokumentiert werden. Der Risikomanagementbeauftragte hat allerdings die Möglichkeit, bestimmte Metriken vorzuschlagen, um erkannte Risiken damit verfolgen zu können. Hier muss im Einzelfall eine Abwägung zwischen den Kosten einer neuen Metrik und deren Nützlichkeit für die Verfolgung eines wichtigen Risikos erfolgen.

Wenden wir uns damit den Kundenprojekten zu. Hier können wir den folgenden Text einsetzen.

5 Risikomanagement bei Kundenprojekten

Bei Projekten für einen externen Kunden wird die Geschäftsführung der SOFTCRAFT dem Kunden vorschlagen, das in Kapitel 4 vorgestellte Risikomanagementsystem einzusetzen.

Falls der Kunde damit einverstanden ist, wird das in Kapitel 4 vorgestellte Risikomanagementsystem verwendet. Allerdings wird bei der Identifikation von Risiken der Kunde und die Anwender einbezogen. Als Instrument zum Aufspüren von Risiken im Bereich des Kunden und der Anwender kommen in erster Linie Interviews zum Einsatz.

Falls der Kunde Modifikationen am Risikomanagementsystem, wie es in Kapitel 4 beschrieben ist, wünscht, so ist das grundsätzlich möglich. Die Kosten dafür trägt der Kunde.

Vom Kunden oder dessen Mitarbeitern genannte Risiken und damit zusammenhängende Daten und Fakten werden bei der SOFTCRAFT vertraulich behandelt und nicht an Dritte weitergegeben.

Metriken sowie damit zusammenhängende Verfahren bleiben das geistige Eigentum der SOFTCRAFT, selbst wenn dem Kunden Ausdrucke und Ergebnisse zur Verfügung gestellt werden. Sie dürfen seitens des Kunden nicht an Dritte weitergegeben werden.

Damit haben wir unser System auf Kundenprojekte übertragen. Wenn der Kunde allerdings Änderungen wünscht, müssen wir versuchen, ihm die Kosten dafür aufzubürden. In den meisten Fällen dürften wir den Kunden allerdings von der Überlegenheit unseres Systems überzeugen können. Das gilt umso mehr, wenn er sich nie vorher mit Risikomanagement befasst hat.

  Es bleibt uns die Aufgabe, in der Folgezeit zu prüfen, ob unser Risikomanagementsystem den Anforderungen entspricht. Wir können uns hier an der DIN EN ISO 9001 [14, 28] orientieren. Diese Qualitätsnorm fordert in Abschnitt 5.3 unter der Überschrift Qualitätspolitik: Die Firmenleitung muss sicherstellen, dass die Qualitätspolitik auf ihre fortdauernde Angemessenheit hin überprüft wird.

  Wenn wir in diesem Satz Qualitätspolitik durch Risikomanagement ersetzen, haben wir die Forderungen für unser System zum Risikomanagement. Zwar wird sich in der täglichen Praxis der Risiko-managementbeauftragte dauernd mit diesem System beschäftigen. Gerade aus diesem Grunde ist er aber nicht die geeignete Person, um es objektiv überprüfen zu können. Wir wählen vielmehr in unserem System für diese Aufgabe das für das Qualitätsmanagement zuständige Mitglied der Geschäftsleitung.

Damit kommen wir zu diesen Aussagen.

6 Überprüfung des Risikomanagementsystems

Das Risikomanagementsystem wird einmal im Jahr auf seine Eignung und fortdauernde Angemessenheit überprüft. Diese Aufgabe nimmt das für Qualitätsmanagement zuständige Mitglied der Geschäftsführung der SOFTCRAFT wahr.

Der Zweck dieses Reviews besteht darin

- den Erfolg des Risikomanagementsystems in der Praxis beurteilen zu können,
- seine Wirksamkeit zu prüfen, und
- Verbesserungspotentiale zu finden.

Das für Qualitätsmanagement zuständige Mitglied der Geschäfts-führung wird einmal im Jahr im Dezember einen Audit durchführen, um die Anwendung des Risikomanagementsystems im Rahmen eines konkreten Projekts beurteilen zu können. Für diesen Zweck wird er ein Projekt auswählen, das genügend weit fortgeschritten ist, um Ergebnisse vorweisen zu können. Das Projekt sollte sich also mindestens in der Implementierungsphase befinden. Über das Audit wird ein Bericht angefertigt, der der Geschäftsleitung zugänglich gemacht wird.

Die Durchführung des Reviews ist in Abbildung 7-2 zu sehen.

Software-Risiken bekämpfen

Abbildung 7-2: Review des Risikomanagementsystems

Neben den Ergebnissen des Audits kann das für Qualitätsmanagement zuständige Mitglied der Geschäftsleitung die folgenden Informationen beim Review des Systems berücksichtigen.

- Die Berichte des Risikomanagementbeauftragten aus den unterschiedlichen Projekten
- Gespräche mit Kunden, bei deren Projekten das System angewandt wird
- Fehler, also trotz der Anwendung des Risikomanagementsystems nicht erkannte Risiken
- Berichte von Wettbewerbern, die ebenfalls ein Risikomanagementsystem einsetzen
- Reports von Reviews mit den Kunden in Projekten
- Änderungen in der Gesetzgebung, besonders bei den Normen und Standards im Bereich Risikomanagement

Die Arbeit des für das Qualitätsmanagement zuständigen Mitglieds der Geschäftsführung wird in einen Bericht an die Unternehmensleitung münden, in dem konkrete Empfehlungen zur Änderungen im Risikomanagementsystem in Sinne einer Verbesserung ausgesprochen werden.

242

Es ist die Aufgabe des Risikomanagementbeauftragten, diese Änderung innerhalb von drei Monaten in das System einzuarbeiten und das revidierte Handbuch der Geschäftsführung vorzustellen. Die Geschäftsführung erteilt dann die Genehmigung zur Anwendung der neuen Regelungen.

Damit haben wir unser eigenes Risikomanagementsystem geschaffen. Es berücksichtigt die Forderungen an ein solches System, wie sie in Normen zu finden sind, ist aber auf der anderen Seite flexibel genug, um im Risikomanagementplan Anpassungen an die Verhältnisse in unterschiedlichen Projekten zuzulassen. Mit kleinen Änderungen sollte das hier vorgestellte System für viele Organisationen tauglich sein, die Software professionell erstellen.

Weil die Identifizierung, Beurteilung und Verfolgung vieler einzelner Risiken doch einen gewissen Aufwand darstellt, wird bald die Frage auftauchen, ob es nicht ein Werkzeug für die Risiken eines Unternehmens gibt.

7.2 Werkzeuge

Man is a tool-making animal.
Benjamin Franklin

In der Tat sind inzwischen eine ganze Reihe von Werkzeugen auf den Markt. Wer im Internet nach Tools zum Risikomanagement sucht, wird eine Reihe von Treffern erzielen. Einige dieser Tools sind lediglich auf das finanzielle Risikomanagement ausgerichtet, andere haben als Zielgruppe die Unternehmen einer bestimmten Branche.

Manche Werkzeuge sind durchaus brauchbar, richten das Augenmerk aber eher auf das Unternehmen als Ganzes. Was ich bisher vermisse, ist ein Tool zum Risikomanagement, das speziell auf die Software-Industrie ausgerichtet ist. Haben wir nicht mehr Risiken zu tragen als andere Branchen?

Diese Werkzeuge auf ihre Eignung hin zu untersuchen kann im konkreten Einzelfall nicht schaden. Dennoch stellt sich die Frage, ob wir nicht ein spezifisches Tool für unsere Verhältnisse schaffen sollten. Es braucht nicht gleich ein automatisiertes Werkzeug zu sein, wir wären bereits mit einem simplen Test zufrieden.

Wenn wir einen solchen Test schaffen wollen, dann sollten wir uns dazu die einzelnen Risiken vornehmen und für jedes Risiko Punkte vergeben. Wir könnten zum Beispiel so vorgehen.

Ist der Kunde finanziell potent genug, um über den gesamten Projektzeitraum hinweg die Aufwendungen für die Entwicklung der Software tragen zu können?		
1	Es handelt sich beim Kunden um ein florierendes Unternehmen, das hohe Gewinne macht:	0 Punkte
2	Der Kunde steht im Wettbewerb und muss Nachlässe einräumen. Das Unternehmen macht aber Gewinn.	2 Punkte
3	Der Kunde hat wegen der schlechten Konjunktur zwei Jahre keinen Gewinn ausgewiesen. Er ist aber zahlungsfähig.	5 Punkte
4	Der Kunde steht schlecht da. Eine Zahlungsunfähigkeit über einen Zeitraum von drei Jahren ist nicht auszuschließen.	10 Punkte

Sie werden es bereits bemerkt haben. Wir verwenden eine Skala von 0 bis 10. Der Wert Null steht für kein Risiko, während bei zehn ein hohes Risiko zu erwarten ist.

Wir könnten in diesem Rahmen auch fragen, ob der Kunde bereits Erfahrung mit der Entwicklung von Software besitzt. Handelt es sich um ein Kundenprojekt und will der Kunde das erste Mal ein Problem seines Betriebs mit Hilfe von Software lösen, so macht er sich vielleicht Illusionen. Das stellt nicht nur für den Kunden ein Risiko dar, sondern auch für den Auftragnehmer. Wir formulieren also die folgenden Fragen.

Hat der Kunde bereits Erfahrungen mit der Entwicklung von Software?		
1	Es handelt sich beim Kunden um eine Organisation, die seit Jahrzehnten Aufträge zur Entwicklung von Software vergibt, darunter Programme mit mehreren Millionen Lines of Code.	0 Punkte

2	Der Kunde hat bereits ein Dutzend Projekte abgewickelt, darunter eines mit unserer Firma.	2 Punkte
3	Der Kunde hat bereits ein Dutzend Projekte abgewickelt.	3 Punkte
4	Der Kunde hat Erfahrung mit einem Projekt, das erfolgreich war.	4 Punkte
5	Der Kunde hat Erfahrung mit einem Projekt, das gescheitert ist.	5 Punkte
6	Der Kunde hat keinerlei Erfahrung mit Software, setzt im Hause aber Standard-Software ein.	7 Punkte
7	Der Kunde hat keinerlei Erfahrung mit Software.	10 Punkte

Wir sollten den Kunden einschätzen, um unser eigenes Risiko besser beurteilen zu können. Das darf uns aber nicht daran hindern, uns selbst kritisch zu sehen. Wir formulieren dazu die folgenden Fragen.

Haben wir mit der für den Kunden notwendigen Applikation Erfahrung?		
1	Wir haben eine durchaus ähnliche Applikation für einen Konkurrenten des Kunden entwickelt.	0 Punkte
2	Wir haben keine direkte Erfahrung mit der Applikation, kennen uns aber mit vergleichbaren Programmen aus.	2 Punkte
3	Wir haben Erfahrung mit Teilen der Applikation.	5 Punkte
4	Wir haben keinerlei Erfahrung mit der Applikation, werden aber einen Mitarbeiter einstellen, die diese Erfahrung mitbringt.	7 Punkte
5	Wir haben keinerlei Erfahrung mit der Applikation und können in der derzeitigen Lage kein Know-how einkaufen.	10 Punkte

Der Zeitplan ist in den meisten Software-Projekten kritisch. Deswegen wollen wir uns auch damit befassen.

Wie ist der Zeitplan zu beurteilen?		
1	Der Kunde macht wegen des Termins keine Vorgaben.	0 Punkte
2	Der Kunde beharrt auf einen zugesagten Termin, will sich aber wegen der Ablieferung der Software auf die Vereinbarung eines Zeitraums (plus/minus drei	

	Monate) einlassen.	2 Punkte
3	Der Kunde zahlt uns eine Prämie, wenn wir den Ablieferungstermin um nicht mehr als einen Monat verfehlen.	3 Punkte
4	Wir müssen eine Konventionalstrafe zahlen, wenn wir den Termin nicht einhalten können.	10 Punkte

Wir können uns bei diesem Test auch auf einzelne Produkte konzentrieren. Denken wir etwa an die Software-Anforderungen und ihre Erstellung.

Wie sehen die Vorstellungen des Kunden hinsichtlich der Software-Anforderungen aus?		
1	Der Kunde hat klare Vorstellungen und seine Forderungen an die Software bereits in einer Spezifikation, die professionellen Anforderungen genügt, dokumentiert.	0 Punkte
2	Der Kunde hat klare Vorstellungen und seine Forderungen an die Software bereits in einer Loseblattsammlung dokumentiert.	2 Punkte
3	Der Kunde hat klare Vorstellungen, braucht aber Hilfe bei der Erstellung einer Spezifikation.	5 Punkte
4	Der Kunde hat bestimmte Vorstellungen, braucht aber Hilfe bei der Erstellung einer Spezifikation. Im Hause des Kunden gibt es anscheinend rivalisierende Gruppen, die divergierende Ziele verfolgen.	7 Punkte
5	Der Kunde weiß anscheinend nicht, was er will.	10 Punkte

Wenn wir die uns bekannten Risiken Schritt für Schritt aufschreiben und jedem einzelnen Risiko für ein konkretes Projekt Punkte zuordnen, dann haben wir am Ende einen Test, der uns ein gutes Bild über unser Gesamtrisiko geben wird.

Diesen Test kann der Risikomanagementbeauftragte einsetzen, um ein Projekt hinsichtlich der damit verbundenen Risiken einschätzen zu können. Er kann auch dazu dienen, bei erkannten Risiken gezielt Gegenmaßnahmen einzuleiten und damit das Risiko zu mildern oder ganz zu beseitigen.

Ein vollständig ausgearbeiteter Test findet sich im Anhang. Wenn wir ihn einsetzen, können wir sehr gezielt die Risiken bei der Software-Entwicklung bekämpfen.

7.3 Kombination mit anderen Disziplinen

The only place you find success before work is in the dictionary.

May V. Smith

Bei der konkreten Einrichtung eines Risikomanagementsystems im Betrieb wird natürlich die Frage auftauchen, wo diese Disziplin organisatorisch eingebunden werden soll. Es stellt sich auch die Frage, ob es Überschneidungen mit anderen Fachbereichen gibt und ob eventuell bestimmte Aufgaben im Bereich Risikomanagement bereits jetzt von anderen Abteilungen durchgeführt werden.

Was die Einbindung in die Organisation angeht, so muss jedes Unternehmen eine eigene Lösung finden. Diese wird davon abhängen, was an verwandten Tätigkeiten bereits existiert. Natürlich spielt auch die Größe der Firma eine Rolle.

Warnen muss ich davor, die Aufgabe ohne vorhergehende Schulung einem beliebigen Mitarbeiter zu übertragen. Wir wissen, dass mit dem Risikomanagement für Software eine ganze Reihe spezifischer Tätigkeiten verbunden sind, die einen gewissen Aufwand erfordern.

Bei den vorhandenen Gruppen oder Abteilungen sehe ich die größte Schnittmenge mit dem Risikomanagement im Bereich des Qualitätsmanagements und der Qualitätssicherung. Falls der Risikomanagementbeauftragte dort eingebunden wird, kann diese eine gangbare Lösung sein. Es ist allerdings darauf zu achten, dass er sich wirklich dem Risikomanagement widmet und nicht spezifische Aufgaben der Qualitätssicherung durchführt.

Es ist auf der anderen Seite nicht zu bestreiten, dass gute Projektmanager ein Auge für Risiken haben. Wäre das nicht der Fall, würden sie ihren Job nicht lange behalten. Die Frage ist allerdings, ob sie dem Risikomanagement genug Zeit widmen können und ob sie die speziellen

Kenntnisse und Fähigkeiten besitzen, um Risikomanagement systematisch und nachdrücklich betreiben zu können. In den meisten Unternehmen wird diese Frage wohl mit Nein beantwortet werden müssen.

Der Aufbau eines Risikomanagementsystems im Unternehmen ist für einen jungen und ehrgeizigen Mitarbeiter eine dankbare Aufgabe. Sie muss angegangen werden, um das Unternehmen vor Schaden zu bewahren.

8 Risiken zu Beginn des 21. Jahr-hunderts

Life's tragedy is that we get old too soon and wise too late.

Benjamin Franklin

Wir haben uns intensiv mit Risiken beschäftigt und die Methoden und Techniken kennen gelernt, die wir einsetzen müssen, um Risiken in den Griff zu bekommen. Wir müssen Risiken akzeptieren, wenn wir die damit verbundenen Chancen nutzen wollen.

Risiken im Bereich der Software-Entwicklung und deren Vermarktung ergeben sich vor allem, weil zwei Trends zu beobachten sind.

- Programme werden immer umfangreicher
- Die Software dringt in alle Bereiche der Technik und des menschlichen Lebens vor.

Der erste Trend fällt nicht unbedingt auf, weil sich diese Entwicklung schleichend vollzieht. Wir bemerken das Anwachsen der Programme eher indirekt durch immer größere Festplatten und die Zahl der Datenträger, die zum Installieren eines Programms notwendig sind. Weil Programme immer mächtiger werden, steigen auch die damit verbundenen Risiken.

Eine einfache Textverarbeitung kommt noch mit 40 000 Lines of Code aus. Die Software zur Steuerung eines Walzwerks in der Stahlindustrie braucht rund eine halbe Million Lines of Code, und für die Software zur Überwachung und Steuerung des Luftverkehrs über den USA oder Europa müssen wir rund eine Million Lines of Code ansetzen. Die Entwicklungskosten für Microsofts Betriebssystem Windows NT werden mit 150 Millionen Dollar angegeben. Dafür wurden 200 Programmierer und Tester benötigt, die 4,3 Millionen Lines of Code schufen. Bei Windows NT 5.0 war der Code bereits auf 30 Millionen LOC angewachsen.

Das immense Wachstum der Programme in einer anderen Branche zeigt Abbildung 8-1.

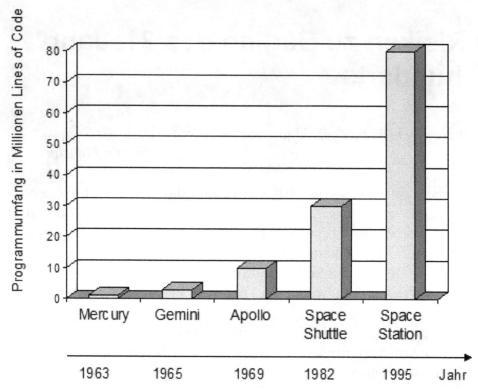

Abbildung 8-1: Wachstum der Software im Bereich der Raumfahrt [32]

In der Raumfahrt ist Software unverzichtbar, weil der Kommandant der US-Raumfähre bei der Landung gar nicht schnell genug reagieren kann, wenn eine Windböe den Gleiter erfassen sollte. Dies gilt umso mehr, wenn es darum geht, einen Kundschafter zu einem Planeten wie der Venus oder zum Mars zu schicken.

Der zweite Trend sorgt dafür, dass Software in alle Bereiche unserer Welt vordringt. Wir finden Software im Radiowecker und im Fernseher, in der Motorsteuerung unseres Autos, im Autopiloten eines Flugzeugs und selbst im Herzschrittmacher, den manche Zeitgenossen im Leib tragen. Da ist ein Fehler in der Software im wahrsten Sinne lebensbedrohend.

Die beiden Trends sorgen zusammen dafür, dass die Risiken bei der Software-Entwicklung für die Anbieter immer größer werden. Deswegen ist es durchaus angebracht, Risikomanagement zu betreiben. Dies liegt im ureigenen Interesse der Unternehmen, die in diesem Gebiet der Technik tätig sind. Nur wer die Risiken im Auge behält, kann die Chancen voll ausreizen.

Anhang

A.1 Literaturverzeichnis

[1] T. G. Lewis, *The friction-free Economy*, New York, 1997

[2] T. G. Lewis, *Microsoft Rising, Piscataway*, New Jersey, 1999

[3] Craig Covault, „ISS Computer Crisis Slows Canadarm Tests", in *Aviation Week & Space Technology*, April 30, 2001

[4] Craig Covault, "ISS Computer Snafu Investigated", in *Aviation Week & Space Technology*, May 7, 2001

[5] "Stations's warped Drives", in *Aviation Week & Space Technology*, July 23, 2001

[6] Charles Knutson, Sam Carmichael, "Safety first: Avoiding Software Mishaps", in *Embedded Systems Programming*, November 2000

[7] Pierre Sparaco, "Board faults Ariane 5 Software", in *Aviation Week & Space Technology*, July 29, 1996

[8] „Softwarefehler für Fehlstart von Ariane 5 verantwortlich", in *SZ*, 24. Juli 1996

[9] Michael A. Dornheim, „Faulty Thruster Table Led to Mars Mishap", in *Aviation Week & Space Technology*, October 4, 1999

[10] „Mars Orbiter Opfer englischer Einheiten", in *SZ*, 2. Oktober 1999

[11] „Rechenfehler führte zu Millionenpleite", in *NÜRNBERGER NACHRICHTEN*, 2. Oktober 1999

[12] „Mars Climate Orbiter Lost", in *Mars Underground News*, Volume 11, Number 3

[13] Marcia Dunn, „Experts Suspect Software Glitch in Bumpy Capsule Landing", in *Associated Press*, May 7, 2003

[14] Georg Erwin Thaller, *ISO 9001:2000 - Software-Entwicklung in der Praxis*, 3. Auflage, Hannover, 2001

[15] Georg Erwin Thaller, *Qualitätsoptimierung der Software-Entwicklung: Das Capability Maturity Model (CMM)*, GDdL, 2015

[16] Alex Berenson, „NYSE Halts Trading as Computers Break Down", in *International Herald Tribune*, June 9, 2001

[17] Georg Erwin Thaller, *Der Individuelle Software-Prozess: DIN EN*

ISO 9001 für Klein-Mittelbetriebe, GDdL, 2015

[18] Donald MacKenzie, *Mechanizing Proof,* Cambridge, MA, 2001

[19] Georg Erwin Thaller, *Software-Test, Verifikation und Validation,* Hannover, 2000

[20] Morten Weidemann, „Schaden vermeiden – Chancen ergreifen" in *QZ,* April 2003

[21] Alexey Komarov, Craig Covault, „Soyuz goes ballistic", in *Aviation Week & Space Technology,* May 12, 2003

[22] *Das Neue Duden-Lexikon,* Mannheim, 1989

[23] Robert N. Charette, *Software Engineering Risk Analysis and Management,* New York, 1989

[24] Wolfgang Hauger, "Rückversicherung für das Management", in *QZ,* August 2001

[25] Neil Storey, *Safety-critical Computer Systems,* Harlow, England, 1996

[26] *The World Almanac and Book of Facts,* Mahwah, NJ, 1995

[27] Georg Erwin Thaller, *Software-Dokumente: Funktion, Planung, Erstellung,* GDdL, 2015

[28] Georg Erwin Thaller, *Software- und Systementwicklung: Aufbau eines praktikablen QM-Systems nach ISO 9001:2000,* Hannover, 2001

[29] Georg Erwin Thaller, *Software Engineering für Echtzeit und Embedded Systems,* GDdL, 2015

[30] Gerald M. Weinberg, *Quality Software Management: Anticipating Change,* New York, 1997

[31] Stephen Grey, *Practical Risk Assessment for Project Management,* Chichester, England, 1995

[32] Mark Norris, *Survival in the Software Jungle,* Norwood, MA, 1995

[33] Steve McConnel, *Rapid Development,* Redmond, WA, 1996

[34] Georg Erwin Thaller, *Software-Anforderungen für Webprojekte; Vorgehensmodelle, Spezifikation, Design,* GDdL, 2015

[35] Georg Erwin Thaller, *Softwareentwicklung im Team,* GDdL, 2015

[36] Roger Fisher, William Ury, *Getting to Yes,* New York, 1981

[37] Phillip Laplante, *Keys to Successful Software Development,* Piscataway, NY, 1999

[38] Georg Erwin Thaller, *Satelliten im Erdorbit: Nachrichten, Fernsehen und Telefonate aus dem Weltall,* GDdL, 2014

[39] Georg Erwin Thaller, *Satellitennavigation: Das Global Positioning System (GPS),* GDdL, 2013

[40] Georg Erwin Thaller, *Spionagesatelliten: Unsere Augen im All,*

GDdL, 2013

[41]   Georg Erwin Thaller, *Kommunikations- und TV-Satelliten: Relais im Erdorbit*, GDdL, 2013

[42]   Georg Erwin Thaller, *Software-Qualität: Der Weg zu Spitzenleistungen in der Software-Entwicklung*, GDdL, 2013

[43]   Georg Erwin Thaller, *Interface Design: Die Mensch-Maschine-Schnittstelle gestalten*, GDdL, 2014

[44]   Peter F. Drucker, *Management Challenges for the 21st Century*, New York, 1999

[45]   Chris Kraft, *Flight: My Life in Mission Control*, New York, 2001

[46]   Nancy G. Leveson, *Safeware: System Safety and Computers*, New York, 1995

[47]   Bruce Brocka, "Brainstorming", in *IEEE Professional Communications Society Newsletter*, Volume 36, Number 2, March 1992

[48]   Jörg Nimmergut, *Regeln und Training der Ideenfindung*, München, 1975

[49]   K. F. Jackson, *Die Kunst der Problemlösung*, München, 1976

[50]   Edward de Bono, *Six Thinking Hats*, Boston, 1985

[51]   Barry W. Boehm, *Software Risk Management*, Washington, 1989

[52]   James W. Kolka, "ISO 9001 and the Law", in *Compliance Engineering*, European Edition, July/August 1999

[53]   Annette Ramelsberger, "Kein Privat-Flughafen in Berlin", in *SZ*, 23. Mai 2003

[54]   Elaine M. Hall, *Managing Risk*, Boston, 1998

[55]   Gerhard Bläske, "Ariane braucht mehr Geld", in *SZ*, 24. Mai 2003

[56]   Software Engineering Laboratory, *Recommended Approach to Software Development*, Greenbelt, Maryland, 1992

[57]   Marvin J. Carr, Suresh L. Konda, Ira Monarch, F. Carol Ulrich, Clay F. Walker, *Taxomony-Based Risk Identification*, CMU/SEI-93-TR-6, Pittsburgh, 1993

[58]   Georg Erwin Thaller, *Von ISO 9001 zu TQM: Effizientes Qualitätsmanagement*, GDdL, 2014

[59]   Robert N. Charette, Patrick O'Brien, *Draft IEEE P1540 Risk Management Standard*

[60]   Standards Australia, *AS/NZS 4360:1999, Risk Management*

[61]   Stephen R. Covey, *The 7 Habits of Highly Effective People*, New York, 1989

[62]   Richard H. Thayer, Merlin Dorfman, *Software Requirements*

Engineering, Los Alamitos, 2000

[63]   Georg Erwin Thaller, *Software-Projektmanagement*, GDdL, 2013
[64]   Barry Boehm, *Software Engineering Economics*, Englewood Cliffs, New Jersey, 1981
[65]   Georg Erwin Thaller, *Software-Metriken: einsetzen, bewerten, messen*, GDdL, 2014
[66]   „Chaos auf Flughäfen nach Computerausfall", in *SZ*, 18. Mai 2002
[67]   „A summer of turbulent travel", in *Time Magazine*, June 3, 2002

A.2 Akronyme und Abkürzungen

AIA	Athena Informatique Aerospace
ANSI	American National Standards Institute
AOL	America Online
AS	Australian Standard
ASIC	Application Specific Integrated Circuit
AT&T	American Telegraph & Telephone

C&C	Command & Control
CD-ROM	Compact Disk Read-only Memory
CDR	Critical Design Review
CMM	Capability Maturity Model
COCOMO	Constructive Cost Model
CPU	Central Processing Unit

DIN	Deutsche Industrienorm
DoD	Department of Defense
DOS	Disk Operationg System

EDV	Elektronische Datenverarbeitung
EN	Europäische Norm
ESTR	External Software Trouble Report

GM	General Motors
GUI	Graphical User Interface

IBM	International Business Machines
IEEE	Institute of Electrical and Electronics Engineers
IPR	In-process Review
ISO	International Standards Organisation
ISS	International Space Station

KLOC	Kilo Lines of Code
KonTra	Gesetz zur Kontrolle und Transparenz im

G   Unternehmensbereich

LOC   Lines of Code

MIT   Massachusetts Institute of Technology
MM   Man Month
MPL   Mars Polar Lander
MS   Microsoft

NASA   National Aeronautics and Space Administration
NGO   Non-government Organisation
NORA   North American Air Defense
D
NT   New Technology
NYSE   New York Stock Exchange
NZS   New Zealand Standard

PDR   Preliminary Design Review
PLA   Programmable Logic Array

QM   Qualitätsmanagement

RADAR   Radio Detecting and Ranging
RISC   Reduced Instruction Set Computer
RM   Risk Management

SCB   Software Control Board
SCCB   Software Change Control Board
SEI   Software Engineering Institute
SEU   Software-Entwicklungsumgebung
SRR   System Requirements Review
SSR   Software Specification Review
STR   Software Trouble Report

TBD   to be defined

UAN   Unterauftragnehmer
USA   United States of America

VDD   Version Description Document
VW   Volkswagen

A.3 Glossar: Fachbegriffe kurz erklärt

Ada
Ada, Countess of Lovelace (1815-1852), war die Tochter des englischen Dichters Lord Byron. Sie unterstützte Charles Babbage bei der Konstruktion seiner *Difference Engine,* einem Vorläufer des Computers. Ihr zu Ehren wurde die Programmiersprache des amerikanischen Verteidigungsministeriums (Department of Defense) Ada getauft.

Brainstorming
Eine Kreativitätstechnik, bei der Kritik zunächst verboten ist.

Economics of Scale
Die Tatsache, dass bei hohen Stückzahlen in der Serien- oder Massenproduktion die Kosten sinken.

Evolutionary Delivery
Ein Vorgehensmodell, das am Ende durch Prototyping gekennzeichnet ist.

Fuzzy Front End
Der wenig klar definierte Beginn der Software-Entwicklung, in dem häufig Zeit verschwendet wird.

Gold Plating
(1)Das Aufblähen der Software-Spezifikation durch Hinzunahme unnötiger Funktionen.
(2)Ein übermäßig ehrgeiziges oder umfangreiches Design der Software.

Incremental Delivery
Ein Prozessmodell, bei dem die Software in einer Reihe aufeinander folgender, inhaltlich angestimmter Releases ausgeliefert wird.

Joint Venture
Ein Gemeinschaftsunternehmen.

Lanchester-Strategie
Eine Theorie im Bereich der neuen Ökonomie, nach der ein Unternehmen ein Monopol anstrebt.

Leader
Ein Unternehmen im Bereich der Lanchester-Strategie, das mehr als 41,7 Prozent Marktanteil besitzt.

Mainstreaming
Die Platzierung eines Software-Produkts im Massenmarkt in der Weise, dass sich das Produkt zum beherrschen Produkt entwickelt und alle Produkte von Konkurrenten verdrängt.

Mind Map
Eine Art der Darstellung in grafischer Form, bei der die Eigenschaften des menschlichen Gehirns als Assoziativspeicher genutzt wird.

Monopolist
Ein Unternehmen im Bereich der Lanchester-Strategie, das mehr als 73,9 Prozent Marktanteil besitzt.

Player
Ein Unternehmen im Bereich der Lanchester-Strategie, das mindestens 26,1 Prozent Marktanteil besitzt.

Rayleigh-Kurve
Die Darstellung der Zahl der Mitarbeiter im Projektverlauf.

Staged Delivery
Ein Prozessmodell, bei dem die Software in einer Reihe aufeinander folgender, inhaltlich angestimmter Releases ausgeliefert wird. Auch als Incremental Delivery bekannt.

Stakeholders
Alle über die Eigentümer hinaus an einem Unternehmen interessierten dritten Parteien.

Scientific Management
Ein von Frederick Taylor begründetes Führungsmodell, das auf strikter Arbeitsteilung beruht.

Start-up
Neu gegründetes Unternehmen.

Technik der sechs denkenden Hüte
Eine von Edward de Bono begründete Kreativitätstechnik.

Timebox
Ein Vorgehensmodell, bei dem der Auslieferungstermin der Software unverrückbar feststeht.

Turn-around Time
Die Zeitspanne, die zum Beispiel benötigt wird, um einen Fehler in der Software nach seinem Erkennen zu beseitigen und eine neue Version der Software auszuliefern.

Validation
Die Überprüfung der Software gegen vorgegebene Anforderungen, zum Beispiel beim Akzeptanztest.

Verifikation
(1) Die Überprüfung eines Teilprodukts der Software-Entwicklung, also des Produkts, das am Ende der Phase vorliegt.
(2) Der formelle Beweis der Richtigkeit eines Programms im mathematischen Sinne.
(3) Die Bewertung und Überprüfung von Software-Produkten oder des Erstellungsprozesses.

A.4 Produktmuster

SOFTCRAFT	Produktmuster für den Risikomanagementplan	PM-1 13-AUG-2003 Version 1.0

1 Einleitung

1.1 Umfang und Zweck des Dokuments

Legen Sie den Zweck des Risikomanagementplans dar, gehen Sie auf seine Struktur und Gliederung ein. Machen Sie eine Aussage zu dem erwarteten Leserkreis.

1.2 Ziele

Legen Sie dar, welche Ziele durch Risikomanagement für dieses Projekt erreicht werden sollen.

1.3 Beschreibung des Projekts

Beschreiben Sie kurz das Projekt und legen Sie dar, warum bei diesem Projekt Risikomanagement als Disziplin notwendig ist.

1.4 Beschreibung der Organisation

Beschreiben Sie die Projektorganisation und legen Sie die organisatorische Einbindung des Risikomanagementbeauftragten dar. Beschreiben Sie die Schnittstellen zur Organisation des Unternehmens.

2 Referenzen

Listen Sie die im Plan referenzierten Dokumente auf. Die Angaben müssen detailliert genug sein, damit der Leser des Plans sich das referenzierte Dokument besorgen kann.

3 Risikoanalyse

In diesem Kapitel wird die Analyse aller erkannten Risiken beschrieben.

3.1 Identifikation von Risiken

In diesem Unterkapitel wird erklärt, wie Risiken gefunden werden sollen.

3.1.1 Finden von Risiken

In diesem Abschnitt werden die Techniken und Methoden zum Aufspüren der Risiken aufgeführt. Die erkannten Risiken werden aufgelistet. Dies kann auch im Anhang in Listenform geschehen.

3.1.2 Quellen für Risiken

In diesem Abschnitt werden die Quellen für Risiken aufgeführt.

3.1.2 Definitionen

In diesem Abschnitt werden – falls notwendig – bestimmte Begriffe definiert. Dies kann auch im Anhang in der Form eines Glossars geschehen.

3.2 Risikoabschätzung

In diesem Abschnitt werden die bereits identifizierten Risiken bewertet.

3.2.1 Eintrittswahrscheinlichkeit

In diesem Abschnitt wird für jedes erkannte Risiko seine Eintrittswahrscheinlichkeit berechnet oder abgeschätzt.

3.2.2 Mögliche Konsequenzen

In diesem Abschnitt werden die möglichen Konsequenzen beim Eintritt eines Risikos beschrieben. Der potentielle Schaden sollte wenn möglich in monetären Größen genannt werden.

3.2.3 Kriterien für Schätzungen und Annahmen

In diesem Abschnitt wird erklärt, welche Kriterien bei Annahmen und Schätzungen verwendet wurden.

3.2.4 Fehlerbereich bei Schätzungen und Annahmen

In diesem Abschnitt wird aufgeführt, wie groß die mögliche Abweichung durch Schätzungen und Annahmen werden kann.

3.3 Risikobewertung

In diesem Abschnitt wird jedes einzelne Risiko bewertet.

3.3.1 Methoden

In diesem Abschnitt werden die verwendeten Methoden bei der Risikobewertung aufgeführt.

3.3.2 Annahmen

In diesem Abschnitt werden die Annahmen bei der Risikobewertung erläutert.

3.3.3 Ergebnisse

In diesem Abschnitt werden die Ergebnisse der Risikobewertung dargelegt.

4 Risikomanagement

Dieser Abschnitt widmet sich der Behandlung von Risiken im Projektverlauf.

4.1 Empfehlungen
In diesem Abschnitt werden aus der Risikobewertung Empfehlungen für die Behandlung von Risiken im weiteren Projektverlauf abgeleitet.

4.2 Optionen zur Risikovermeidung

In diesem Abschnitt wird dargelegt, welche Optionen zur Risikovermeidung eventuell bestehen.

4.3 Optionen zur Risikominderung

In diesem Abschnitt wird dargelegt, welche Optionen zur Risikominderung eventuell bestehen.

4.3 Beobachtung der Risiken im Projektverlauf

In diesem Abschnitt wird erklärt, wie die erkannten Risiken im Projektverlauf verfolgt werden.

4.4 Neubewertung von Risiken

In diesem Abschnitt wird erklärt, in welchen Abständen Risiken neu bewertet werden müssen oder welche Ereignisse zu einer Revision des Plans führen müssen.

Anhang

Im Anhang wird Material untergebracht, das wegen der Form seiner Darstellung im Hauptteil des Plans schlecht untergebracht werden konnte, zum Beispiel Listen. Es muss bei jedem Anhang erklärt werden, ob es sich um einen Teil des Plans handelt.

A.5 Formblätter

Risikomeldeformular

                                                  SOFTCRAFT

Projekt: .... Datum: .... Bericht Nr.:...................

Aussteller: .... Abteilung: .... Telefonnummer: ....

Worin liegt das Risiko?

....
....
....
....
....

Können Angaben zur möglichen Schadenshöhe und zur Eintrittswahrscheinlichkeit gemacht werden? [ ] JA [ ] Nein

....
....

Stellungnahme des Risikomanagementbeauftragten:

....
....

In die Liste der Risiken [ ] aufgenommen am .... [ ] verworfen

Weitere Behandlung:

....
....
....
....
....
....

PM-2 -- SOFTCRAFT RISIKOMANAGEMENTSYSTEM - Version 1.0 vom 13. August 2003

SOFTCRAFT	Liste der Risiken	PM-3 13-AUG-2003 Version 1.0

Verantwortlicher: ....
Datum: ....

Kurz-zeichen	Beschreibung des Risikos	Kon-sequenzen	Eintrittswahr-scheinlichkeit	Klasse

SOFTCRAFT	Top-n-Liste	PM-4 13-AUG-2003 Version 1.0

Verantwortlicher: ……………………………………….

Datum: ……………..

Projektwoche: …..........

Kurz-Zeichen	Beschreibung des Risikos	Rang	Rang in der letzten Woche

A.6 Test zur Abschätzung des Projektrisikos

SOFTCRAFT	Test zur Ermittlung des mit einem Software-Projekt verbundenen Risikos	TST-1 13-AUG-2003 Version 1.0

Der Test dient dazu, das mit einem bestimmten Projekt verbundene Risiko einstufen zu können. Die Skala reicht bei jeder Frage von Null bis zehn, wobei Null kein Risiko bedeutet und die Zahl zehn für das höchste Risiko steht. Wenn eine Antwort zwischen zwei im Fragebogen vorgegebenen Antworten liegen würde, kann interpoliert werden. Trifft ein Sachverhalt nicht zu, werden null Punkte vergeben.

Beurteilung des Kunden

1. Ist der Kunde finanziell potent genug, um über den gesamten Projektzeitraum hinweg die Aufwendungen für die Entwicklung der Software tragen zu können?   Punkte

> Es handelt sich beim Kunden um ein florierendes Unternehmen, das hohe Gewinne macht.   0 Punkte

> Der Kunde steht im Wettbewerb und muss Nachlässe einräumen. Das Unternehmen macht aber Gewinn.   2 Punkte

> Der Kunde hat wegen der schlechten Konjunktur zwei Jahre keinen Gewinn ausgewiesen. Er ist aber zahlungsfähig.   5 Punkte

> Der Kunde steht schlecht da. Eine Zahlungsunfähigkeit über einen Zeitraum von drei Jahren ist nicht auszuschließen.   10 Punkte

2. Hat der Kunde bereits Erfahrungen mit der Entwicklung von Software?

> Es handelt sich beim Kunden um eine Organisation, die seit Jahrzehnten Aufträge zur Entwicklung von Software vergibt, darunter Programme mit mehreren Millionen Lines of   0 Punkte

Code.

Der Kunde hat bereits ein Dutzend Projekte abgewickelt, darunter eines mit unserer Firma.	2 Punkte
Der Kunde hat bereits ein Dutzend Projekte abgewickelt.	3 Punkte
Der Kunde hat Erfahrung mit einem Projekt, das erfolgreich war.	4 Punkte
Der Kunde hat Erfahrung mit einem Projekt, das gescheitert ist.	5 Punkte
Der Kunde hat keinerlei Erfahrung mit Software, setzt im Hause aber Standard-Software ein.	7 Punkte
Der Kunde hat keinerlei Erfahrung mit Software.	10 Punkte

3. Wie ist die Position des Kunden innerhalb seiner Branche?

Es handelt sich um ein Unternehmen, das als Pionier immer wieder neue Wege gegangen und dadurch an der Spitze der Wettbewerber geblieben ist.	0 Punkte
Der Kunde lässt bei neuen Entwicklungen gern andere voran gehen, verschließt sich aber bei Änderungen nicht, wenn diese als erfolgsträchtig eingestuft werden.	2 Punkte
Der Kunde ist eher ein Nachzügler und das Management steht Veränderungen und dem Wandel skeptisch gegenüber.	10 Punkte

Einschätzung des eigenen Unternehmens

4. Haben wir mit der für den Kunden notwendigen Applikation Erfahrung?

Wir haben eine durchaus ähnliche Applikation für einen Konkurrenten des Kunden entwickelt.	0 Punkte
Wir haben keine direkte Erfahrung mit der Applikation, kennen uns aber mit vergleichbaren Programmen aus.	2 Punkte
Wir haben Erfahrung mit Teilen der Applikation.	5 Punkte
Wir haben keinerlei Erfahrung mit der Applikation, werden aber einen Mitarbeiter einstellen, die diese Erfahrung mitbringt.	7 Punkte

Wir haben keinerlei Erfahrung mit der

Applikation und können in der derzeitigen Lage 10
kein Know-how einkaufen.   Punkte

5. Wie ist der Zeitplan zu beurteilen?

Der Kunde macht wegen des Termins keine
Vorgaben.   0 Punkte

Der Kunde beharrt auf einen zugesagten Termin,
will sich aber wegen der Ablieferung der Software
auf die Vereinbarung eines Zeitraums
(plus/minus drei Monate) einlassen.   2 Punkte

Der Kunde zahlt uns eine Prämie, wenn wir den
Ablieferungstermin um nicht mehr als einen
Monat verfehlen.   3 Punkte

Wir müssen eine Konventionalstrafe zahlen, wenn
wir den Termin nicht einhalten können.   10
                                               Punkte

6. Wie passt das Projekt zur Strategie des Unternehmens?

Das Projekt passt mustergültig zur langfristigen
Strategie der Firma.   0 Punkte

Das Projekt passt nicht recht zur langfristigen
Strategie der Firma, wir müssen den Auftrag aber
annehmen, weil wir ihn brauchen.   5 Punkte

Wir würden mit dem Projekt in ein Gebiet
vorstoßen, das überhaupt nicht zu unserer   10
Strategie passt.   Punkte

7. Haben wir Mitarbeiter mit den notwendigen Kenntnissen
und Fähigkeiten, um den Auftrag gut durchführen zu können?

Wir haben Mitarbeiter mit den notwendigen
Fähigkeiten an Bord.   0 Punkte

Wir haben zu 80 Prozent Mitarbeiter mit den
notwendigen Fähigkeiten an Bord. Für den Rest
werden wir kurzfristig Mitarbeiter einstellen. 3 Punkte

Wir haben zu 50 Prozent Mitarbeiter mit den
notwendigen Fähigkeiten an Bord. Für den Rest
werden wir kurzfristig Mitarbeiter einstellen. 5 Punkte

Uns fehlen für weite Teile der Applikation
Mitarbeiter mit den notwendigen speziellen
Kenntnissen. Der Arbeitsmarkt für solche   10
Fähigkeiten ist zurzeit recht eng.   Punkte

Menschen

8. Sind unsere Mitarbeiter motiviert, in diesem Projekt Höchstleistungen zu bringen?

> Es handelt sich um ein Projekt im Blickpunkt der Öffentlichkeit. Bei einem Erfolg würde die Teilnahme in jedem Lebenslauf einen Glanzpunkt darstellen. 0 Punkte

> Es handelt sich um ein Projekt im Blickpunkt der Branche. Bei einem Erfolg würde die Teilnahme in jedem Lebenslauf einen Glanzpunkt darstellen. 0 Punkte

> Manche Entwickler würden nicht gerne teilnehmen, weil die Branche oder der Auftraggeber keinen guten Ruf hat. 3 Punkte

> Das Projekt ist eher Routine und technologisch nicht sehr anspruchsvoll. 5 Punkte

> Das Projekt gilt als langweilig (z.B. Wartung). 10 Punkte

9. Ist der Zeitplan vernünftig und realistisch?

> Alle Phasen sind angemessen berücksichtigt. Das Ziel kann erreicht werden, und für unvorhergesehene Aufgaben ist ein zeitlicher Buffer vorhanden. 0 Punkte

> Alle Phasen sind angemessen berücksichtigt. Das Ziel kann erreicht werden. 2 Punkte

> Der Zeitplan ist optimistisch. Manche Tätigkeiten könnten mehr Zeit in Anspruch nehmen. 5 Punkte

> Der Zeitplan ist zu ehrgeizig. Wir müssten ausgesprochen Glück haben, um ihn einhalten zu können. 7 Punkte

> Der Zeitplan ist unrealistisch. 10 Punkte

10. Wie ist die Arbeitszeit geregelt?

> Es gibt eine feste Kernzeit, zu der alle da sein müssen. Darüber hinaus können die Mitarbeiter gleiten. Arbeit zu Haus ist im vereinbarten Rahmen möglich. Wichtig ist in erster Linie, dass die zugeteilten Arbeiten zuverlässig erledigt werden. Überstunden sind nicht die Regel. 0 Punkte

> Es gibt eine feste Kernzeit, zu der alle da sein

müssen. Darüber hinaus können die Mitarbeiter
gleiten.   2 Punkte
Wir haben feste Zeiten, zu denen alle da sein
müssen.   3 Punkte
Wir arbeiten rund um die Uhr, weil wir mit der
Beseitigung von Fehlern aus früheren Projekten   10
nicht nachkommen.   Punkte

11. Wie sieht die Arbeitsumgebung aus?
Wir haben helle und freundliche Büros mit
genügend Raum für jeden Mitarbeiter. Die
Ausstattung mit Rechnern ist exzellent.   0 Punkte
Wir haben helle und freundliche Büros mit
genügend Raum für jeden Mitarbeiter. Es gibt
natürlich immer einen Rechner, der noch ein
wenig schneller ist.   1 Punkt
Die Umgebung könnte besser sein. Wenn wir aber
demnächst in den Neubau umziehen, wird alles
großartig sein. Wir arbeiten daran …   3 Punkte
Die Arbeitsumgebung versetzt die Mitarbeiter
nicht gerade in Begeisterung.   4 Punkte
Es fehlt an allen, in erster Linie an einer
leistungsfähigen Entwicklungsumgebung.   10
                                                           Punkte

12. Wie ist das Verhältnis zum Kunden und dessen
Mitarbeitern?
Wir sehen uns als Partner. Da kann man schon
mal ein offenes Wort wagen. Aber immer in
höflichem Ton und bei der richtigen Gelegenheit. 0 Punkte
Wir sehen uns als Partner.   2 Punkte
Manchmal gibt es schon Spannungen.   4 Punkte
Dieses Verhältnis kann nur als ungut bezeichnen.   10
                                                           Punkte

13. Hat der Auftraggeber ein ehrliches Interesse daran, dass das
Projekt ein Erfolg wird?
Der Kunde steht voll hinter uns. Das gilt auch für
dessen Management und die Mitarbeiter. Alle
ziehen mit.   0 Punkte
Der Kunde steht voll hinter uns. Einige Manager
im Hause des Kunden scheinen abzuwarten, ob   1 Punkt

das Projekt ein Erfolg wird.

Der Kunde steht voll hinter uns. Die Haltung der Anwender ist eher indifferent.	1 Punkt
Der Kunde steht hinter uns, aber dessen Management und die Anwender sind gegen das Projekt	7 Punkte
Wir wissen nicht, warum das Kunde diese Software in Auftrag gegeben hat.	10 Punkte

14. Gibt es Interessengruppen, die das Projekt zu verhindern trachten?

Es gibt keine Gruppe, die diese Software nicht gerne hätte. Alle können davon profitieren.	0 Punkte
Der Kunde steht hinter dem Projekt, wird aber wegen einer anderen Sache von Umweltschützern kritisiert.	1 Punkt
Es gibt bei einigen Gruppen Widerstand.	3 Punkte
Das Projekt ist äußerst umstritten, auch in der Geschäftsleitung des Kunden.	10 Punkte

Produkt

15. Wie sehen die Vorstellungen des Kunden hinsichtlich der Software-Anforderungen aus?

Der Kunde hat klare Vorstellungen und seine Forderungen an die Software bereits in einer Spezifikation, die professionellen Anforderungen genügt, dokumentiert.	0 Punkte
Der Kunde hat klare Vorstellungen und seine Forderungen an die Software bereits in einer Loseblattsammlung dokumentiert.	2 Punkte
Der Kunde hat klare Vorstellungen, braucht aber Hilfe bei der Erstellung einer Spezifikation.	5 Punkte
Der Kunde hat bestimmte Vorstellungen, braucht aber Hilfe bei der Erstellung einer Spezifikation. Im Hause des Kunden gibt es anscheinend rivalisierende Gruppen, die divergierende Ziele verfolgen.	7 Punkte
Der Kunde weiß anscheinend nicht, was er will.	10 Punkte

16. Sind die Erwartungen des Kunden in Bezug auf die
Software realistisch, oder ist die Spezifikation mit unnötigem
Schnickschnack belastet?

Die Spezifikation genügt professionellen Anforderungen.	0 Punkte
Die Spezifikation genügt mit geringen Abstrichen professionellen Anforderungen.	1 Punkt
In der Spezifikation stehen Dinge, die da nicht hingehören. Dadurch werden wir uns in späteren Phasen nur Schwierigkeiten einhandeln.	10 Punkte

17. Ist die Spezifikation in ihren Aussagen und Begriffen klar,
und verstehen alle den Inhalt in gleicher Weise?

Wir sprechen die Sprache des Kunden, und er versteht uns. Wo wir uns nicht einig waren, haben wir uns auf gemeinsame Definitionen geeinigt und diese dokumentiert.	0 Punkte
Wir sprechen die Sprache des Kunden.	1 Punkt
In den meisten Punkten sind wir uns einig, aber bei ein paar Funktionen besteht weiterhin Klärungsbedarf. In der Spezifikation stehen da nur vage Absichtserklärungen.	5 Punkte
In der Spezifikation wurden viele Sachverhalte durch vage Formulierungen übertüncht. Das wird uns später Probleme bereiten.	10 Punkte

Prozess

18. Hat der Auftragnehmer einen klar definierten Prozess zur
Erstellung von Software?

Wir beherrschen unseren Prozess, der Kunde versteht ihn und ist damit einverstanden.	0 Punkte
Wir beherrschen unseren Prozess. Dem Kunden müssen wir einiges erklären.	1 Punkt
Wir bauen unseren Prozess erst auf.	3 Punkte
Wir bauen unseren Prozess derzeit um.	3 Punkte
Wir haben nur einen sehr rudimentären Prozess.	7 Punkte
Wir haben gar keinen Prozess.	10 Punkte

19. Hat die Firma die richtige Infrastruktur zur Durchführung

mittlerer und großer Projekte?

Bei uns gibt es in jedem Projekt
Qualitätsmanagement, einen gründlichen Test
und das Konfigurationsmanagement ist auch an
Bord. 0 Punkte

Bei uns testen zuerst die Entwickler, es gibt aber
auch eine externe Testgruppe. 2 Punkte

Wir testen, haben aber keine Gruppe zur
Durchführung externer Tests. 4 Punkte

Ressourcen werden fallweise zugeteilt. 3 Punkte

In diesem Bereich ist nichts vorhanden. 10 Punkte

20. Hat das Management alle Projekte unter Kontrolle?

Wir setzen bei allen Projekten und Arten von
Software Change Control Boards (SCCBs) ein. 0 Punkte

Wir setzen in der Regel Software Change Control
Boards (SCCBs) ein. 2 Punkte

Wir setzen manchmal Software Change Control
Boards (SCCBs) ein. 5 Punkte

Das Management lässt die Programmierer in
Ruhe ihre Arbeit machen. 10 Punkte

Technologie

21. Wird zur Verwaltung von Code und anderer Teile der
Software ein Werkzeug zur Konfigurationskontrolle eingesetzt?

Immer. Das ist Teil der Software-
Entwicklungsumgebung und unseres Prozesses. 0 Punkte

Bei manchen Projekten, wenn sie umfangreich
sind oder der Kunde es verlangt. 2 Punkte

Eher selten. 5 Punkte

Nie. 10 Punkte

22. Wie ist die Ausstattung mit Tools?

Wir setzen gleichermaßen neue und bewährte
Tools ein. Bei Neuanschaffungen wird ein Tool
zunächst im Rahmen eines Pilotprojekts

ausprobiert. Das ist häufig ein Projekt, bei dem   0 Punkte
die Zeit nicht ganz so knapp ist.
Wir setzen gleichermaßen neue und bewährte
Tools ein.   1 Punkt
Wir schaffen aus Geldmangel wenig Tools an.   3 Punkte
Das überlassen wir vollkommen den Projekten.
Der Projektleiter hat da völlig freie Hand.   10
                                                    Punkte

Summe

Auswertung

	Ergebnis des Tests		
Alle Fragen beantwortet	Über 146 Punkte: Mit dem Projekt wird ein hohes Risiko eingegangen.	Zwischen 52 und 146 Punkten: Das Risiko ist moderat.	Unter 52 Punkten: Geradezu vorbildlich. Das Risiko ist gering.
1 Frage ausgelassen	Über 139 Punkte: Mit dem Projekt wird ein hohes Risiko eingegangen.	Zwischen 54 und 139 Punkten: Das Risiko ist moderat.	Unter 54 Punkten: Geradezu vorbildlich. Das Risiko ist gering.
2 Fragen ausgelassen	Über 133 Punkte: Mit dem Projekt wird ein hohes Risiko eingegangen.	Zwischen 47 und 133 Punkten: Das Risiko ist moderat.	Unter 47 Punkten: Geradezu vorbildlich. Das Risiko ist gering.
3 Fragen ausgelassen	Über 126 Punkte: Mit dem Projekt wird ein hohes Risiko eingegangen.	Zwischen 45 und 126 Punkten: Das Risiko ist moderat.	Unter 45 Punkten: Geradezu vorbildlich. Das Risiko ist gering.

A.7 Fragebögen

SOFTCRAFT	Fragebogen zum Aufspüren von Risiken des Unternehmens	CL-1 13-AUG-2003 Version 1.0

1. Können die Operationen des Unternehmens durch bestimmte Krankheiten oder Seuchen bedroht werden?

2. Können Mitarbeiter auf Grund von Reisen in fremde Länder, etwa nach Afrika oder Asien, durch Krankheiten oder Seuchen bedroht sein?

3. Besteht die Gefahr, dass nach der Rückkehr von Dienst- oder Urlaubsreisen andere Mitarbeiter des Unternehmens angesteckt werden können?

4. Wird auch die mögliche Ansteckung durch Tiere abgedeckt?

5. Besteht ein Risiko durch Wechselkursschwankungen?

6. Können die Zinsen am Kapitalmarkt so steigen oder sinken, dass das Unternehmen dadurch bedroht ist?

7. Entstehen Risiken durch die Kurse von Aktien?

8. Können Risiken durch die Klauseln zur Zahlung in Verträgen entstehen?

9. Droht eine Unterschlagung?

10. Kommen auf die Firma unter Umständen hohe Strafen zu?

11. Gibt es Risiken im Bereich der Umwelt?

12. Ist das Unternehmen durch Unruhen oder Streiks bedroht?

13. Ist mit Erdbeben zu rechnen?

14. Oder einem Vulkanausbruch?

15. Könnte das Unternehmen durch einen Flugzeugabsturz bedroht sein?

16. Sind die Maßnahmen zur Arbeitssicherheit im Unternehmen angemessen?

17. Könnte eine Klage wegen Produkthaftung drohen?

18. Entsteht im Beratungsgeschäft ein Risiko durch Schadensersatz wegen falscher Beratung?

19. Kann ein Schaden durch Wasser (Leitungswasser, Regenwasser, einen Fluss) entstehen?

20. Kann beim Löschen eines Brandes durch Leitungswasser ein hoher Schaden durch Löschwasser oder ein ungeeignetes Löschmittel entstehen?

21. Kann das Betriebsgebäude verseucht werden, etwa durch die Stoffe in benachbarten Betrieben?

22. Gibt es ein Risiko durch Besucher oder unerwünschte Eindringlinge?

23. Ist bei einem Einbruch an Vandalismus gedacht worden?

24. Sind Daten ausreichend geschützt?

25. Wird bei Innovationen die notwendige Geheimhaltung gewahrt?

26. Gibt es ein System zum Schutz vertraulicher Informationen?

Stichwortverzeichnis